나는 문학의 숲에서 하나님을 만난다

문학 읽는 그리스도인
나는 문학의 숲에서 하나님을 만난다

초판 인쇄 2022년 5월 19일
초판 발행 2022년 5월 24일

지은이 이정일
펴낸이 장병주
편 집 장예은
디자인 임현주
펴낸곳 예책

등록번호 제2015-000019호
주소 서울시 동작구 만양로8길 50, 106동 809호
영업부 031-906-9191
출판부 02-6401-2657
FAX 0505-365-9191
전자우편 jesusbooks@naver.com

ISBN 978-89-98300-23-4 03230
ⓒ 이정일, 2022

나는 문학의 숲에서 하나님을 만난다

문학 읽는 그리스도인

이정일 지음

예책
Jesus' books

문학이란 꿈을 묻어 둔 그대에게

그리스도인답게 살고 싶은 한 청년이 있었습니다. 청년은 교회에서 배운 대로 빛과 소금으로 살고 싶었지만 구체적으로 어떻게 살아내야 하는지는 알지 못했습니다. 목사님을 따라 산기도를 가거나 성경공부를 하거나 예배를 드리며 찬양할 땐 좋았지만 혼자가 되면 '무엇을 하며 살 것인가'를 고민했습니다. 어떤 일을 하느냐도 중요하지만 그 일을 어떻게 하느냐도 중요한데 여기서 생각이 멈추고 만 것입니다.

답답한 마음에 이 책 저 책 찾아 읽다가 기형도의 시 '우리 동네 목사님'[1], 김은국의 『순교자』[2], 엔도 슈사쿠의 『침묵』[3]을 읽었는데 머릿속에서 불이 확 켜지는 느낌을 받았습니다. 그때 지금껏 깨닫고 있지 못하던 성경 말씀의 의도나 맥락이 이해되기 시작했습니다. 이런 경험이 쌓이며 하나님이 문학을 개인교사로 붙여 주셨다는 생각이 들었습니다. 청년에게 성경 말씀을 좀 더 구체적으로 깨닫게 하려고 말입니다.

청년에겐 원하는 직장, 이루고 싶은 꿈이 있었습니다. 지친 몸을 이끌고 교회에 가서 간절히 기도했지만 하나님은 모든 걸 들어주시진 않았습니다. 때가 되어 결혼하고 아빠가 되면서 삶은 더욱 분주해졌고 문학도 멀어졌습니다. 하루하루 열심히 살았지만 어떻게 살아야 하는가를 놓쳤기에 마음이 조급해졌습니다. 그러던 어느 날 잊고 있던 소설책 한 권이 눈에 들어왔고 며칠을 두고 읽어 내려갔습니다.

바쁜 일상을 쪼개 읽느라 줄거리가 손에 잡히진 않았지만 혼란스럽던 머릿속 생각들이 정리되는 느낌을 받았습니다. 그렇게 시간이 지나고 나니 소설 속 주인공과 함께 견디기 힘들었던 아픔을 딛고 일어선 느낌을 받았습니다. 이야기에는 사람의 마음을 흔드는 힘이 있고 그게 신앙을 세우는 데 도움이 된다는 걸 알았습니다.

삶은 매일 새로운 나를 발견하는 과정이고 이것을 배우는 방식은 저마다 다를 것입니다. 청년은 어려서 알렉상드르 뒤마의 『삼총사』[4]와 『몬테크리스토 백작』[5]을 여러 번 읽었습니다. 그저 재미있는 이야기를 읽었다고 생각했는데 시간이 지나고 나서 보니 그 소설들은 청년에게 관용과 사랑, 욕망과 위선, 용기와 존엄함이 뭔지를 알게 해주었습니다. 청년은 자신도 모르는 사이에 문학에서 인생을 배우고 있었던 것입니다.

소설을 읽다가 감동을 주는 문장을 만나면 밑줄을 그어 가며 오랫동안 들여다보았습니다. 이러는 과정에서 글쓰기 기술을 익혔고, 문장 속 단어 하나마다 자신도 알지 못했던 또 다른 이야기로 들어가는 작은 쪽문이 있는 게 보였습니다. 그 문을 열고 나가자 이야기의 바다가 있었습니다. 그곳에서 톨스토이, 헤세, 도스토옙스키, 박완서, 최은영, 김애란 같은 작가들을 만나면서 청년은 자신만의 바닷가를 가지게 되었습니다.

존재하지 않는 것을 상상할 수 없다면 새로운 것을 만들어 낼 수 없습니다. 자신만의 세계를 창조하지 못하면 다른 사람이 만들어 내는 세계에 머무를 수밖에 없습니다. 한국 교회가 직면하고 있는 가장 큰 어려움은 팬데믹이 아닙니다. 바로 상상의 빈곤입니다. 일론 머스크는 과학소설 『파운데이션』[6]을 읽고 화성 이주의 꿈을 꾸기 시작했습니다. 그는 2050년까지 백만 명을 화성으로 이주시킬 꿈을 꾸고 있습니다.

SF 작가 아서 클라크는 1976년에 구글, 스마트폰, 이메일의 발명을 예견했습니다.[7] 2022년 기준으로 46년 전입니다. 그가 쓴 『2001 스페이스 오디세이』[8]를 읽으면 가슴이 웅장해집니다. 상상력은 과학을 확장시킵니다. 발명과 발견은 상상력에서 시작하고 호기심도 알고 보면 상상력의 또 다른 이름입니다.[9] 상상력에 문학적 감성이 더해지면 최고입니다. 영화 〈인터스텔라〉는 딜런 토마스의 시 '순순히 어두운 밤을 받아들이지 말라'를 영화의 메시지로 인용합니다.

시나 소설은 우리가 막연하게 생각하고 있던 것을 구체적으로 보여줍니다. 여기에 감성이 더해지고 또 통찰까지 더해지면 우리는 문장이 주는 특별한 느낌을 더 잘 흡수하게 될 것입니다. 이런 과정을 여러 번 거치다 보면 시야가 열립니다. "슬픔도 안으면 따뜻하다."[10] 이런 눈은 인생을 살아가는 데 도움이 되지만 신앙을 세워 가는 데도 도움이 됩니다. 문학은 나와 변화하는 세계를 담는 그릇입니다.

『주홍 글자』[11]를 읽으니 믿음이 좋은 청교도의 딜레마가 보였습니다. 『작은 신의 아이들』[12]을 읽으니 청각 장애를 갖고 살아가는 게 뭔지가 보였고, 『분노의 포도』[13]를 읽으니 경제적 이익에 취해 인간다움을 잃을 때 무슨 일이 일어나는지가 보였습니다. 세 권의 소설 속 이야기는 예수님과 부딪혔던 바리새인, 베데스다 연못의 38년 된 병자, 세상의 불의에 분노한 아모스와도 연결된다는 걸 보여줍니다.

이제 장년이 된 청년은 문학을 읽는 은둔의 시간을 얻기 위해 부단히 노력했습니다. 때로는 열심이 지나쳐 주변 사람들로부터 염려하는 소리를 듣기도 했지만 시간은 노력한 자에게 보상을 주었습니다. 어제보다 더 나은 내가 되기 위해 부단히 노력했더니 변화가 생겼습니다. 삶을 읽는 눈이 열리기 시작한 것입니다. 눈이 열리니 빛과 소금의 삶은 새로운 방법이 아니라 새로운 시각에서 나온다는 게 보였습니다.

청년은 빛과 소금으로 살면서 세상도 바꾸고 싶었습니다. 하지만 문학을 읽으면서 나이들어 깨달은 것은 성경을 열심히 읽긴 했지만 정작 읽고 깨달은 대로 사는 데는 소홀했다는 점이었습니다.[14] 또한 무질서한 세상에서 성경적 가치관을 지키며 살기 위해서는 이 세상이 어떻게 돌아가고 있고, 사람은 어떤 방식으로 살아가며, 사회적 이슈들은 어떤 본질을 갖는지 이해해야만 가능하다는 것도 알게 되었습니다.

시선이 바뀌자 자신에게 일어나는 크고 작은 일들이 모두 성경 속 이야기처럼 느껴졌고, '행복함이란 단어는 이럴 때 쓰는 거구나'라는 것을 느끼게 되었습니다. 그러고 보니 가끔 좋은 책을 만나면 왜 그런 느낌이 드는지도 알게 되었습니다. 그 책의 뭔가가 나의 일부로 느껴졌고, 내가 몰랐던 무언가를 일깨워 주었기 때문입니다. 문학은 청년에게 소소한 일상에서 삶을 일깨우는 경이로움을 알게 해주는 능력을 회복시켜 주었습니다.

바쁘게 살다 보면 행복은 작고 사소한 것에 있다는 것을 자꾸만 잊고 맙니다. 하지만 이 책에서 다루는 책을 읽다 보면 사소한 행복이 주는 기쁨을 맛보게 될 것입니다. 사람은 마음으로 먼저 다녀온 곳을 현실에서도 찾아가기 마련입니다. 아홉 권의 책을 읽는 내내 저는 허구의 인물이 아닌 진짜 사람을 만난 것 같았습니다. 만나고 나니 제가 인생과 사랑을 어느 정도는 알고 있다고 느꼈던 것들이 실제론 한참 미치지 못했다는 걸 알게 되었습니다.

소설은 삶의 이야기를 따라갑니다. 누구나 주어진 대로 삽니다. 하지만 시간이 흐른 뒤에 자신의 인생에서 중요한 갈림길이 있었다는 걸 깨닫습니다. 그때 아쉬움과 회한과 부끄러움이 밀려듭니다. 인생을 다시 한 번 살 수 있다면 얼마나 좋을까요. 아쉬운 마음에 호손의 『큰 바위 얼굴』[15]을 읽는데 예수님을 닮아 가는 삶이 뭔지 보입니다. 그렇게 우리는 문학을 읽으며 인생을 두 번 삽니다. 한 번은 실제로, 또 한 번은 허구로.

소설은 '어떻게 살 것인가'란 주제를 고만고만한 일상을 살아가는 허구의 인물을 통해 풀어냅니다. 터키 작가 오르한 파묵도 소설을 쓰면서 인생을 이해하게 되었다고 고백합니다.[16] '어떻게'를 묻는 건 인생에서 영혼의 탁월함이 중요하다는 걸 알고 있다는 뜻입니다. '어떻게'에 대한 이해가 생기면 일상을 읽고 해석하고 적용하는 안목이 생기고, 공감, 감성, 상상력, 사고력, 문해력, 창조적 발상 등이 일취월장합니다.

들어서 알고 있던 뭔가를 자신의 방식으로 다시 이해할 때 우리는 깊어집니다. 작가는 우리가 지금껏 알고 있었던 것을 완전히 새로운 방식으로 이해하도록 도와줍니다. 베드로나 요한이 예수님을 만났을 때 경험한 일입니다. 세상은 있는 모습 그대로가 아니라 우리가 이해한 만큼 보입니다. 저는 제 삶을 한 단계 발전시키는 통찰을 문학에서도 자주 얻었습니다. 성경에서도 배우지만 문학을 읽으면서도 많이 배웁니다.

이 책에 수록된 아홉 권의 책들을 읽다 보면 문학이 얼마나 우리 인생을 발전시키는지 알게 될 것입니다. 때로 오늘 하루를 견뎌 내는 것조차 용기가 필요할 때가 있다면 소설 속 인물들을 기억하기 바랍니다. 겨울은 반드시 봄을 데리고 옵니다. 분명 인생도 그러할 것입니다. 당신은 놀라운 이야기로 이루어진 존재입니다. 그게 아니라면 왜 하나님이 당신을 빚으실 생각을 하셨을까요.

그리스도인은 소신 있게 살아야 합니다. 시류에 휩쓸리지 않으려면 나를 성장시키는 법을 배워야 합니다. 저는 제 삶을 성장시키는 통찰을 문학에서 자주 얻었습니다. 성경을 읽는 만큼 문학을 통해서도 많이 배울 수 있습니다. 문학적 상상력 없이 우리는 변화할 수 없습니다. 여러분 역시 문학을 통해 인생과 신앙을 바라보는 지혜로운 눈이 열려서 여러분을 향한 하나님의 계획을 더 잘 알아 가기를 소망합니다.

2022년 봄

30년을 함께해 온 아내에게
사랑과 고마움을 담아

이정일 드림

차례

프롤로그 | 문학이란 꿈을 묻어 둔 그대에게 · 4

1장 상실과 이별조차 아름다운 이유 ⋯⋯⋯⋯⋯⋯⋯⋯⋯⋯⋯ 15
　　　『바깥은 여름』(김애란, 문학동네, 2017)

2장 사람은 무엇으로 선택을 결정하는가 ⋯⋯⋯⋯⋯⋯⋯ 53
　　　『모순』(양귀자, 쓰다, 2013)

3장 소설보다 예쁜 사랑을 해보았는가 ⋯⋯⋯⋯⋯⋯⋯⋯ 81
　　　『도깨비 1, 2』(김수연, 김은숙(극본), RHK, 2017)

4장 살아남으려면 버텨야 한다 ⋯⋯⋯⋯⋯⋯⋯⋯⋯⋯⋯⋯ 121
　　　『강산무진』(김훈, 문학동네, 2006)

5장 나다운 나로 산다는 것 ⋯⋯⋯⋯⋯⋯⋯⋯⋯⋯⋯⋯⋯ 147
　　　『배움의 발견』(타라 웨스트오버, 열린책들, 2020)

6장 인간은 왜 선보다 악을 먼저 선택할까 ⋯⋯⋯⋯⋯⋯⋯⋯ 185

　　『7년의 밤』(정유정, 은행나무, 2011)

7장 슬픈 우리 시대의 아버지, '고다자' ⋯⋯⋯⋯⋯⋯⋯⋯⋯ 207

　　『임계장 이야기』(조정진, 후마니타스, 2020)

8장 살면서 만나는 단 한 번의 확실한 감정 ⋯⋯⋯⋯⋯⋯⋯ 229

　　『매디슨 카운티의 다리』(로버트 제임스 월러, 시공사, 2002)

9장 삶에는 교양이 필요하다 ⋯⋯⋯⋯⋯⋯⋯⋯⋯⋯⋯⋯⋯⋯ 243

　　『순례 주택』(유은실, 비룡소, 2021)

에필로그 | 문학이 내게 가르쳐 준 것 · 267

미주 · 269

색인 · 301

1장

상실과 이별조차 아름다운 이유

누가 저에게 문학이 뭔지 설명해 달라고 하면 난감할 것 같습니다. 그게 뭔지는 알겠는데 설명하는 게 쉽지 않습니다. 한데 나카가와 히데코[17]라는 사람이 한 말에서 실마리를 얻었습니다. 히데코는 요리 연구가이고 귀화 한국인입니다. 그는 요리 레시피를 이렇게 설명합니다. "레시피는 부모가 자식에게 보내는 편지다."[18] 히데코가 말한 '레시피'를 '문학'으로 바꾸어 "문학은 부모가 자식에게 보내는 편지다"라고 말하면 공감이 확 될 것입니다.

음식이 주는 기쁨은 참으로 큽니다. 아는 맛뿐 아니라 아직 먹어 보지 못한 맛까지도 우리를 설레게 합니다. 요리는 사람들을 행복하게 만듭니다. 먹는 것도 마찬가지입니다. 맛있게 먹는 기쁨은 결코 작은 기쁨이 아닙니다. 요리사 박찬일이 오래된 식당에서 먹는 음식의 맛을 "한 입 베어 물면 한 시대가 입안에 들어오는 느낌이다"[19]라고 표현한 것을 보면 알 수 있죠.

사는 게 원래 힘이 들긴 하지만 가끔 온몸의 진이 빠질 때가 있습니다. 열심히 사는 나를 아무도 몰라줄 때 그렇습니다. 그럴 때 자신을 챙기는 방법은 혼자라도 잘 먹는 것입니다. 곰국에 깍두기를 얹어 먹을 때 행복감을 느끼지 않습니까. 방풍나물, 고사리, 취나물 등에 양념 삼겹살 몇 점을 넣어 비벼 먹을 때도 그런 행복감을 느낍니다. 음식이 주는 힘은 큽니다. 밥 한 끼처럼 문학책도 한 권 잘 챙겨 읽으면 그게 보약이 됩니다. 일할 때도 힘이 납니다.

저는 이게 신앙생활에도 이어진다고 생각합니다. 디모데가 썼듯이 성경은 진리를 보여주고, 실수를 바로잡아 주고, 우리를 훈련시켜서 하나님의 방식대로 살게 합니다^{디모데후서 3:16}. 예수님은 그리스도인의 정체성을 빛과 소금^{마태복음 5:13~16}으로 비유했습니다. 요리든 신앙이든 소금과 빛이 빠지면 제 맛이 안 납니다. 요리와 문학, 신앙은 다른 듯해도 같은 이야기를 합니다.

언젠가 한 번은 '인생 책'을 만나야 한다

소설이 허구라는 걸 알면서도 이야기에 빠져들고 이야기가 가진 힘에 매료될 때, 우리의 영혼은 자랍니다. 노래를 들을 때도 마찬가지입니다. "곱고 희던 그 손으로 넥타이를 매어 주던 때"라는 문장으로 시작하는 노래, '어느 60대 노부부 이야기'가 있습니다. 예전엔 김광석의 목소리로 들었지만, 요즘은 임영웅의 목소리로 듣는데 언제 들어도, 몇 번을 들어도 눈물이 납니다. 이는 우리가 마음을 열고 듣기 때문이겠죠.

'어느 60대 노부부 이야기'를 들을 때 마음이 열리고, 임영웅에게 이렇게까지 무장해제되는 건 노래가 전하려는 사랑의 메시지가 마음에 닿았기 때문입니다. '나도 언젠가 겪을 것 같은 일'을 솔직하고 절절한 가사로 전해 주고 있습니다. 문학에선 이것을 개연성이라고 부릅니다. 개연성이란 '나에게도 일어날 법한 일'을 말합니다. 소설 속 인물이 한 고민을 언젠가 나도 할 수 있다는 뜻입니다.

노래가 3분에 담아내는 개연성을 문학은 200~300페이지로 풀어냅니다. 우리는 소설을 읽으면서 '나'를 벗어나 다른 사람의 삶으로 들어가는 경험을 하는데 이런 경험을 해봐야 공감 회로가 활성화됩니다. 이걸 못 하면 평생 '나' 한 사람의 목소리만 듣고 살게 됩니다. 역지사지를 하는 사람이 새로운 것을 잘 배울 가능성이 높습니다. 개연성이 담긴 이야기를 통해서 말입니다.

교회 안에는 열심히 섬기며 헌신하는 분들이 많습니다. 하지만 그분들의 삶을 들여다보면 '어떻게 살아야 하는가'에 대한 자기만의 답이 없는 분들이 있습니다. 그분들은 '어떻게'에 대해 나름의 고민을 해서 어떤 미완의 답이라도 얻으려고 하지 않습니다. 목사나 장로, 혹은 교회 직분자들이 모범 답안이라고 알려 준 삶의 문법들을 자기 생각이라 믿으며 철석같이 붙들고 살아갑니다.

교회건 조직이건 사람들의 신뢰를 잃게 될 때는 이유가 있습니다. 대개 경직되었거나 도덕성이 떨어질 때 그런 일이 생깁니다. 어느 쪽이든 신념이 인간다움보다 우선할 때 문제가 생깁니다. 안식일 날 배가 고파 밀 이삭을 잘라 먹은 제자들을 비판하는 바리새인들을 향해 예수님은 안식일은 인간을 위해 존재한다고 말씀하셨습니다마태복음 12:1~8. 이것을 놓치면 우리도 바리새인처럼 됩니다.

왜 예수님은 "먼저 된 자가 나중 되고 나중 된 자가 먼저 된다" 마태복음 19:30고 말씀하셨을까요? 이 말씀은 베드로가 한 질문, "우리가 모든 것을 버리고 주를 따랐는데 우리의 보상은 무엇입니까?"마태복음 19:27에 대한 예수님의 답이었습니다. 예수님의 이 비유로 베드로는 자신이 보상을 중시하는 유대인의 사고방식에 갇혀 있었다는 사실을 비로소 깨닫게 됩니다.

포도원 품꾼의 비유마태복음 20장를 듣고 당시 유대인들이 얼마나 놀랐을까요. 예수님은 당시에 만연했던 보상심리, 특권의식, 우월의식을 가진 유대인들을 포도원 품꾼의 비유를 들어 일깨우셨습니다. 얼마나 오래 일했는가에 상관없이 같은 품삯을 준다는 것은 상식을 뒤엎는 발상이었습니다. 예수님의 생각이 굉장히 유연하고 본질적이지 않습니까. 그 힘이 도대체 어디에서 왔을까 묻고 싶지만, 현실은 아득합니다. 한편, 김애란 작가는 이렇게 보여줍니다.

> 지난 십 년간 자기 삶에 남은 것 중 가장 귀한 것이 뭘까 생각했다. 그러다 무겁게 감기는 눈을 어쩌지 못해 기절하듯 잠들었고 얼마 안 돼 소스라치며 일어나 주위를 둘러본 뒤 다시 코를 골았다.「건너편」, 93~94쪽

이런 실수를 하지 않으려고 저는 문학을 읽습니다. 굳이 문학을 선택한 건 간편하기 때문입니다. 문학은 허구의 이야기이기에 부담이 적습니다. 노래를 듣는 것과 비슷합니다. 나를 잡아끄는 느낌이 오면 읽고 그런 느낌이 안 오면 다른 걸 읽으면 됩니다. 어느

책이든 나를 끄는 한 문장을 만나다 보면 한 번은 '인생 책'을 만나게 됩니다. 그때 내가 어떻게 살고 있는지, 어떻게 살아야 하는지 돌아보게 되고, 그때부터 삶이 변합니다.

우리는 수학을 열심히 배우지만, 공식이 왜 필요한지는 잘 모릅니다. 그저 공식을 외워 문제를 푸는 것만 배웠기 때문입니다. 신앙생활에서도 마찬가지입니다. 성경 말씀을 배웠지만, 성경 말씀을 내가 살아가는 일상의 콘텍스트와 연결 지어 읽는 것이 왜 중요한지 알지 못합니다. 진짜 즐거움은 그 공식이 왜 필요한지를 깨닫는 것입니다. 자기 계발서나 단순 검색은 시간을 절약해 주지만 땀 흘려 무엇인가 깨닫거나 내 것으로 만들 때 느끼는 기쁨을 빼앗아 갑니다.

성경을 읽으면서 늘 교훈을 찾으려는 게 저는 아쉽습니다. 저는 진리가 주는 기쁨을 우리가 가끔은 느끼며 살기를 하나님이 바라신다고 생각하기 때문입니다. 인간은 경이로움을 느낄 수 있는 유일한 피조물입니다. 미디안 광야에서 모세가 석양을 바라보며 느꼈을 마음을 우리는 상상해 볼 필요가 있습니다. 그의 마음속에 어떤 생각이 스치고 지나갔을까요? 뭔가 아쉽고 후회되고 아프기도 했을 것입니다.

실력이 있고 성실한데 허당끼가 있으면 그게 매력이 됩니다. 거기다 유머와 교양까지 있다면 그 매력이 더해집니다. 지금 시대 우리에게는 인간에 대한 이해가 있어야 한다고 느낍니다. 소설이 좋은 것은 바로 인간의 내면을 부드럽고 섬세한 시선으로 들여다보기 때문입니다. 그 시선은 영상과 다릅니다. 영상은 빠르고 감각적으로 오감을 자극하지만 문학은 상상하게 하고 느끼게 합니다.

세상을 바꿀 빛나는 아이디어는 신학서나 자기 계발서에만 있지 않습니다. 소설 속 문장과 문장 사이에는 영상 이미지가 담을 수 없는 뭔가가 있습니다. 그걸 읽으면서 그 속에 감춰진 의미나 감정을 찾아내는 훈련을 하게 되면 우리는 성경 속 메시지나 인물을 더 깊이 이해하게 될 것입니다. 우리가 앞으로 읽게 될 책들은 바로 이 과정이 어떻게 이루어지는지를 구체적으로 보여줄 것입니다.

세상이 음미해 온 것 중 가장 훌륭한 것

> 내가 씨앗보다 작은 자궁을 가진 태아였을 때, 나는 내 안의 그 작은 어둠이 무서워 자주 울었다.[20]

김애란 작가의 단편 「달려라, 아비」의 첫 문장입니다. 이 문장을 처음 보았을 때 허둥댔던 제 모습이 기억납니다. 낯선 감성에 순간 당황했습니다. 자극을 받은 것입니다. 누가 이런 표현을 상상이나 했을까요. '아, 천재다'라는 생각이 뇌를 스쳤고, 순간 제 머릿속 어디선가 불이 켜지는 느낌을 받았습니다. 우리의 뇌는 암시와 비유, 묘사가 풍부한 글을 읽을 때 뇌의 좌측 피질에 변화가 일어나고 이 변화는 5일 동안 지속된다고 합니다.[21]

이외에도 시를 읽다가 자극을 받은 몇 구절을 소개하고 싶습니다.[22] "양말들은 어제 하루 간 곳을 말하고/ 늘어진 셔츠는 지고 나른 짐을 얘기한다."김철, '빨래 있는 집'. "엄마는/ 그래도 되는 줄 알았습니다/ 찬밥 한 덩어리로 대충 부뚜막에 앉아 점심을 때워도"심순덕, '엄마는 그래도 되는 줄 알았습니다'. "만일 내가 다시 아이를 키운다면/ 먼저 아이의 자존심을 세워 주고, 집은 나중에 세우리라"다이아나 루먼스, '만일 내가 다시 아이를 키운다면'23).

이런 시적 표현도 좋았습니다. "새떼들도 밟지 않은 저녁놀"이준관, '읍내에 갔다가 돌아오는 둑길에는'. "슬픔도 안으면 따뜻하다."나호열, '안아주기'. "뻐국새 한 마리가/ 쓰러진 산을 일으켜 깨울 때가 있다"김완하, '뻐국새 한 마리 산을 깨울 때'. "돌아가신 어머니처럼/ 아흔둘 나이가 되어도/ 어머니가 그리워"24) 시바타 도요, '어머니'. "버려야 할 것이/ 무엇인지 아는 순간부터/ 나무는 가장 아름답게 불탄다"도종환, '단풍 드는 날'.

때로 시는 위로도 줍니다. "너무 힘들어 눈물이 흐를 때는/ 가만히 네 마음의 가장 깊은 곳에 가닿는/ 너의 하늘을 보아"박노해, '너의 하늘을 보아'. 이 시는 어느 날 저를 찾아와 지친 마음을 위로해 줬습니다. 지금 힘들어도 후에 알게 된다는 것을요. 먼 훗날 뒤돌아보면 지금 이때가 좋았고, 이때의 감정과 느낌들이 그리워질 거라고요. 저는 따뜻한 위로를 전하는 시를 좋아합니다. 물론 따끔한 자극을 주는 시를 만났을 땐 그 시를 곱씹으며 다짐하기도 합니다.

궁지에 몰린 마음을 밥처럼 씹어라
어차피 삶은 네가 소화해야 할 것이니까25)

요즘 한국인 네댓 명 중 한 명은 외로움을 느낀다고 합니다. 내 삶에 만족한다고 하는 이는 다섯 중 셋도 안 됩니다. 코로나로 인해 답답해진 일상이 우리 삶을 짓누른 지도 이 년이 넘었습니다. 다들 어찌어찌해서 위기를 넘기고는 있지만 스트레스를 받을 것입니다. 신앙인이라고 다르지 않겠지요. 그냥 살기도 바쁜 이 세상에 시를 읽는 게 무슨 의미가 있을까 하실 수도 있습니다만 시를 읽는 것은 세상이 이야기하고 궁리해 왔던 가장 훌륭한 것을 알게 되는 과정입니다.

시를 읽으면 알게 됩니다. 삶을 새롭게 이해시키는 경이로운 순간이 어떻게 찾아오는지를요. 사회학은 의심하고 질문하고, 철학은 나는 누구인가를 고민하게 하지만, 시는 우리가 영혼을 가진 존재라는 사실을 상기시킵니다.[26] 그래서 저는 신앙인에게 시 읽기를 권하고 시가 익숙해지면 소설로 넘어가기를 권합니다. 읽다 보면 계산하지 않고 솔직하게 느낀 대로 말하는 당당함이 얼마나 아름다운가를 깨닫게 됩니다.

제가 시를 읽지 않았다면 아마 '인생은 그 자체로 아름답고 찬란하다'는 것을 모르고 살았을 것입니다. 시는 풋풋한 스무 살 젊음처럼 예쁩니다. 그때의 저는 사진으로만 남아 있지만 시를 읽으면 압니다. 문학이란 강물이 내 삶에 흐르고 있는 한, 저는 스무 살 청년으로 살 수 있다는 것을요. 스무 살 청년으로 살기 위해선 삶이 들려주는 이야기를 들을 줄 알아야 합니다. 시는 그 이야기를 듣고 곱씹어 이해하는 법을 알려 줍니다.

관점은 일상에 질문을 던질 때 나온다

뛰어난 작가는 호기심이 남다르고 그 호기심을 풀어 가는 방식이 탁월합니다. 뻔한 플롯을 따라가지 않습니다. 복선과 전복, 은유와 암시를 섞어 가며 독자를 이끌어 갑니다. 독자를 가르치려고 하지 않습니다. 그저 독자가 몰입할 만한 사건을 전개할 뿐입니다. 처음엔 호기심에서 시작하지만 끝에 이르면 소설이 말하고자 하는 것이 가진 경이로움에 전율하게 됩니다. 경이로움을 느낄 수 있는 것은 우리의 영혼을 하늘의 것으로 채우려는 하나님의 뜻 덕분입니다.

이날치의 노래 "범 내려온다"는 음악, 의상, 춤, 스웨그 모두 대단합니다. 판소리에 대한 이날치의 참신한 해석과 변용은 사람들을 단번에 사로잡았습니다. 판소리를 이렇게 즐겁게 들을 줄 꿈에도 몰랐습니다. 춤도 자유롭지만 난잡하지 않고 무질서하지만 노래와 조화를 이룹니다. 막춤 같은데 절도가 있고 개성이 넘칩니다. 게다가 한복이 아닌 귀여운 후드티, 실크 롱 스타킹을 신고 판소리를 부르는 게 정말로 신선했습니다.

판소리 밴드 이날치는 시대의 경계를 허물었습니다. 시대마다 바뀌는 감수성을 간파하고 새로운 감성으로 편곡하면 지루한 판소리도 누구나 기분 좋게 들을 수 있다는 걸 이날치를 보면서 실감했습니다. 한편, 아이돌 그룹 방탄소년단^{BTS}도 빌보드차트에서 1위를 하는 쾌거를 이루었습니다. 케이팝과 판소리의 인식을 바꾼 이들의 힘은 어디에서 왔을까요? 그 힘은 잠재된 시대의 욕구를 읽는 것에서 출발합니다.

18세기 영국에서는 새뮤얼 리처드슨이라는 작가가 소설 『파멜라』[27]를 썼습니다. 노력이 아니라 신분으로 사람의 가치를 결정하는 세상의 관습을 뒤집는 이야기입니다. 가난한 여자 하인을 상류층 구혼자보다 높이 보는 그 소설은 격렬한 논쟁을 불러일으켰습니다. 당시 많은 영국인이 『파멜라』를 받아들이지 못했지만 깨어 있는 사람들은 소설이 꿈꾸는, 남녀가 평등한 세상을 열망하기 시작했습니다. 『파멜라』[1740]는 『오만과 편견』[1813], 『제인 에어』[1847]에 영감을 주었고 뱀파이어가 등장하는 판타지 로맨틱 소설 시리즈 『트와일라잇』[28]에도 영향을 주었습니다. 잠들어 있던 영국 사회의 문제를 드러내고 해결하려고 한 사람은 정치인이 아닌 작가였습니다. 오늘날의 한국 사회도 비슷한 흐름일 것입니다.

문학 이론가들은 '문학의 죽음'을 선고했지만[29], 문학이 사라지는 일은 없을 것입니다. 문학이 죽은 듯해도 노래 가사, 판타지, 웹툰, 영화 대본, 게임, 랩 같은 다양한 형태로 그 존재감을 드러내고 있습니다. 앞으로도 마찬가지일 것입니다. 빠르게 변화하는 세상 속에서 그리스도인은 어떻게 신앙을 지켜 갈 수 있을까요? 새로운 시대를 살기 위해서는 새 술은 새 부대에 담아야 합니다[마태복음 9:17]. 저는 그것을 문학에서 찾고 싶습니다.

지금 우리는 음식이 부족해서가 아니라 풍족해서 괴롭습니다. 언제부터 포도는 일 년 내내 먹을 수 있는 과일이 되고, 커피는 당연한 기호품이 된 걸까요?[30] 얼짱, 몸짱, 다이어트에 집착하는 문화는 어떻게 만들어진 걸까요? 또 갑자기 발생한 코로나 팬데믹에는 어떤 의미가 있을까요? 이런 것들이 어떤 삶의 가치를 변화시킬까요? 이런 호기심이 있어야 당연하게 받아들이는 일상에 질문을 던지게 됩니다.

19세기 말과 20세기 초에 과학과 예술에서 지식의 대변혁이 일어났습니다. 물리학에선 상대성 이론이 등장했고, 프로이트는 무의식을 발견했습니다. 입체파는 공간을 해체한 뒤 그것을 주관적으로 해석하여 지금 보는 위치에선 볼 수 없는 대상의 뒷면을 그림 속에 함께 담아냈습니다. 이것은 단순한 추상이 아닙니다. 시대의 변환기에 나타난 인식의 전환을 입체파 그림이 담아낸 것입니다.

시대의 변화는 감지할 수 없지만 입체파 화가는 그것을 눈에 보이는 추상화로 보여줍니다. 아인슈타인이나 피카소처럼 인식하려면 현상을 보면서 그것을 둘러싼 보이지 않는 그림을 상상할 수 있는 눈이 열려야 합니다. 이것이 열리려면 관찰을 해야 하고, 그 관찰은 호기심으로부터 출발합니다. 똑바로 걸어간 것 같았는데 돌아보니 걸음이 굽어 있는 건 우리가 원리를 깨닫지 못하고 사실만을 머리에 우겨 넣은 탓입니다.

가나안 혼인 잔치를 성경을 풀어 가며 설명하는 것은 중요합니다. 하지만 때론 시 한 구절이 그 의미를 더 잘 전달하는 것처럼 느껴질 때도 있습니다. 바이런이 대학 시절 가나 혼인 잔치의 의미를 설명하라는 시험 문제에 시 한 줄로 답을 했다고 합니다. "물이 그 주인을 만나매 얼굴이 붉어졌더라."[31] 팬데믹으로 인해 시대가 확연히 바뀌었습니다. 우리는 이전과는 다르게 사고하고 다르게 표현할 줄 알아야 합니다.

시대의 변화에 적응하려면 호기심이 있어야 합니다. 비 오는 날 나뭇잎에 빗물이 떨어져 약간 휘어진 모습을 누가 보았습니다. 그는 그 휘어진 나뭇잎의 모습을 보고 개미가 건널 수 있는 다리가 생겼다고 느꼈습니다. 문학을 읽으면 이런 감성이 내면에 쌓입니다. 축적된 감성과 문장이 많아질수록 사유가 부드러워져서 생각의 자극을 더 빨리 받게 됩니다. 그 결과 독창적인 아이디어가 더 빨리 발화하게 됩니다.

일상을 읽는 눈이 조금만 예민해지면 아무것도 아닐 수 있는 일들이 하나의 사건처럼 다가옵니다. 우리에게 익숙한 추상화가 칸딘스키, 몬드리안, 잭슨 폴록이나 프란츠 클라인의 그림을 보면 금방 느낄 것입니다. 화가는 복잡한 현상 뒤에 숨어 있는 단순한 개념을 기가 막히게 찾아내어 표현합니다. 이런 눈이 생기면 거룩을 정결이 아니라 구별로 보게 되고 나의 일상 속에 묻힌 보화를 캐내는 힘을 갖게 됩니다.

일상에서 우리는 관점을 찾는 연습을 하게 됩니다. 남녀가 축구 경기를 볼 때 남자는 경기를 보고 여자는 선수를 봅니다. 남자는 결과에 예민하고 여자는 과정에 주목합니다. 여행을 할 때 남자는 여행지에 도착해야 그게 여행의 시작이지만 여자는 여행을 계획하고 준비할 때 이미 여행을 시작한 것입니다. 이런 흐름에서 이날치의 "범 내려온다"뿐 아니라 김애란 작가의 소설도 예외가 아닙니다.

지금부터 김애란 작가의 『바깥은 여름』[2017]을 함께 읽으려고 합니다. 빼어난 고전도 많이 있는데 굳이 출간된 지 얼마 안 되는 작품을 읽는 이유는 우리가 지금 살아가고 있는 한국 사회를 잘 보여주기 때문입니다. 작가가 쓴 다른 작품 『달려라, 아비』, 『두근두근 내 인생』[32], 『비행운』[33]도 마찬가지입니다. 게다가 김애란 작가는 문장도 좋고 시선도 깊어 신앙을 점검할 때도 도움이 될 것입니다.

『바깥은 여름』_ 상실과 이별

『바깥은 여름』은 단편 소설집입니다. 7편의 단편에서 작가는 무언가를 상실한 사람들의 이야기를 풀어냅니다. 한 번쯤 뉴스나 드라마로 보았을 법한 이야기입니다. 어떤 것은 아련하고, 어떤 것은 아픕니다. 그래서 소설을 읽으면 등장인물의 관점에서 보고, 생각하게 됩니다. 소설을 다 읽고 나면 상실의 아픔에 대해 '나는 어떻게 다가설 것인가'를 고민하게 됩니다. 이 과정에서 우리는 공감, 이해, 위로, 판단, 성찰을 연습할 수 있습니다.

7편의 단편들이 지향하는 바는 조금씩 다르지만 등장인물 모두 '상실'과 '이별'을 겪습니다. 작가는 상실과 이별을 통해 인간이 어떤 존재인지를 이야기로 풀어냅니다. 그 모습이 꼭 위태로운 절벽에 서 있는 휘어진 소나무 같습니다. 지금은 아파도, 지금은 힘들어도 그게 나를 휘어진 소나무처럼 아름답게 빚을 것이란 사실을 작가는 알고 있습니다. 사실, 이것은 세상이 시작된 이래 단 한 번도 예외가 없이 계속되어 온 법칙이기도 합니다.

작가는 누군가 겪었을 상실의 아픔을 나의 이야기로 받아들이게 합니다. 나도 모르게 익숙해진 아픔을 새롭게 느끼게 합니다. 아픔을 당연하게 겪어야 하는 관례로 치부하지 않는 것, 그것은 우리가 인간의 본질에 더 다가가게 합니다. 저명한 문학상을 세

개나 받고, 동료 소설가 50명이 『바깥은 여름』을 '2017년 올해의 소설'로 뽑아 준 것도 그 때문일 것입니다.

「입동」_ 이별을 받아들이는 방법

첫 작품 「입동」은 "지난봄, 우리는 영우를 잃었다"²¹쪽란 한 문장으로 정리가 됩니다. 난임 치료를 받으며 두 번의 유산 끝에 어렵게 가진 아이, 이십 년간 셋집을 떠돌다 처음 장만한 실면적 17평의 아파트. 우리 분수에 이 정도면 멀리 온 것이라고 욕심부리지 말고 감사하며 살자고 했는데, 그때 아내는 겨우 5살 된 아들을 후진하는 어린이집 차에 잃습니다.

읽기 전, 내용을 조금은 알았기 때문에 울컥하지 않으려고 숨을 뱉어 내며 조심조심 읽었습니다. 그런데도 눈물을 보고야 말았습니다. 영우를 잃기 전, 영우가 어린이집을 옮겨 다니지 않아도 된다며 기뻐한 엄마의 모습을 보았기 때문입니다. 이 부부는 대단한 행복을 원하지 않았습니다. 그저 남들이 누리는 소소한 행복을 똑같이 누릴 수 있길 바랐을 뿐입니다.

> 부엌 벽면에 밴 물은 웬만해선 잘 빠지지 않았다. …… 행주질을 여러 번 한 곳은 비교적 옅어졌지만 얼룩이 완전히 사라지는 일은 없었다. 오히려 흔적을 지우려 하면 할수록 우둘투둘 종이만 더 해졌다.²⁵쪽

얼룩을 지우는 가장 확실한 방법은 새 벽지로 얼룩을 덮는 방식일 것입니다. 상처를 지우는 일도 이와 같을지 모릅니다. 부부는 이후 대형마트에서 도배에 필요한 시트지와 셀프 도배지를 사왔습니다. 하지만 아내는 며칠이 지나도 도배 일을 미루기만 했습니다. 그러던 어느 토요일 자정 넘은 시간에 부부가 도배를 시작합니다. 근데 바삐 걸레질하던 아내가 갑자기 꼼짝하지 않습니다. 남편은 도배지를 잡은 채 벽에서 눈을 떼지 못하고 아내를 내려다봅니다.

여기 ……
응?
여기 …… 영우가 뭐 써 놨어 ……
…… 뭐라고?
영우가 자기 이름 …… 써 놨어.

아내가 떨리는 손으로 벽 아래를 가리켰다.

근데 다 …… 못 썼어 ……
아직 성하고 ……
이응하고 ……
……
이응하고, 아니 이응밖에 못 썼어 …… 34-35쪽

제대로 앉거나 기지도 못하던 아이가 어느 순간 자라 '김'이란 성과 '영우'란 이름 중 '이응'을 써 놓은 것입니다. 자식의 성장을 자랑하는 것만큼 행복한 게 없죠. 아이의 머리통을 쓰다듬어 줄 수 있다면 얼마나 좋을까요. 단 한 번만이라도 아이를 다시 안아 볼 수 있다면 얼마나 기쁠까요. 그럴 수만 있다면 뭐를 주어도 아깝지 않을 것입니다. 아내가 도배지를 든 남편을 올려다봅니다. 그 순간 남편은 온몸이 떨림을 느꼈습니다. 두 팔도 바들바들 떨렸습니다.

여기서 작가는 이야기의 끝을 맺습니다. 그 간결한 끝맺음이 아쉽습니다. 부부를 위로하는 멋진 문장을 남겼으면 좋았겠다 싶었습니다. 하지만 작가는 답을 제시하지 않았습니다. 단편이 갖는 짧은 호흡 때문이기도 하지만, 저는 작가는 부부가 상실의 아픔을 서둘러 이겨 내기를 원하지 않는다는 느낌을 받았습니다. 부부에게는 잠시 아픔을 있는 그대로 받아들이는 애도의 시간이 필요합니다. 그것이 언제 끝날지는 누구도 알지 못합니다.

「노찬성과 에반」_ '약함'이 가진 '악함'

두 번째 이야기입니다. 저는 이 단편을 읽을 때 손택수의 산문시 '흰둥이 생각'이 떠올랐습니다. 시를 보면 아픈 아버지의 약값을 대려고 어머니는 흰둥이를 보신탕감으로 팔려 합니다. '나'는 아버지 약값을 생각하면 가슴이 무거워졌지만 용기 내어 대문을 열고 개를 풀어 주었습니다. 하지만 다음 날 흰둥이는 아무 일도 없었다는 듯이 돌아와서 밥그릇을 바닥까지 핥아 댔고 결국 팔려

갑니다.

> 흰둥이는 그런 나를 다만 젖은 눈빛으로 핥아 주는 것이었다. 개
> 장수의 오토바이에 끌려가면서 쓰윽, 혀보다 더 축축이 젖은 눈
> 빛으로 핥아 주고만 있는 것이었다.[34]

도망치라고 기껏 목줄을 풀어 줬더니 멍청하게 돌아왔습니다.
시는 흰둥이가 팔려 가는 모습, 그리고 '나'의 슬픈 감정을 공감각
적으로 표현합니다. '눈빛'이라는 시각적 이미지를 '축축하다'는
촉각적 이미지로 바꾸어 표현하는데, 한 감각이 다른 감각으로 전
이되기에 쓰라린 마음이 더 생생하게 와닿습니다. 이 시를 산문으
로 풀어 쓴다면 분명 「노찬성과 에반」일 것입니다. '나'를 보면 노
찬성이 생각이 나고, '흰둥이'를 보면 그의 강아지 에반이 생각납
니다.

초등학생 찬성은 고속도로 휴게소 근처에 살고 있습니다. 같이
사는 친할머니는 휴게소 분식 코너에서 일했고, 아버지는 두 해
전에 돌아가셨습니다. 트럭이 전복돼 불이 나서 죽었음에도 보험
금은 나오지 않았습니다. 그때 찬성은 열 살이었습니다. 찬성은
돈을 벌려면 인내심이 필요하지만, 인내가 꼭 무언가를 보상해 주
지는 않는다는 것을 깨닫게 됩니다.

찬성이 에반을 만난 때는 아버지를 여의고 한 달쯤 지나서였
습니다. 에반은 휴게소 남자 화장실 옆 철제 울타리에 묶여 버려
져 있었습니다. 할머니의 반대에도 찬성은 에반을 책임지겠다고
했습니다. '책임'은 찬성이 태어나 처음 해본 말이었습니다. 그렇

게 찬성은 에반과 함께 살게 되었지만 어느 날부터 에반이 온종일 끙끙대며 뒷다리를 핥았습니다. 병원에 가니 암에 걸렸는데 노견이라 수술이 쉽지 않다고, 대신 안락사를 시키는 방법이 있다고 수의사가 말했습니다.

결국, 찬성은 전단지를 붙이는 아르바이트를 해서 안락사 비용 10만 원을 모으려 합니다. 굳은 의지로 일주일간 5천 장을 돌려 11만 4천 원을 받았습니다. 하지만 호기심 많은 열두 살 아이에게 세상은 유혹으로 넘쳐 났습니다. 처음으로 가지게 된 중고 스마트폰의 유심칩, 충전기, 액정 보호필름을 사고 터닝메카드 장난감을 사고 나니 6만 7천 원밖에 남지 않았습니다. 이렇게 안락사가 차일피일 미뤄지는 사이 사달이 났습니다. 에반이 사라진 것입니다.

찬성은 다리가 아픈 에반이 갈 만한 곳을 찾아 열심히 돌아다녔습니다. 그러다 주유소 앞을 지날 때 불길함을 느낍니다. 주유소 쓰레기통 옆에 자루 하나가 보였는데, 그 자루 아래로 피가 새어 나오고 있었기 때문입니다. 만지면 아직 따뜻할 것 같은 피였습니다. 불안한 마음에 억지로 식당 쪽으로 몸을 돌렸는데 주유소에서 일하는 형들이 나누는 이야기가 들렸습니다.

아이 씨. 아니라니까 그러네.
에이. 설마?
아이, 진짜라니까. 그 개가 일부러 뛰어드는 것 같았다니까. 차가 지나가기를 기다렸다는 듯이.[80쪽]

찬성의 아버지는 살아 있을 적 골육종을 앓았습니다. 뼈에 생기는 악성 종양입니다. 에반도 아버지처럼 암에 걸렸습니다. 이 지점에서 아버지의 죽음과 노견 에반의 죽음이 겹쳐집니다. 동시에 아들의 고통과 죽음 앞에서 무력했던 할머니와 에반의 안락사 비용을 조금씩 딴 데 써 버린 찬성의 모습도 긴밀하게 겹쳐집니다. 충격으로 몸이 굳은 찬성이 어둠 속 갓길을 마냥 걸어갔습니다. 작가는 그런 찬성의 속마음을 이렇게 묘사합니다.

> 머릿속에 난데없이 '용서'라는 말이 떠올랐지만 입 밖에 내지 않았다.81쪽

동물은 눈빛만으로도 감정을 읽어 냅니다. 눈치 빠른 반려견, 반려묘는 주인이 우울해하면 재롱을 피워 위로하기도 합니다. 또 동물은 인간을 무척 닮았습니다. 본능에 따라 행동하면서도 인간처럼 스트레스를 받거나 행복을 느낍니다. 밥투정하고 어리광을 부리는 이 작은 존재는 기꺼이 인간에게 사랑이 어떤 것인지 가르쳐 줍니다. 찬성은 그것을 뒤늦게 깨닫게 됩니다.

「풍경의 쓸모」_
가장 큰 정보는 무심코 주고받는 대화 속에 있다

일상이 그냥 흘러가는 것 같아도 그날만의 특별함이 있습니다. 다섯 번째 이야기 「풍경의 쓸모」에서 주인공 이정우는 시간강사입

니다. 그는 일주일에 세 번 지방 소도시로 강의를 나갑니다. 학교는 집까지 무려 왕복 다섯 시간이 걸리는 먼 거리에 있었습니다. 늦은 저녁 버스를 타고 집으로 돌아오는 길을 작가는 이렇게 묘사합니다.

> 길에서 맞는 어둠은 매번 낯설었다. 밖은 깜깜해 지금 내가 지나는 데가 어딘지, 목적지까지 얼마나 남았는지 가늠하기 어려웠다. 그럴 땐 내가 어딘가 무척 먼 곳에 와 있는 느낌이 들었다.
> 158쪽

작가는 서울로 돌아오는 길을 '도시가 아니면서 도시가 아닌 것도 아닌' 공간이라고 말합니다. 사실 그랬습니다. 미분양 아파트, 아웃렛, 논과 밭, 비닐하우스와 공장, 공원묘지와 화원, 진흙오리구이며 장어를 파는 식당, 프로방스풍 모텔을 지나쳤기 때문입니다. 수도와 지방을 잇는 길은 무성의하게 시침질해 놓은 옷감 같다가도 톨게이트가 나타나면 모든 게 바뀝니다.

이정우는 종종 버스 창문에 비친 자신의 얼굴을 봅니다. 찬찬히 보다 보니 과거는 사라지는 게 아니라 얼굴에 배어 나오는 것 같다는 생각을 합니다. '이정우'라는 사람이 살면서 만난 인연, 경험한 시간과 감정이 지금 그의 눈빛에 드러나고 인상을 만드는 일에 관여한다는 느낌을 받습니다. 뭐든 그저 사라지는 건 없는가 봅니다. 과거가 사라진 것 같아도 실제론 내 몸 어딘가에 숨어 있다가 표정으로 존재감을 드러내는 게 분명합니다.

이정우는 '그 일' 이후 자신의 인상이 바뀐 걸 알았습니다. '그

일'은 이정우가 강의를 나가는 B대 곽 교수의 차를 타고 집에 가는 날, 곽 교수가 교통사고를 낸 일입니다. 버스를 기다리다 만난 곽 교수가 선뜻 남부터미널까지 태워 주겠다고 하기에 탔습니다. 그가 낮술을 한 것 같아서 마음에 걸렸지만 거절하지 못했습니다. 결국 곽 교수는 길을 가던 아이를 살짝 쳤습니다. 하지만 그 모든 일을 이정우가 뒤집어쓰게 되었습니다. 벌점은 받았지만, 그에겐 차가 없어서 손해는 아니었습니다. 다만, 해야 할 강의가 하나 늘었을 뿐입니다.

사고가 나기 전 곽 교수가 이런 말을 합니다. "어른이 별건가. 지가 좋아하지 않는 인간하고도 잘 지내는 게 어른이지"162쪽. 곽 교수는 문화를 가르치고 공정을 말하지만, 자신에게 유리한 상황 판단에 능숙합니다. 후에 보니 곽 교수는 이정우가 B대 교수 임용에 지원했을 때 가장 반대한 사람이었습니다. 이정우는 곽 교수를 보면서 새삼 느낍니다. 가장 큰 정보는 일상에서 일어나는 사소한 일이나 무심코 주고받는 대화 속에 있다는 걸요.

김애란의 소설집 제목은 『바깥은 여름』입니다. 그 제목이 만들어진 단서는 「풍경의 쓸모」에 나옵니다. 소설에서 작가는 이정우가 느끼는 감정을 스노볼을 쥔 느낌으로 표현합니다. 유리 볼 안에선 하얀 눈보라가 흩날리는데, 구 바깥은 온통 여름인 그런 느낌 말입니다. 가족이 있지만 겉돌고 대학에서 강의를 하지만 그 대학에 속해 있지는 않은 그런 이질감을 유리 볼 속 겨울이 보여 줍니다.

「가리는 손」_ '이해'와 '오해'는 동의어

「가리는 손」은 여섯 번째 이야기입니다. 다문화 가정의 아이 이야기이고 싱글맘, 재이의 엄마가 등장합니다. 그녀에게 아들 재이를 키우는 일은 쉽지 않았습니다. 지금도 힘든데 노후를 생각하면 늘 두려운 마음이 들었습니다. 아이에게 짐이 되고 싶지는 않은데 별뾰족한 방법이 없습니다. 자신의 엄마만 봐도 그랬습니다. 재이의 엄마는 생각합니다. 언제부턴가 어수선해진 고향집, 머리카락이 자주 나오는 음식들. 그녀는 그 풍경의 이유를 나중에 알게 됩니다.

> 내 눈엔 잘 띄는 얼룩이 엄마 눈엔 보이지 않는다는 걸 알았다. 시력이 약해진 엄마 입장에선 먼지를 안 치우는 게 아니라 먼지가 존재하지 않는 거였다.[201쪽]

허구의 이야기인데도 따라가다 보면 감정이입이 되어 함께 웃고 울게 됩니다. 주인공의 감정에 공감하는 순간, '나 아닌 타인의 생각과 감정의 진폭을 맞출 수 있는 능력은 다 하나님께로부터 온 은혜이자 능력'이라는 것을 느끼게 됩니다. 그들의 이야기에 공감할 수 있는 건 그 이야기가 나 자신과도 연결되기 때문입니다. 같은 이야기라도 그게 남의 이야기로 느껴질 때와 나의 이야기로 느껴질 때 생기는 공감의 깊이가 다릅니다. 불개미상회의 컷툰[35]이나 「미생」, 「송곳」 같은 웹툰을 봤다면 공감이 뭔지 금방 이해할 수 있을 것입니다.

이후 어느 날, 중학생 몇 명이 박스 줍는 노인을 폭행하는 동영상이 인터넷에 돌게 됩니다. 영상 안에는 재이가 찍혀 있었습니다. 재이는 노인이 맞아 쓰러지는 장면을 멀리서 보다가 마지막에 입을 가리기만 합니다. 그 행위의 의미는 소설의 마지막 순간에 드러납니다. 그 반전이 있기 전 흥미로운 문장이 나옵니다. 아빠와 왜 헤어졌냐는 재이의 질문에 대한 엄마의 답입니다.

> 그래, 엄마랑 아빠는 …… 지쳐 있었어. '이해'는 품이 드는 일이라, 자리에 누울 땐 벗는 모자처럼 피곤하면 제일 먼저 집어던지게 돼 있거든.214쪽

이해는 품이 드는 일이 맞습니다. 김소연 시인도 비슷한 말을 한 적이 있습니다.

> '이해'란 가장 잘한 오해이고, '오해'란 가장 적나라한 이해다.36)

우리가 "이해했다"라고 말할 때 그건 내가 원하는 대로 네가 잘 오해해 준다는 뜻이고, "오해야"라고 말할 때 그건 내가 보여주고 싶지 않은데 네가 어떻게 알았느냐는 의미라고 김소연 시인은 말합니다. 재이 엄마나 시인의 아주 사소한 말을 통해 우리가 사는 모습을 되짚어 보게 됩니다. 두 문장을 다시 읽으며 저도 모르게 긴장을 했습니다. 소설에 기록된 문장은 생각의 씨앗이 자랄 토양인 게 분명합니다.

자기 계발서와 소설

한때 자기 계발서가 붐을 일으킨 적이 있습니다. 생존을 위해 자신의 가치를 높이려 했기 때문입니다. 자기 계발서의 의도는 분명합니다. 떠오르는 유행에 관한 기술을 전해서 발 빠르게 살아갈 방법을 찾아주는 것입니다. 그래서 문학을 권하기가 어렵습니다. 자기 계발서를 많이 읽어 요약 정리된 깔끔한 문장에 익숙해지면, 모호하고 암시적인 문학이 답답하게 느껴지기 때문입니다. 「가리는 손」에 이런 문장이 나옵니다.

> 자식에게 애정을 베푸는 일 못지않게 거절과 상실의 경험을 주는 것도 중요한 의무란 걸 배웠다. 앞으로 아이가 맞이할 세상은 이곳과 비교도 안 되게 냉혹할 테니까.190쪽

「어디로 가고 싶으신가요」에는 이런 문장이 나옵니다.

> 남편을 잃기 전, 나는 내가 집에서 어떤 소리를 내는지 잘 몰랐다. …… 남편이 세상을 뜬 뒤 내가 끄는 발소리, 내가 쓰는 물소리, 내가 닫는 문소리가 크다는 걸 알았다. 물론 그중 가장 큰 건 내 '말소리' 그리고 '생각의 소리'였다.228쪽

자기 계발서라면 이 두 가지 경우에 내가 해야 할 일을 육하원칙으로 간단명료하게 설명할 것입니다. 그대로만 따라 하면 우리가 삶에서 만나는 난감한 순간을 수월하게 넘어갈 수 있을 것입

니다. 하지만 우리 사회 특유의 체질이나 일상의 자잘한 일들을 해석하는 눈 또는 독창성을 얻는 건 어렵습니다. 이것들은 대개 한눈에 들어오지 않는 막연하고 모호한 감정이나 문제 속에 뒤섞여 있기 때문입니다.

자기 계발서는 돌다리도 두드려 보라고 가르칩니다. 하지만 문학은 다릅니다. 프란츠 카프카의 소설 『변신』을 보면 주인공은 어느 날 갑자기 흉측한 모습을 한 갑충^{甲蟲}으로 변해 잠에서 깨어나게 됩니다. 앞으로 무슨 일이 일어날지 상상하는 것만으로 이 책은 매력적으로 다가옵니다. 하지만 일목요연하게 잘 정리된 글, 해법만을 보여주는 자기 계발서만 읽으면 카프카가 묘사하는 창의적인 발상은 절대로 얻어지지 않습니다.

1917년 마르셀 뒤샹은 '소변기'^{작품명 「샘」}로 사람들을 놀라게 했습니다. 그는 예술을 재능과 솜씨로 여기던 사람들의 생각을 깼습니다. 뒤샹으로 인해 예술의 개념이 기술에서 아이디어로 확장된 것입니다. 뒤샹처럼 다르게 생각할 때 변화가 시작된다는 걸 문학도 보여줍니다. 문학은 상상력을 자극하여 흐릿한 우리의 인식에 윤곽을 그려 줍니다. 2016년 노벨문학상 수상자 밥 딜런의 말을 읽어 봅니다.

완벽히 자유로운 건 없다. 새조차도 하늘에 묶여 있지 않은가.[37]

이 문장을 읽으면 '새들은 나는 게 재미있을까'도 생각해 볼 수 있습니다. 두 문장이 그려 내는 그림에서 저는 시야가 넓어지는 느낌을 받았습니다. 이런 느낌은 자기 계발서로는 얻을 수 없습니다. 열심히는 살지만, 나만의 생각이 없고, 사는 게 그저 그래서 나도 모르게 한숨을 쉰다면 관점이 주는 힘을 배워야 합니다. 이건 자기 계발서가 아니라 이야기를 읽어야만 터득됩니다. 구글도 '우연한 마주침'[38]이란 문학적 발상을 활용합니다.

구글은 식당을 설계하면서 의자 간격을 좁게 만들었습니다. 식판을 들고 자리에 앉으려면 어쩔 수 없이 옆 사람과 부딪힙니다. 이렇게 불편하게 디자인한 이유가 있습니다. 모르는 옆 사람과 자연스럽게 대화를 시작하도록 유도한 것입니다. 또 화장실이 사무실에서 멀고 커피 한잔도 멀리 가야 마실 수 있습니다. '구글 범프'라고 불리는 이것은 우연하게라도 대화를 시작할 접촉점을 만들려는 구글의 철학적 소신을 담고 있습니다.

삶이 지루하다면 '우연한 마주침'이 거의 없다는 걸 의미합니다. 삶에서 우연한 마주침이 일어나 새로운 의미가 쌓이다 보면 어느 순간 기적이 일어납니다. 그것이 변화이고 섭리입니다. 성경을 많이 읽는 것도 좋지만 낯설게 읽어 보기를 권합니다. 우연한 마주침은 모아 놓기만 했던 막연한 정보들을 개인적인 '관점'으로 변화시키는 촉매 역할을 합니다. 우리에게는 굳어 버린 생각에 균열을 일으킬 자극이 필요합니다.

아이디어는 찰나의 자극에서 온다

경험으로 볼 때 독서가 우연한 마주침을 의도하지는 않지만, 그 만남의 확률을 높이는 것은 사실입니다. 나도 모르게 뭘 읽고 있거나 어떤 생각이 나를 끌어당기는 느낌을 받았다면 거기엔 나와 연결되는 뭔가가 있는 것입니다. 그 순간을 놓쳐선 안 됩니다. 자극은 아주 짧은 순간에 일어나지만, 찰나 같은 순간이라도 신이 머문다면 이야기는 국면을 달리합니다. 세상의 논리를 뚫을 발상이 만들어지기 때문입니다.[39]

우연한 마주침은 수시로 일어납니다. 중요한 건, 그게 나에게 일어날 때 하나님의 섭리가 간섭하고 있을지도 모른다는 것입니다. 저는 "성경이 아니라 생활에 밑줄을 그어야 한다"^{기형도, '우리 동네 목사님'}와 "좋은 것은 위대한 것의 적"^{짐 콜린스, 『좋은 기업을 넘어 위대한 기업으로』}이란 문장을 만났던 순간을 기억합니다. 기형도의 시행은 제가 만난 첫 '인생 문장'입니다. 이 시행을 만남으로 저는 진리를 이해하는 방식을 처음으로 고민하게 되었습니다.

두 번째 문장은 신학교 첫 학기 때 만났습니다. 아내 심부름으로 교내 Helping Hands^{그릇, 옷, 가구 등을 무료로 나눠 주는 곳}에 갔다가 책 『Good to Great』[40]를 보게 되었습니다. 경영학자가 쓴 책을 신학생이 읽었고 졸업을 하면서 Helping Hands에 기부하고 갔는데, 그것을 제가 본 것입니다. 중간고사 기간이었음에도 불구하고 저는 그 책을 시험 기간 내내 읽었습니다. 책의 첫 문장이 풀어내려는 이야기가 너무 흥미로웠기 때문입니다.[41]

좋은 것은 위대한 것의 적.

저를 매료시킨, 충격을 준 문장입니다. 지금껏 좋은 걸 두고 그것이 위대한 것의 '적'이라고 생각한 적이 없었습니다. 한데 저자는 good에 만족하며 살던 인생의 기준치를 great로 확 올려 버립니다. 다들 최선을 다했다면 그게 good이라고 생각했을 것입니다. 저도 그렇게 생각했습니다. 하지만 제가 하는 선택에 great란 기준을 들이대니 정신이 아득해졌습니다.[42] 또 기업을 '교회'로 바꿔 읽으니 그 책이 마치 신앙 서적처럼 느껴졌습니다.[43]

여기서 끝났다면 그게 우연일 수 있습니다. 중간고사가 끝난 며칠 뒤 학생회관에 갔습니다. 신학생들이 군목을 가르치는 딘 니콜스 교수 연구실 앞에 모여 있었습니다. 왜 모여 있는지 궁금해서 다가가 보니 학생들이 교수님이 내놓은 박스에서 책을 골라 가고 있었습니다. 저는 신학생들이 다 가고 난 뒤 남은 책을 뒤적이다 『The Navigator』[44]라는 책을 집어 들었습니다. 네비게이토 선교회를 시작한 도슨 트로트맨의 전기였습니다.

책을 읽다가 6장, 87쪽 하단에서 이런 문장을 보게 되었습니다. "This is one of Satan's greatest tools … the good is the enemy of the best."[45] 사탄이 즐겨 쓰는 도구 중 하나는 … 좋은 것은 가장 좋은 것의 적. 트로트맨이 한 말과 내가 짐 콜린스 책에서 본 첫 문장 "Good is the enemy of great"[46] 좋은 것은 위대한 것의 적는 맥락은 다르지만 같은 말이었습니다. 같은 문장을 두 번 만났다면 이건 중요하다는 신호입니다.

트로트맨은 신앙인이 최선보다 차선을 선택하는 걸 아쉬워합니다. 그는 차선책에 만족하도록 하는 게 사탄이 즐겨 쓰는 수법이라고 강조하면서, 신앙인이 좋은 것에 만족하여 위대한 것을 추구하지 않는 걸 안타까워했습니다. 그는 "그리스도를 알고 그분을 알게 하라"라는 말을 평생 붙들고 살았습니다. 그가 시작한 성경 암송을 통해 수많은 사람이 주님께 돌아왔는데 그를 볼 때면 콜린스의 말이 생각납니다.

짐 콜린스는 같은 시기, 같은 크기, 같은 업종으로 시작한 기업이 20~30년 뒤, 왜 한 기업은 세계적인 기업이 되었는데 다른 기업은 여전히 그 크기로 남아 있는지를 연구했습니다. 콜린스가 5년간 CEO들을 인터뷰하고 6천 건의 논문을 분석한 뒤 이런 결론을 내렸습니다. 위대한 기업이 되기 위해서 가장 중요한 것은 '누구를 버스에 태워야 할까' 고민하고, 인재를 찾은 다음에 전략을 세웠다는 것입니다. 이건 예수님이 첫 제자가 될 사람들을 요단강에서 만난 것과도 연결됩니다. 이들은 어부였지만 생계를 내려놓고 세례 요한을 찾아올 만큼 간절했습니다. 어부들에겐 제사장에게도 없었던 목마름이 있었습니다.

기형도의 시나 콜린스의 문장을 읽을 때 느슨하게 있던 제 안의 뭔가가 당겨지는 느낌을 받았습니다. 그래서 다시 읽었습니다. 다시 읽는 동안 흩어져 있던 생각들이 연결되는 느낌을 받았고, 그 순간 마음속 줄이 더 팽팽하게 당겨졌습니다. 그리고 그 줄을 팽팽하게 붙잡고 사는 한, 인생길에서 길을 잃는 일은 없겠다는 확신이 들었습니다. 왜 이런 생각이 들었는지 모르지만, 그건 어쩌면 단테의 『신곡』을 읽은 경험의 산물일 수 있습니다.[47]

획기적인 아이디어는 모두 집중과 노력의 산물이지만 그 이전에 하나가 더 있습니다. 바로 생각의 자극입니다. 짜릿한 희열이 느껴지는 순간이 있습니다. 이 순간은 0.2초에 불과하지만, 이 찰나 같은 시간에 느껴지는 느낌을 글로 풀어내면 그게 목회자에겐 설교 원고이고 작가에겐 한편의 작품이 됩니다. 생각의 자극이 내 안의 어느 부분을 건드리는지 알면 융합, 소통, 공감하는 힘이 빠르게 성장하고 이것은 삶과 신앙 모든 영역에서 존재감을 드러냅니다.

신앙생활이 지루하다면 이전에 디지털 정보와 자극적인 콘텐츠에 많이 노출되었을 가능성이 큽니다. 이걸 반전시키려면 스티브 잡스가 말한 "stay foolish, stay hungry"라는 문장을 고민해 봐야 합니다. 이때 내게 와닿는 '한 문장'이 도움이 될 것입니다. 때론 여러분의 인생 행로를 바꿔 놓을 수도 있습니다. 그런 '한 문장'을 만났다면 영국 작가 도리스 레싱이 한 말이 단번에 이해가 될 것입니다.

배움이란 평생 알고 있었던 것을 어느 날 갑자기 완전히 새로운 방식으로 이해하는 것이다.[48]

행운은 기꺼이 위험을 감수한 자에게 주어진 선물

연기자 진기주가 있습니다. 그가 배우로 첫걸음을 떼었을 때 그는 나이가 많다는 이유로 오디션에서 매번 떨어졌습니다. 한번은 4차 오디션을 통과해서 배역을 받았지만, 어느새 그 배역은 다른 사람에게로 넘어갔습니다. 소속사는 이유도 말해 주지 않았습니다. 그는 처음으로 눈물 젖은 김밥을 먹으며 왜 연기를 하고 싶은지를 자신에게 물었습니다.[49] 배역을 빼앗긴 게 억울했지만, 지금보다 더 많이 잃어도 연기를 할 것인지 물었고 대답은 '예'였습니다.

정유정 작가도 비슷한 경험을 했습니다. 그는 소설을 쓰고 싶다는 마음 하나로 간호사를 그만두었습니다. 그 후 원고를 여러 곳에 응모했지만 매번 탈락했습니다. 한번은 1차를 통과하여 심사평을 볼 수 있었는데, "이 작자는 기지도 못하면서 날려 든다"[50]라는 평을 들었습니다. 그 충격이 얼마나 컸던지 며칠을 방에서 나오지 못했습니다. 정유정 작가 역시 자신에게 물었습니다. 작가가 되고 싶은 건지 글을 쓰고 싶은 건지. 역시 글이란 확신이 들자 다시 소설을 쓰고, 퇴고하고, 응모하기를 반복했습니다.

작가 김금희가 있습니다. 장편 『경애의 마음』[51]을 썼습니다. 그를 힘들게 한 건 아무도 그의 글을 기다려 주지 않는다는 것이었습니다. 그때부터 적극적으로 투고하기 시작했고 5년 만에 첫 책을 낼 수 있었습니다. 작가는 5년 동안 혼자만 벌을 받는 것 같았다고 말했습니다. 하지만 그 과정을 견디는 자가 작가가 됩니다. 진기주, 정유정 그리고 김금희가 겪은 그 과정을 『바깥은 여름』 속 인물들도 겪고 있고 어쩌면 여러분도 겪고 있을 것입니다.

김금희 작가는 자신처럼 힘들어할 누군가를 위해 조언합니다. "혼자만 벌을 받는 듯해도 그건 꼭 자신의 잘못은 아니다"라고요. 김금희 작가처럼 하나님의 사람도 마치 벌을 받는 것처럼 힘든 순간이 있습니다. 좁은 길을 가기 때문입니다. 이들이 선택한 연기와 글은 자신의 '정체성'[52]을 확인할 수 있는 증표입니다. 물론 연기를 안 하고 글을 안 써도 그만입니다. 하지만 그 일을 함으로써 우리는 나를 향한 하나님의 뜻을 알게 되는 경우가 많습니다.

자기가 좋아하는 일을 한다는 건 쉽지 않습니다. 결혼했다면 가족의 생계 문제를 책임져야 하니 더욱 어려움을 겪을 것입니다. 베스트셀러 간증집에 실린 일들이 나에게는 일어나지 않기에 마음을 다잡아야 합니다. 수많은 시행착오를 겪고 나니 불운과 달리 행운은 그것을 준비한 사람에게만 찾아오고, 그 행운도 언젠가 그가 내린 용기 있는 결정의 결과라는 것을 알게 되었습니다. 행운은 선물이지만 대개는 기꺼이 위험을 감수하는 사람에게 주어집니다.

상상력은 하나님이 인간에게 준 선물

우리가 매일 소설을 20페이지씩 읽는다면 어떤 일이 생길까요? 일론 머스크는 과학소설 『파운데이션』 시리즈[53]를 읽고 스페이스 X에 대한 설계도를 그렸습니다. 또 2050년까지 백만 명을 화성으로 이주시킨다는 꿈을 꾸게 되었습니다. 허황된 꿈 같아도 쥘 베른의 SF 『해저 2만 리』[54]나 『달나라 탐험』[55]이 실현된 걸 생각하면 화성 이주도 가능할 것도 같습니다.

그저 시키는 일만 잘할 생각이라면 자기 계발서를 읽으면 됩니다. 하지만 머스크처럼 한 번도 해보지 않은 일을 하고, 어떤 프로젝트의 밑그림을 그리고, 지금과는 다른 방식으로 문제를 해결해 보고 싶다면 문학 읽기를 권합니다. 저는 머스크가 부럽습니다. 그리스도인보다 더 원대한 꿈을 꾸고 있다는 점에서 그렇습니다. 진정으로 '하나님 나라'를 꿈꾸며 사는 그리스도인이라면 자기 계발서로는 부족합니다. 우리는 더 과감해지고 더 진실해져야 합니다.

『파운데이션』 시리즈는 요셉 이야기의 SF 버전 같습니다. 먼 미래의 인류가 은하 제국을 건설했습니다. 하지만 너무나 커져 버린 영토, 방대해진 인구, 고도로 발달한 과학기술이 임계점에 도달하자 은하 제국도 쇠락의 길을 걷게 됩니다. 이때 해리 셀던이라는 수학 교수가 나타나서 요셉처럼 앞일을 예측합니다. 그는 천 년간의 미래를 예측한 뒤 그 예측대로 역사가 흘러가도록 만듭니다. 한데 현실은 셀던의 예언과는 다른 방향으로 흘러가고 인류는 혼란에 빠집니다. 인류는 세 번의 위기를 맞는데 그걸 과학기술, 종교적 믿음, 무역과 경제학으로 극복합니다.

상상력은 하나님이 인간에게 준 선물입니다.[56] 소설을 읽어 상상력의 눈을 갖게 되면 일론 머스크처럼 IT 쪽으로 발전할 수도 있고, 김애란처럼 자신을 탐구하는 쪽으로도 뻗어 갈 수 있습니다. 한때는 방 한 칸을 차지해야 했던 컴퓨터를 주머니 속으로 넣을 수 있는 시대가 되었습니다. 세상이 아무리 바뀌어도 가장 중요한 존재는 여전히 인간입니다. 문학 읽기가 매력적인 이유는 내가 바로 하나님의 선물을 받은 인간이기 때문입니다.

내가 되는 길

『바깥은 여름』은 상실을 말하지만, 우리가 잊고 있던 '나'를 보여 줍니다. 우리는 상실을 무조건 이겨 내야 한다고만 생각합니다. 상실은 이겨 내는 게 아니라 아픈 나를 있는 그대로 받아들이는 것입니다. 상실은 기쁨, 희망, 풍요, 열정 같은 단어로는 알 수 없는 인생의 또 다른 문을 열어 줍니다. 그 문을 열고 들어가면 내가 알지 못했던 '또 다른 나'가 보입니다.

이 이야기를 가장 풍성하게 보여주는 것은 헤르만 헤세의 『데미안』[57]입니다. 소설에 보면 이런 문장이 나옵니다. "나는 평생 나 자신이 되기 위해서 노력했을 뿐인데, 참다운 나 자신이 되는 길은 왜 이렇게 멀고 험했을까?"[58] 소설은 말합니다. 태어나고자 하는 새가 알을 깨듯 내가 가진 가치관, 세계관을 깨트려야 한다고요. 알을 깨고 나오는 과정을 기독교에서는 광야라고 부릅니다. 이런 과정을 『데미안』이 잘 표현해 줍니다.

그리스도인이 신앙을 지키려면 '자신'을 알아야 합니다. 형식을 따라 겉모습만 종교인이 되지 않기 위해서는 '내면의 자신'을 알아야만 합니다. 기독교는 자기를 부인하기 때문에, 자신에게 관심을 가지면 죄책감을 느낍니다. 하지만 그렇지 않습니다. 뒤집어 생각해 보면, 행복도 자신이 먼저 충분히 경험해야 남에게 흘려보낼 수 있습니다. 스스로를 읽는 감성이 부족하다 보니 오프라인뿐 아니라 온라인에서도 세상과 접촉할 때 문제가 생깁니다.

소설 『편의점 인간』[59]을 읽으면 놀랄지 모르겠습니다. 일본 소설가 무라타 사야카가 쓴 소설입니다. 작가는 편의점에서 18년간 아르바이트한 경험을 바탕으로 이 소설을 썼습니다. 그의 작품 속 주인공은 취업하고, 결혼하고, 아이를 낳는 보통의 삶을 거부합니다. 『편의점 인간』에서 보듯 옳다고 생각하는 삶의 방식이 세대마다 달라집니다. 우리는 일본과 다르다고 생각하는데 착각입니다. 우리도 별반 다르지 않습니다.

한국에서도 편의점 인간이 늘고 있습니다. 편의점은 옥탑방, 고시원, PC방, 쪽방, 당구장, 반지하 셋방과 함께 소설에 자주 등장합니다. 이런 공간은 임시거주지이자 아지트이자 소비의 공간입니다. 삼각김밥[60]부터 일상용품까지 편의점은 일상의 소비를 주도하는 공간입니다. 김애란의 「나는 편의점에 간다」 속 '나' 역시 편의점이 일상의 중심인데, 그는 소비하는 자신을 이렇게 해석합니다.

> 비닐봉지를 흔들며 귀가할 때 나는 궁핍한 자취생도, 적적한 독거인도 무엇도 아닌 평범한 소비자이자 서울시민이 된다.[61]

놀랍지 않습니까? 자취생인 나도 스스로를 소비자이자 서울시민으로 생각합니다. 소설은 빅데이터가 아니지만, 사회가 어떻게 바뀌고 있는가를 가늠하게 합니다. 누스바움 교수는 『시적 정의』에서, 문유석 판사는 『개인주의자 선언』에서 삶의 복잡함을 이해하기 위해 고민합니다.[62] 김애란 작가도 비슷한 고민을 합니다. 작가 역시 우리와 같은 한국 사회를 살고 있기 때문입니다.

「나는 편의점에 간다」에 보면 편의점 알바생이 등장합니다. 대학을 나왔지만 편하게 살려고 알바를 하고 있다고 말합니다. 하지만 학교 선배를 만난다면 힘들어도 도전해 보라는 말을 들을 것 같습니다. 그것은 대개는 그럴듯한 스펙을 잘 만들어서 괜찮은 회사에 지원해 보란 말일 것입니다. 조언은 괜찮아 보이지만 그건 조금 더 번듯한 현실을 위한 노력 같아 보입니다. 이게 진짜 꿈일까요?

김애란의 알바생이 멋진 이유가 뭘까요? 진기주, 정유정이 멋진 이유가 뭔가요? 자기의 삶에 당당하기 때문입니다. 한 번뿐인 인생, 좋아하는 일을 하며 살고 싶은 자신이 자신을 믿어 주기 때문입니다. 때론 짜증을 내고 화를 내고 의문을 품고 슬퍼하는 건 자연스런 감정입니다. 그런 감정을 느끼지 못하면 어떻게 될까요? 작가는 압니다. 하루의 삶을 살아 내는 내가 얼마나 소중한 존재인가를요.

인생이 길어도 끝까지 남는 건 몇 개 없습니다. 우리는 세상을 바꾸고 싶어 하지만 실제로 바꿀 수 있는 건 나밖에 없습니다. 나이를 먹을수록 꿈은 작아집니다. 꿈이 '현실적이지 않다, 여건이 안 된다' 같은 이유가 변명이 됩니다. 하지만 갈렙은 85세까지도 꿈을 놓지 않았습니다^{여호수아 14:6~12}. 언제일지 모르면서 기다리는 건 힘들지만 그 언제가 반드시 온다는 것을 갈렙은 잘 보여 줍니다.

같이 읽으면 좋은 책

맘에 드는 작가를 만나면 다른 작품도 찾아보게 됩니다. 『바깥은 여름』이 좋았다면 김애란 작가가 쓴 『두근두근 내 인생』, 『달려라, 아비』, 『비행운』도 읽길 바랍니다. 어느 것을 읽든 후회가 없을 것입니다. 『디어 라이프』도 추천합니다. 『바깥은 여름』에서 느꼈을, 쓰라리지만 더없이 아름다운 삶의 이야기가 앨리스 먼로를 통해 다시 펼쳐집니다. 편하게 읽을 수 있지만 깨달음을 주는 문장도 곳곳에서 만납니다.

당신이 승마를 하느라 바쁘다고 하면 사람들도 당신이 바쁠 줄 알겠지만, 시를 쓰느라 바쁘다고 하면 게을러 보일 수 있다. 그리고 무엇을 하고 있는지 설명하려면 스스로가 약간 이방인처럼 느껴지거나 창피한 생각이 들 것이다.[63]

『편의점 인간』은 인생이 무엇인지를 편의점이란 공간에서 바라봅니다. 주인공은 여성 게이코이고 30대 중반입니다. 게이코는 대학 때부터 10년 넘도록 편의점 알바만 하고 있습니다. 그런 게이코를 보며 사람들은 답답해합니다. 게이코는 보통 사람처럼 살아가는 모습을 연기하지만, 작가는 우리의 삶도 게이코와 비슷하다고 말합니다. 우리 역시 유년, 청년, 중년을 지나며 그 시기에 맞게 연기하는 생활인일 뿐이라고요.

『비행운』김애란, 문학과지성사, 2012

『디어 라이프』앨리스 먼로, 문학동네, 2013

『편의점 인간』무라타 사야카, 살림, 2016

2장

사람은 무엇으로 선택을 결정하는가

가끔 다른 곳으로 공간이동을 하고 싶을 때가 있습니다. TV 시리즈 〈스타트렉〉처럼 말입니다. 훌쩍 떠나고 싶다는 건 뭔가 정리가 필요하다는 마음속 신호입니다. 그럴 때면 저는 소설을 읽음으로 공간이동을 간접적으로 경험합니다. 소설 속 공간에서 저는 누군가의 삶을 지켜보며 인생을 배웠고 지금도 배우고 있습니다.『모순』속 주인공처럼 저도 제가 어떻게 살아야 하는지 고민했는데, 마지막 페이지에서 살짝 들춰 본 화자의 말이 가슴에 꽂혔습니다.

> 삶의 어떤 교훈도 내 속에서 체험된 후가 아니면 절대 마음으로 들을 수 없다. 뜨거운 줄 알면서도 뜨거운 불 앞으로 다가가는 이 모순, 이 모순 때문에 내 삶은 발전할 것이다.273쪽

마음속에서 몇 번의 전쟁을 치러야 이런 확신을 가질 수 있을까요? 불현듯 소설의 이야기가 궁금해졌습니다. 소설을 펼치니 주인공 안진진의 삶이 퍽퍽합니다. 아버지는 무책임하고, 남동생은 감옥에 가 있고, 어머니는 시장 바닥에서 싸구려 양말을 팝

니다. 그나마 제대로 된 밥벌이를 하는 사람은 자신뿐입니다. 짜증 낼 만도 한데 자신만의 세상을 열어 갑니다. 그런 진진을 보니 『리스본행 야간열차』 속 질문이 떠올랐습니다.

우리가 우리 안에 있는 것들 가운데 아주 작은 부분만을 경험할 수 있다면, 나머지는 어떻게 되는 걸까?[64]

철학적이며 실존적인 질문입니다. 작가 파스칼 메르시어는 이 질문을 소설이라는 틀 안에서 풀어냅니다. 이런 작업을 진진이 합니다. 겨우 스물다섯인데 '인생은 탐구하면서 살아가는 것인지, 살면서 탐구하는 것인지' 관찰해 보겠다고 결심합니다. 결심은 처음 1장에서 나오고 17장에서 최종 결론을 내립니다. 2장부터 16장까지는 진진이 1년 동안 쌍둥이 엄마와 이모, 동생, 아버지, 이종사촌, 남자친구와 자신을 관찰한 내용을 풀어냅니다.

그리스도인이 자신만의 삶의 방식이 없다면 슬픈 일입니다. 왜냐하면 베드로도 "여러분의 삶의 방식에 대해 묻는 사람들에게 할 말을 준비하되 최대한 예의를 갖춰 답변하십시오"베드로전서 3:15, 메시지성경라고 말했기 때문입니다. 문학은 다양한 삶의 방식을 소개합니다. 그래서 문학을 읽으면 성경 속 인물의 삶에 대해 더 많은 단서를 얻게 되고, 이것은 '나'라는 존재의 모든 영역에 영향을 미칩니다.

에서를 보며 저는 단조로운 삶은 단조로운 행복만을 약속한다는 것을 생각합니다. 요셉을 보니 그의 꿈은 그가 그토록 피하려 애썼던 고난을 통해 이루어졌습니다. 요셉은 형들로 인해 이집트에 팔려 갔지만, 그것은 그들과 그들의 후손을 구원하려는 하나님의 뜻이었습니다창세기 45:4~8. 우리가 요셉을 통해 배우는 것도 물론 흥미롭지만 허구를 통해서 같은 경험을 한다는 것은 더 경이롭습니다. 시를 통해 이 경험을 해보려고 합니다.

신앙에도 설렘과 떨림을 더해라

제가 문학을 읽는 이유는 하나님을 더 알고 싶기 때문입니다. 문학을 읽는 게 어떨 때는 공부하는 것 같고 어떨 때는 연애하는 것 같습니다. 우리의 어떤 행동이 하나님을 기쁘시게 하는 게 아니라 우리가 하나님이 어떤 분이신지 아는 것이 하나님을 기쁘시게 한다고 우리는 알고 있습니다.[65] 문학을 읽으면 이 사실이 더 명확해집니다.[66] 서정주 시인은 "나를 키운 건 팔 할이 바람이다"라고 했는데, 저는 문학이라고 대답할 것 같습니다.

좋은 시를 판단하는 제 나름의 기준이 있습니다. 쉽지만 삶을 돌아보게 하고, 제가 보지 못하던 걸 보게 하는 시입니다. 저는 함민복의 시처럼 쓰인 시를 좋아합니다. 시인은 시를 공들여 쓰고 이게 국밥 한 그릇만큼 사람들의 가슴을 따뜻하게 덥혀줄 수 있을까 고심합니다. '달의 눈물' 같은 시를 읽다 보면 오래전 떠나온 동네 사람들의 얼굴이 희미하게 떠오릅니다.[67] 그러다 시 '그날 나는 슬픔도 배불렀다'를 읽으며 울컥합니다.

이상한 중국집 젊은 부부를 보았다

바쁜 점심시간 맞춰 잠자 주는 아기를 고마워하며
젊은 부부는 밀가루, 그 연약한 반죽으로
튼튼한 미래를 꿈꾸듯 명랑하게 전화를 받고
서둘러 배달을 나아갔다[68]

　시장 골목입니다. 형이 이삿짐을 정리한 뒤 수고한 동생에게 짜장면을 시켜 주고 갔습니다. 짜장면을 앞에 두고 젊은 부부를 바라봅니다. 그 모습이 눈물처럼 아름다워 배가 부른데도 마지막 면발까지 다 먹습니다. 사람이 풍경일 때처럼 아름다운 게 없다는 걸 새삼 느낍니다. 시인은 고만고만한 인생을 함께 살아간다는 게 뭔지를 따뜻한 시선으로 보여줍니다.
　유안진의 시 '밥해 주러 간다'가 있습니다. 적신호로 바뀐 건널목을 할머니가 허둥지둥 건넙니다. 이에 놀란 차들이 빵빵대며 지나갑니다. 그러다 할머니가 놀라 넘어졌는데 누가 뭔 중요한 일 있느냐고 야단칩니다. 그러자 할머니가 더 큰 목청으로 소리칩니다. "취직 못한 막내 눔 밥해 주는 거/ 자슥 밥 먹이는 일보다 더 중요한 게 뭐여?"[69] 이정하 시인의 산문 "참사랑의 모습"도 생각납니다. 산문인데 행갈이를 하니 시로 보입니다.

내가 어렸을 때 할머니가 돌아가셨다.
할머니는 시골의 어느 공원묘지에 묻혔다.
이듬해 나는 방학을 이용해서
그 근처의 친척집엘 갔다.
우리가 탄 차가 할머니가 잠들어 계시는

묘지 입구를 지나갈 때였다.

할아버지와 나는 뒷좌석에 함께 앉아 있었는데,

할아버지는 우리가 아무도 안 보는 줄 아셨는지
창문에 얼굴을 대시고
우리들 눈에 띄지 않게 가만히 손을 흔드셨다.
그때 나는 사랑이
어떤 것인지를 처음 깨달았다.[70]

설교를 몇 십 년 들었지만 설렘이 없다면 시를 좀 읽어 보길 권합니다. 신앙생활은 연애와 비슷합니다. 설렘과 떨림이 있어야 합니다. 시를 읽으면 설레고 떨리는 순간이 찾아옵니다. 잠시 멈춰 숨을 고르는 그 짧은 순간, 우리는 느끼고 생각합니다. 그게 별거 아닌 듯해도 그게 쌓이면 내 생각을 표현하는 데 큰 도움이 되고, 성경이 말하는 메시지를 듣는 귀도 열립니다.

『모순』_갈림길의 등장

『모순』의 내용은 남편감 찾기입니다. 제인 오스틴의 『오만과 편견』[71]과 같습니다. 가난해도 사랑하는 사람과 결혼하냐, 돈은 많지만 사랑 없는 사람과 결혼하냐입니다. 이것이 소설의 뼈대를 이룹니다. 작가는 안진진의 시선으로 그를 둘러싼 가족의 삶을 관찰합니다. 그 관찰의 목적은 간단합니다. 인생은 살면서 탐구하는 것인지, 탐구하면서 사는 것인지, 둘 중 어느 쪽이 맞는지 확인하고 싶어서입니다.

안진진은 『모순』의 화자입니다. 그가 대학을 휴학하고 취직을 한 건 집안이 가난했기 때문입니다. 반면, 이모는 잘삽니다. 유명한 건축가인 이모부 덕분입니다. 이런 이모는 진진 엄마의 쌍둥이 동생입니다. 나이는 쉰둘인데 사는 게 극과 극입니다. 엄마는 시장에서 싸구려 양말을 팝니다. 자녀들의 삶도 비슷합니다. 이모의 자녀들은 미국 유학 중입니다. 반면 진진은 이모부 덕에 겨우 취직했고 남동생은 조폭 흉내를 내다 살인미수로 감옥에 갔습니다.

진진은 살면서 두 남자를 만나게 됩니다. 나영규는 잘살지만 예측할 수 있는 사람이었고, 김장우는 순수하지만 가난했습니다. 진진의 마음은 김장우에게 향하고 있지만 나영규와 결혼을 하기로 합니다. 나영규는 이모의 선택을, 김장우는 엄마의 선택을 떠올리게 합니다. 허나 소설 끝에 가면 이모가 자살합니다. 진진은 이모를 힘들게 한 게 무엇인지 압니다. 하지만 진진은 이모를 떠올리는 선택을 합니다. 무엇이 이런 결심을 하게 했을까요?

하나님은 인생 속에 전환점을 숨겨 두셨다

아무리 신중한 선택을 했어도 결혼은 인생처럼 전인미답입니다. 세계문학전집 목록을 보면서 몇 개를 뽑아 봅니다. 『안나 카레니나』, 『보바리 부인』, 『채털리 부인의 사랑』, 『주홍 글자』가 눈에 띕니다. 위태로운 남녀 관계를 여자의 시점에서 말하고 있는 책입니다. 한국 소설에서 뽑는다면 서유미 작가의 『홀딩, 턴』이 보입니다. 『모순』이 결혼의 결정까지를 보여준다면 『홀딩, 턴』은 결혼한 그 이후의 삶을 다룹니다.

『모순』에서 진진은 나영규와 결혼하기로 결정합니다. 일단은 실리적인 선택을 했습니다. 사람은 대개 단순한 이유로 사랑에 빠지지만, 또 그 단순한 이유로 사랑이 싫어집니다. 한쪽이 치명적인 실수를 저질러 신뢰가 깨지면 좋지만, 성격 차이라고 얼버무릴 수밖에 없는 이유는 모순적인 마음 때문이 아닐까 싶습니다. 『모순』에 등장하는 남편진진의 아버지은 폭력적이고 무능력합니다. 그것으로도 충분히 헤어질 법하지만 그렇지 않습니다.

한 상담사의 말이 기억납니다. 이혼 상담을 많이 받다 보니 이혼할지가 보이더랍니다. 소리를 지르고 물건을 던지고 서로 죽일 듯이 쏘아붙여도 헤어지지 않는 커플에겐 하나가 달랐습니다. 아무리 화가 나도 상대의 마지막 자존심은 건드리지 않았습니다. 반면 헤어지는 커플은 그걸 거침없이 건드렸습니다. 또 이런 커플은 대화는커녕 눈도 마주치지 않고 서로의 뒷모습을 보며 적의가 담긴 눈길을 쏘아 댑니다.[72]

우리의 몸은 가장 날씬했던 때가 아니라 가장 뚱뚱했던 순간을 기억한다고 합니다. 그래서 틈만 나면 그때로 돌아가려고 해서 요요 현상이 생긴다고 합니다. 다이어트가 실패하게 되는 주된 원인입니다. 결혼 생활도 비슷한 것 같습니다. 남녀가 기억하는 둘만의 특별한 순간이 다른 것입니다. 기억의 오류에서 오는 착각이 더는 좁혀지지 않을 때 우리는 그걸 '성격 차이'라고 부릅니다.

엄마와 아빠, 이모와 이모부, 진진과 나영규는 성격 차이를 보입니다. 엄마는 싸우는 쪽을, 이모는 숨는 쪽을, 진진은 유리한 쪽을 선택합니다. 어느 선택이 맞을지는 모르지만, 하나님은 인생 속에 전환점을 숨겨 두었습니다. 이걸 찾아내면 엄마처럼 살게 되고 놓치면 방관자가 되기 쉽습니다. 신앙도 비슷합니다. 상대의 삶에 숨어 방관하다 보면 더 나을 수도 있는 자신의 삶을 놓치게 됩니다.

남의 이익을 위해 자신의 이익을 돌보지 않는 행위는 얼핏 보기에는 정의감 같으면서 실은 도피였다.[73]

박완서의 『그 많던 싱아는 누가 다 먹었을까』에 나오는 문장입니다. 아픔을 몸으로 겪은 사람만이 느낄 수 있는 감정입니다. 이런 감정을 최은영 작가는 이렇게 표현합니다. "크게 싸우고 헤어지는 사람도 있지만 아주 조금씩 멀어져 더 이상 볼 수 없는 사람도 있다. 더 오래 기억에 남는 사람은 후자다."[74] 『모순』에선 그게 아버지입니다. 소설에서 어느 순간 아버지가 사라진 게 안타깝습니다.

실수는 되풀이될 수 있다

『모순』을 읽으면 운명을 생각하게 됩니다. 쌍둥이로 자라 같은 날 결혼했지만 한쪽은 행복으로, 다른 한쪽은 불행으로 나뉘었습니다. 그렇게 되도록 각자 인생을 설계한 것도 아닌데 말입니다. 흔히 운명이란 과거에 했던 선택의 결과라고 불리는데, 그게 맞는다면 얄궂습니다. 진진의 엄마는 이모보다 십 분 먼저 태어났을 뿐입니다. 이 사소한 사건이 자매의 운명을 바꿨습니다.

> 김포 아줌마가 신랑감 사진 내놓았을 때, 네가 그랬지? 십 분 먼저 태어났어도 언니는 언니니까 네가 먼저 가라구. 흥. 그 십 분 먼저가 이런 운명인 거야. 네가 십 분 먼저 태어났다면 이 운명이 네 것이라고.119쪽

김포 아줌마는 먼 친척으로 엄마와 이모의 신랑감을 중매했습니다. 처음 가져온 사진이 훗날 진진의 아버지가 되었고 사흘 뒤가져온 사진이 이모부가 되었습니다. 단 십 분의 차이로 엄마는회사원과 이모는 건축가와 결혼했습니다. 이모부는 유명한 건축가가 되었습니다. 반면 엄마의 남편이 된 회사원은 술꾼이 되었고엄마는 평생 가난에 찌들어 살게 됩니다.

스승의 날 행사로 학부모 일일 교사를 요청받았을 때 진진은당황했습니다. 시장에서 양말을 파는 엄마를 모시고 갈 수 없었기때문입니다. 그때 이모는 최고의 대안이었습니다. 이모는 세련된화장과 머리 스타일, 환한 미소를 머금고 일일 교사 역할을 멋지게 해냈습니다. 이모는 뭐 하나 부족한 게 없습니다. 남편도 자녀도 똑똑합니다. 어디서부터 잘못된 것일까요? 이제 각자의 삶은각자의 것이 될 테지만 이 말을 들어봅니다.

> 좋은 것과 나쁜 것을 함께 받아들이지 않으면 하나님이 내 삶에

마련한 계획을 수행할 수 없게 된다.[75]

인용문에서 '하나님'을 '운명'으로 바꾸면 우리가 주변에서 보는 삶입니다. 누구나 자기 나름의 인생을 살아가고 있을 것이고 그게 좋을 수도 나쁠 수도 있습니다. 하지만 인생은 이 둘을 함께 경험하는 것입니다. 앞으로 이들의 인생에 어떤 일이 일어날지 상상하는 것만으로도 이 책은 매력적으로 다가옵니다. 이들의 선택이 행복을 가져올 것이라고 믿지만 어쩌면 실수가 되풀이될지도 모릅니다. 그것이 인생입니다.

누군가 등을 떠미는 것 같은 운명

소설 속 등장인물 중 그리스도인으로 설정된 인물은 없습니다. 다들 자신에게 주어진 삶을 받아들이기 바쁩니다. 삶에 여유가 없기 때문입니다. 그런데 진진은 삶을 탐구하기로 합니다. 자신에게 주어진 운명을 받아들이기 위함일 수도 있습니다. 우리는 남이 행복하지 않은 건 이해해도 자신이 행복하지 않은 건 이해하지 못하기 때문입니다. 그래도 진진은 결심합니다.

지금부터라도 나는 내 생을 유심히 관찰하면서 살아갈 것이다.
20쪽

진진은 엄마와 이모의 삶을 열심히 관찰합니다. 엄마가 이모보다 십 년은 더 나이 들어 보이는 건 남편 문제로 고생한 탓입니다. 아버지는 성격은 착한데 술만 먹으면 개차반입니다. 그 원인을 깊이 다루지 않지만 만일 파고든다면 소설 한 권이 나올 것입니다. 진진은 이모를 더 닮았습니다. 그래서 책을 읽다 보면 진진이 두 남자 중 과연 누굴 선택할까, 궁금해집니다.

진진은 나영규를 컴퓨터 학원 새벽반에서 처음 만났습니다. 이 남자와 앉아 있으면 일목요연하게 정리된 현실이 보입니다. 나영규는 데이트를 준비할 때도 빈틈이 없습니다. 동선과 이동 시간 그리고 그곳에서 느끼게 될 감정의 선까지도 계산합니다. 이런 나영규가 진진에게 청혼했습니다. 그의 성격을 유추해 보면 청혼은 그가 설계한 인생 계획 중의 한 부분일 것입니다.

한데 이상한 게 있습니다. 진진은 그동안 불우한 가정사를 숨기고 살아왔는데 나영규에게는 숨김없이 말합니다. 분명 김장우와 감정적으로 더 많은 교감을 하는데 왜일까요? 사랑하지 않는 사람에게는 스스럼없이 누추한 현실을 보여줄 수 있지만, 사랑하는 사람 앞에선 그 일이 쉽지 않습니다. 그건 사랑이라는 자존심 때문입니다. 사랑을 한다는 건 가슴 벅찬 일입니다. 그걸 김장우가 보여줍니다. 그는 나영규와 다릅니다.

김장우는 야생화만 전문적으로 촬영하는 사진작가입니다. 진진은 책의 5장과 9장을 김장우에게 할애합니다. 5장에서 만나는 김장우는 세상일에 관심이 없습니다. 대신 모든 희미한 존재들을 사랑합니다. 그게 야생화입니다. 선량한 미소와 눈빛을 가졌고 강함보다는 약함을 편애하는 그 모습은 꼭 현실 속 신앙인의 모습입니다. 형과도 우애가 깊습니다. 형을 돕는 건 함께 고생하며 자란 탓도 있지만, 천성이 착했습니다.

소설에서 진진은 "나는 김장우를 사랑하고 있다"[220쪽]라고 밝힙니다. 하지만 소설 끝에선 나영규와 결혼하게 됩니다. 그도 엄마나 이모처럼 4월의 신부가 됩니다. 저는 그가 비극으로 끝난 이모의 삶을 보았기에 김장우를 선택하리라 생각했는데, 결국엔 물질적으로 더 나은 쪽을 선택합니다. 그게 나쁘다고는 말할 수 없습니다. 우리가 실제로 살아 보지 않는 한 어느 쪽 인생이 더 나은지는 알 수 없겠죠.

제 삶을 돌아봅니다. 저는 선택한 적이 없는데 이 길로 들어선 걸 보면 누가 제 등을 떠민 것 같습니다. 누군가 뒤에서 나를 조종하는 것 같은 운명의 손길을 느끼는데 그것을 진진도 느낍니다. 나영규는 이모부를 닮았습니다. 돈 잘 벌고 자상하지만 낭만적이진 않습니다. 반면 김장우는 착하고 애틋하고 사랑스럽습니다. 하지만 나영규와 달리 진진이 챙겨 주지 않으면 안 됩니다.

진진의 삶은 쉽지 않습니다. 아버지는 몇 해째 행방불명, 동생은 수감 중, 자신은 대학을 휴학한 채 사무원으로 일하고 있습니다. 그는 스물다섯이 되던 해 자기 삶의 두께가 너무 얇다는 걸 깨닫게 됩니다. 진진이 엄마와 이모의 삶을 관찰해 보기로 마음먹은 순간은 '이렇게 살아도 되는 걸까'라고 생각했을 때였습니다. 관찰은 4월부터 시작하여 그다음 해 2월까지 진행됩니다. 10개월간 진행된 관찰은 인생에 대한 진진의 생각을 바꿔 놓았습니다.

인생은 탐구하면서 살아가는 것이 아니라, 살아가면서 탐구하는 것이다. 실수는 되풀이된다. 그것이 인생이다 ⋯⋯[296쪽]

진진의 이런 생각은 사실 일 년 전쯤 자신이 한 말을 뒤집은 것입니다. 일 년 전에 진진은 '인생은 탐구하면서 살아가는 것'[22쪽]이라고 생각했었습니다. 하지만 그사이에 몇 가지 변화가 생겼습니다. 가장 큰 것은 행복한 줄 알았던 이모의 자살이지만, 남동생 진모의 수감, 중풍과 치매에 걸려 돌아온 아버지, 만나던 두 남자 중 결국 현실적으로 더 나은 나영규를 선택한 것도 변화에 영향을 미쳤을까요.

사랑하지 않는 이와의 결혼. 이 모순이 갖는 의미를 소설에선 알 수 없습니다. 진진이 해주는 이야기는 여기서 끝났기 때문입니다. 저는 진진이 이모처럼 외로울 것이라 추측해 봅니다. 김장우와 시간을 함께할 때 더 행복해하는 진진을 보았기 때문입니다. 하지만 알 수 없는 게 인생이겠죠. 그의 선택이 지금은 실수 같아 보여도 그의 인생 끝에서 우리는 지금보다 더 성장해 있는 진진을 만날 것입니다.

생과 싸우며 자기 목소리를 내야 한다

이모는 모든 걸 다 가졌습니다. 남편 복에 자식 복까지 있습니다. 이모는 정말 괜찮은 인생을 살고 있습니다. 그런데 그런 이모가 자살했습니다. 이모는 왜 삶에 뿌리를 내리지 못했을까요? 사랑도 넘칠 정도로 받으면 모자란 것보다 못한 것일까요? 이모의 극단적인 선택이 마음에 와닿지 않습니다. 제가 볼 때 자살은 겁쟁이의 변명처럼 보입니다.

살다 보면 누구에게나 한 번쯤 방황의 시기가 찾아옵니다. 내가 잘 하고 있는 건가, 이런 생각이 들 때가 있습니다. 이모도 이런 시기를 겪었지만 어떻게 보면 이모는 삶이 주는 편안함에 길들여졌다고 할 수 있습니다. 언니처럼 피 터지게 생과 싸우거나 자기 목소리를 내지 않고, 그저 남편의 품에 안겨 살았으니까요. 진진 가족의 고난과 비교해 보니 이모의 선택은 실망스럽습니다.

작가는 1인칭 관찰자 시점으로 이야기를 전개합니다. 그래서 독자와의 거리가 가깝고, 화자의 갈등이나 변화를 독자에게 생생하게 전달합니다. 허나 인생이 주는 질문에 만족스런 답을 찾는 건 쉽지 않습니다. 이모도 마찬가지였겠죠. 이모는 자기 몫의 삶을 받아들이지 못했습니다. 뒤늦게 자신의 목소리를 내지만 그것이 극단적인 선택이라는 게 아쉽습니다. 우리는 각자 해석한 만큼의 생을 살아가는 것일까요.

상처는 상처로밖에 치유할 수 없다

양귀자 하면 『원미동 사람들』[76]1987이 떠오릅니다. 소시민의 삶을 보여주는 소설집으로 경기도 부천시 원미동을 무대로 쓴 11개의 작품이 들어 있습니다. 작가는 1955년생으로 『원미동 사람들』을 썼을 때가 갓 서른을 넘긴 나이였습니다. 그 나이에 인생을 보는 따뜻한 눈을 가졌다는 게 놀랍습니다. 가난하지만 희망을 붙잡고 사는 소시민의 삶을 그려 내는 따뜻함이 마지막 작품 『모순』1998까지 이어집니다.

인생을 잘 살려면 친구가 중요합니다. 나만큼 나를 알고 때로는 나보다 더 나를 잘 아는 친구가 필요합니다. 친구가 없다면 관계가 주는 기쁨을 놓치기에 삶이 메말라집니다. 또 인간의 삶은 모순으로 가득합니다. 하지만 모순 뒤에 가려진 삶의 진실을 이해했을 때, 우리는 삶의 중심에 한 걸음 더 다가갈 수 있습니다. 그게 잦은 이사에도 불구하고 제가 『모순』을 꼭 챙긴 이유입니다.

힘들 때 기댈 친구가 필요했고 또 인생을 잘 살고 싶어서 저는 문학을 읽었습니다. 어쩌다 시작한 그 일이 소중해졌고 그 덕분에 『모순』을 만났습니다. 매일매일 내가 할 일을 다 했을 때 오는 따뜻한 느낌, 그게 행복이라고 생각합니다. 『모순』은 행복하고 싶지만 어쩔 수 없이 놓치고 사는 진진을 보여줍니다. 겨우 25년을 산 여성이 전하는 아프도록 따뜻한 인생 이야기를 읽으며 위로를 받습니다.

이 소설을 읽으며 진진의 삶을 들여다봅니다. 엄마의 삶은 엄마의 것이듯 진진의 삶은 진진의 것입니다. 그에게도 하나님이 선물로 주신 그만의 인생이 있을 것입니다. 그런데 왜 마음이 시원하지 않을까요? 그건 아마 후회할지도 모를 선택이 이모에게서 진진에게로 이어지고 있기 때문입니다. 적지 않은 사람들이 이런 경험을 했다는 것을 아는 작가는 이렇게 다독입니다.

> 나의 불행에 위로가 되는 것은 타인의 불행뿐이다. 그것이 인간이다. 억울하다는 생각만 줄일 수 있다면 불행의 극복은 의외로 쉽다. 상처는 상처로밖에 위로할 수 없다.[188쪽]

우리는 남이 행복하지 않은 것은 '그럴 수 있다' 생각하면서 자신이 행복하지 않은 것은 받아들이지 못합니다. 또 은혜는 쉽게 잊어도 상처는 좀처럼 잊지 못합니다. 상처는 돌려줘야 할 빚으로 생각하지만, 은혜는 꼭 돌려주지 않아도 될 빚이라고 여기기 때문입니다. 그래서『모순』에서 엄마가 폭력적이고 무능했고 나이 들어선 치매에 걸린 남편을 포기하지 않는 게 놀랍습니다.

『모순』을 읽으면 압니다. 다들 괴로운 일이 많지만 말하지 못하고, 현실과 타협하지 않으면서 자신이 원하는 삶을 살기 위해서는 대가를 치러야 하며, 희망은 추상적이지만 시련은 구체적이고, 운명은 한쪽 편만 들지 않는다는 걸요. 풀꽃은 어디서나 피지만 아무렇게나 살아가지 않으며, 힘들어 한숨짓는 내게도 아침은 반드시 찾아오고, 크고 작은 선택이 모여 결국엔 다채로운 삶을 만들어 낸다는 걸요.

소설에선 설명하지 않지만 진진은 자신의 선택이 가져온 삶으로부터 가르침을 얻게 될 것입니다. 실수로 인한 좌절은 평범한 사람을 주인공으로 만드는 스토리텔링의 중요한 도구입니다. 소설은 아주 작은 좌절부터 시작합니다. 이런 게 삶을 피곤하게 만드는 것은 분명하지만 이런 방식의 삶을 경험하거나 상상하지 못한다면 어떤 일이 일어날까요? 대개는 자기만 옳다고 믿는 외골수가 되기 쉽습니다.[77]

의심과 번민, 실수와 좌절이 꼭 역기능만 있는 것은 아닙니다. 이것도 합리적으로 활용하면 신앙을 든든하게 다져 주는 질료로 쓸 수 있습니다. 이런 과정을 겪지 않고 신념을 갖게 되면 교조주의에 빠질 확률이 큽니다. 신앙의 본질은 의심하고 질문을 던지는 것입니다. 『순교자』나 『침묵』이 그것을 보여줍니다. 작가는 인간의 내면 깊은 곳에 추를 드리우고 뭔가를 건져 냅니다. 『모순』을 읽으면 그걸 경험하게 됩니다.

소설은 타인의 이야기를 풀어내지만 읽다 보면 내 이야기라고 느낍니다. 각자 삶의 디테일은 다르지만 인생 속 사건은 비슷합니다. 처음엔 인생이 아무런 관련 없이 무질서하게 일어나는 것 같지만 시간이 흐르면서 그 점들이 이어집니다. 그리고 어느 순간 그 점들이 연결되어 운명이란 연결 고리가 만들어지게 되는데 그때를 그리스도인은 '하나님의 계획하심'으로 해석합니다. 요셉이 고백하듯이^{창세기 45:7~8}.

체험이 없으면 마음에 녹아들지 않는다

『모순』 4장에는 처음으로 아버지가 자세하게 언급됩니다. 소설에서 아버지의 자리는 없습니다. 사람들은 아버지를 술꾼, 성격 파탄자, 건달로 잘라 말하지만 진진은 그게 의문이었습니다. 그가 알고 있는 아버지는 뭔가 달랐습니다. 술에 취하지 않았을 땐 한없이 부드럽고, 생각이 깊은 사람이었습니다. 진진이 볼 때 아버지는 사람들이 한 번도 제대로 읽지 않는 책 같았습니다. 그것은 아버지의 불행이었습니다.

아버지는 감당할 수 없을 만큼 거칠고 예민했습니다. 그런데도 훗날 생각해 보니 이상하게도 진진은 아버지를 미워하지 않았습니다. 아버지가 어머니를 때리고 밥상을 뒤엎었는데도 말입니다.

어머니가 아버지와 갈라서지 않은 이유도 비슷할 것입니다. 아버지는 건달의 삶을 지나 부랑의 길로 빠져들면서 어머니와 거리가 생겼습니다. 드물게 집에 왔지만, 어느 날 일몰에 돌아오는 이유를 설명한 적이 있습니다. 이렇게 말입니다.

해 질 녘에는 절대 낯선 길에서 헤매면 안 돼. 그러다 하늘 저편부터 푸른색으로 어둠이 내리기 시작하면 말로 설명할 수 없을 만큼 가슴이 아프거든. 가슴만 아픈 게 아냐. 왜 그렇게 눈물이 쏟아지는지 몰라. 안진진, 환한 낮이 가고 어둔 밤이 오는 그 중간 시간에 하늘을 떠도는 쌉싸름한 냄새를 혹시 맡아 본 적 있니? 낮도 아니고 밤도 아닌 그 시간, 주위는 푸른 어둠에 물들고, 쌉싸름한 집 냄새는 어디선가 풍겨 오고, 그러면 그만 견딜 수 없을 만큼 돌아오고 싶어지거든. 거기가 어디든 달리고 달려서 마구 돌아오고 싶어지거든. 나는 끝내 지고 마는 거야 ⋯⋯.94~5쪽

첫 문장, "해 질 녘에는 절대 낯선 길에서 헤매면 안 돼"는 읽는 순간 마음에 불을 지폈습니다. 이 문장 하나로도 진진의 아버지를 미워할 수 없습니다. 아버지에겐 낭만이 있었습니다. 바로 그 이유로 어머니도 아버지를 사랑하기 시작했겠지만, 바로 그 이유로 미워하게 되었습니다. 낭만이 밥 먹여 주는 건 아니니까요. 인간이란 한없이 모순된 존재입니다. 그걸 진진도 보여줍니다. 생각의 시선만으로도 많은 걸 읽어낼 수 있습니다.

나는 왜 갑자기, 어딘가에서 그 남자의 냄새 나는 양말을 깨끗이

진진은 김장우를 좋아합니다. 그의 냄새 나는 양말을 빨아 놓고 싶을 정도입니다. 김장우에게는 나영규에게 없는 것이 있습니다. 아버지가 가졌던 낭만입니다. 김장우는 진진의 아버지에게 한쪽 어깨를 빌려준 어머니 같은 사람이었습니다. 이게 사랑입니다. 그래서 진진은 방심한 것 같습니다. 함께 여행 가서 술을 진탕 마셨고, 김장우를 때렸습니다. 자기를 가두지 말라고 말하면서요205쪽. 진진 속에도 아버지가 있었습니다.

진진은 살면서 아버지의 말을 회상합니다. 그건 자기 생각이나 자기 감정을 알고 싶었기 때문일 것입니다. 우리는 가끔 지하철에 앉아 맞은편 사람이 어떤 음악을 듣고 무슨 동영상을 보는지 궁금할 때가 있습니다. 그건 어쩌면 나도 분명히 잡지 못하는 내 생각, 내 감정을 알고 싶은 마음에서 오는 것일지 모릅니다. 『모순』에서 작가는 삶의 어떤 교훈도 내 안에서 체험되지 않으면 절대 마음속으로 들어올 수 없다는 걸 알고 있습니다.

밑줄 그은 문장은 공감이 남긴 흔적

우리는 논픽션과 픽션을 읽습니다. 이 둘이 어떻게 다를까요? 모르는 분야, 익숙하지 않은 분야, 새로운 분야를 알고 싶을 때는 논픽션을 읽으면 됩니다. 논픽션은 필요한 정보의 핵심을 정확하게 짚어 줍니다. 그 모습은 꼭 시험에 어떤 문제를 내겠다고 짚어 주는 선생님처럼 느껴집니다. 반면에 픽션은 시험범위만 알려 주는 선생님처럼 보입니다. 소설은 후자를 닮았습니다.

이해는 논픽션의 설명만으로 도달할 수 없습니다. 부조리하고 모순된 인간의 삶을 다루려면 더 섬세한 게 필요합니다. 그 어떤 예술도 소설만큼 세밀하게 인간을 그려 낼 수 없습니다. 그래서 묘사가 좋은 소설을 읽고 나면 줄거리가 아니라 느낌이 남습니다. 『모순』을 읽을 때도 그런 경험을 할 것입니다.

하버드 경영대학 조지프 바다라코 교수는 수업 중에 소설을 활용합니다. 가즈오 이시구로의 『남아 있는 나날』[78]이나 조지프 콘래드의 『비밀요원』[79]을 가지고 토론을 하게 합니다. 토론이라고 말했지만, 실제론 옳고 그름에 대해 고민하는 시간을 갖게 하는 것입니다. 경영서는 분석에 집중합니다. 반면 문학은 쉽게 옳고 그르다를 판단할 수 없는 상황을 보여줍니다. 『모순』에서 진진이 겪는 상황이 그렇습니다. 이런 상황이 현실에서 그대로 재현되지는 않겠지만 독자는 내가 진진이었다면 어떤 선택을 할까 고민하게 됩니다. 이런 것을 경험함으로써 상황을 이해하고 해결책을 찾는 능력을 기를 수 있습니다.

『그리스인 조르바』[80]가 있습니다. 한국인들이 유달리 좋아하는 그리스 소설입니다. 니코스 카잔차키스가 썼습니다. 자유가 그리울 때, 뭔가 영감이 필요할 때 많은 사람이 조르바를 떠올립니다. 소설에서 인간 조르바는 삶의 순간순간에 행복을 즐길 줄 압니다. 하지만 우리는 머뭇거리고 이런저런 잣대로 억누르며 삽니다. 때로는 사람의 비겁함과 옹졸함, 한 치의 양보도 없는 이기심에 넌더리를 치면서 말입니다.

가수 양준일은 중학생 때 마이클 잭슨의 문워크 춤을 처음 보고 춤에 빠지게 되었습니다. 실제로는 뒤로 가는데 앞으로 가는 것 같고, 가만히 서 있는 거 같은데 옆으로 움직입니다. 양준일은 마이클 잭슨의 춤이 현실을 뒤집어엎는 것 같아 좋았습니다. 중학생이 춤을 보면서 현실이 바뀌는 느낌을 느꼈다는 게 더 놀랍습니다. 픽션은 바로 양준일이 체험한 느낌에 가깝습니다. 픽션도 춤처럼 군더더기 없이 메시지를 전합니다.

위의 이미지에서 논픽션과 픽션 사이에 공간이 있습니다. 겹쳐진 공간이 문학의 자리입니다. 낭만파 시인 워즈워스의 친구였던 콜리지는 이 공간을 '시적 믿음'[81]이라고 불렀습니다. 이 공간에서 논픽션은 팩트를 사용해서 거짓을 분별하는 눈을 열어 주고, 픽션은 은유를 사용해서 진리를 보는 눈을 열어 줍니다. 논픽션과 픽션은 동전의 양면과 같습니다. 성경도 이런 모습을 보여줍니다.

성경은 하나님에 관한 이야기지만 하나님을 알아 가는 인간에 관한 이야기이기도 합니다. 그래서 성경을 제대로 읽으려면 하나님과 인간을 모두 알아야 합니다. 하나님에 대한 이해는 신학서가 도와줍니다. 하지만 인간에 대한 이해는 문학, 역사, 예술, 심리학, 철학 등이 도와줍니다. 이 중 사람을 공부하는 최고의 방법은 문학을 읽는 것입니다. 우리는 자신이 무슨 생각을 하는지 잘 모릅니다. 대개는 작가의 문장을 읽고 나서야 알게 됩니다.

인생책이 있다면 책을 펴서 밑줄을 그은 문장을 살펴보기 바랍니다. 평소에 고민하던 생각과 맞닿아 있을 것입니다. 밑줄은 공감이 남긴 흔적입니다. 어느 문장이건 감동과 울림을 줬다면 그 후엔 전혀 다른 글이 됩니다. 독자에게 재해석되면서 새로운 생명력을 부여받은 것입니다. 이런 경험을 통해 우리는 나를 알게 됩니다. 이는 루터도 경험했고 우리도 경험하고 있습니다.

'새로운 나'를 발견하는 경험

『모순』 속 인물들은 꼭 진짜처럼 느껴집니다. 이모가 켜 놓은 유행가에 엄마가 역정을 내며 "정신 사납게 음악은 무슨. 이 기계들은 다 뭐야? 이거 또 새것으로 바꿨구나"137쪽라고 하는 말이나 진진이 엄마가 다니는 뽀글래 미장원 이름을 말해서 이모가 한바탕 웃는 장면139쪽이 꼭 진짜 있었던 일 같습니다. 작가의 상상은 우리의 시야를 넓히지만 여기서 끝나지 않습니다. 반드시 발상의 전환을 가져옵니다.

한 사람이 어른이 되기까지 얼마나 많은 사람과 사건과 장소가 필요할까요. 진진은 엄마와 아버지, 남자친구, 이모와 남동생을 보면서 배워 갑니다. 세상을 배워 가는 진진을 보며 우리도 배웁니다. 자신을 둘러싼 세상을 새로운 시선으로 볼 때 배움이 시작되는데 그걸 느끼게 해주는 것이 감성이고 그걸 꿈꾸게 해주는 것이 상상입니다. 어른이 된다는 건 '새로운 나'를 발견하는 경험을 하는 것입니다. 이것을 안정환 선수도 겪었습니다.

그가 한 예능 프로에서 힘들었던 어린 시절을 회상하며 "진짜 슬프면 눈물 안 나"[82]라고 말했습니다. 진짜 슬프면 눈물이 나는 게 아니라고요. 배고파서, 빵이 먹고 싶어서 축구를 했고 고등학생 때 처음 오렌지를 먹었습니다. 갈아입을 옷이 없어 한 옷을 닷새 동안 입고 다녀서 놀림을 받았습니다. 그때 '가슴으로 우는 거는 자기밖에 모른다'는 걸 깨닫습니다. 그게 『모순』 속 아버지일 수 있습니다.

자신에게 실망하는 순간도 있고 반대로 아무것도 잘못한 게 없지만 힘들 수도 있습니다. 그런 경험을 해보면 알지만, 너무 억울할 땐 눈물도 안 나옵니다. 헛웃음만 나옵니다. 이럴 때 자신의 감정을 아는 게 중요합니다. 적어도 자기 자신에게는 속이지 않고 정직하게 자신의 감정을 말해 줘야 합니다. 아프면 아프다고 말해야 하고 슬프면 슬프다고 말해야 합니다. 그래야 단단해집니다.

삶에는 불편한 뭔가가 하나씩은 주어집니다. 안정환 선수에겐 가난이었고 강영우 박사에겐 실명이었습니다. 진진도 비슷합니다. 그에겐 혼자서 감당해야 하는 가족의 무게였습니다. 소설에선 자세히 말하지 않지만, 화를 풀 대상이 자신밖에 없을 땐 그 절망감에 폭발하기 쉽습니다. 그땐 그 누구도 아닌 나 자신을 잘 붙잡아야 한다는 걸 알지만, 그게 쉽지 않습니다. 그런 때 우연히 이런 문장을 봤다고 상상해 봅니다.

난 인간이라면 모든 걸 다 이겨 낼 수 있다고 말하는 어른이 되지 않을 거야.[83]

또 이런 문장도 읽어 봤다고 상상해 봅니다.

착하게 말고 자유롭게 살아, 언니. 울어서 미안하다고 말하는 사람은 싫어.[84]

진진은 힘든데 이런 마음을 나눌 사람이 없었습니다. 힘들다고 말하면서도 데이트를 하고 여행을 가는 건 숨을 쉴 공간이 필요하기 때문일 것입니다. 회사에서 일하는 '나'와 집에 돌아와 쉬는 '나'는 다른 사람입니다. 예의가 바르고 반듯한 진진은 아버지를 닮은 자신을 향해 세운 '가면'일 수 있습니다. 자주 웃지만 돌아서는 순간 마음이 허하다면 그건 쉬고 싶다는 마음의 신호일 것입니다. 우리에겐 나만의 공간이 필요합니다.

여기서 말하는 공간은 내면의 공간이지만, 내면의 공간도 외적 공간을 조성해 주면 바뀝니다. 집에서 문밖으로 나가는 그 짧은 동선에도 기분이 바뀝니다. 물리적 공간을 바꿔야 심리적 공간이 생깁니다. 나만의 공간이 있어야 삶의 품격이 유지됩니다.[85] 소설은 내면이 숨을 쉴 공간을 열어 줍니다. 우리가 편안히 쉬며 읽다가 멈춰서 생각하고 또 읽다가 멈춰서 생각하다 보면 뭔가 채워지는 느낌을 받습니다.

예수님은 틈틈이 홀로 기도하러 가셨습니다. 자기만의 시간을 가지려 애쓰신 것처럼 보입니다. 예수님은 마을을 다니며 복음을 전했지만 동시에 넘쳐 나는 환자들을 대하느라 지치셨기 때문입니다. 나병 환자는 자기만의 공간을 박탈당한 사람이고 38년 된 병자와 사마리아 여인은 그 공간을 제한당한 사람입니다. 이들이 주님을 만나자 자기만의 공간이 회복되고 공동체로 편입하게 되면서 삶이 회복됩니다.

같이 읽으면 좋은 책

사람들이 생각하는 나와 내가 생각하는 나가 있습니다. 어떤 생각이 더 진실에 가까울까요? 『리스본행 야간열차』는 이런 질문을 던집니다. 인생은 내가 원해서 탄 기차가 아니기에 정답은 없습니다. 하지만 전 이 소설을 읽으며 느낀 게 있습니다. 인생은 얼었다 녹았다 하며 더 단단해지는 여문 홍시를 닮았다는 것과 어떤 문제든 언제나 양면이 있다는 것입니다.

이런 인생을 잘 표현하는 작가를 한국에서 찾는다면 최은영을 꼽고 싶습니다. 근사한 이야기를 들려주는 따뜻한 작가입니다. 그가 쓴 『쇼코의 미소』와 『내게 무해한 사람』을 읽을 때면 저는 이 작가와 같은 시대를 산다는 것에 행복을 느낍니다. 여러분도 책을 읽게 되면 마음에 와닿는 구절이 많아 필사하기 바쁠 것입니다. 저는 독자로서 한국 사회에서 여성이 어떻게 살아가는가를 보여주는 작가의 글이 좋았습니다.

제인 오스틴이나 F. 스콧 피츠제럴드의 이름이 낯설지 않겠지만 그들의 책을 읽어 본 독자는 적을 것입니다. 상위 0.1퍼센트의 사람들이 읽는다는 자기 계발서와는 다르지만, 문학은 인간의 근본적인 곳을 건드립니다. 이백 년 전, 백 년 전에 출간된 소설이 지금도 읽히는 데는 이유가 있습니다. 벼락 치듯 영감을 주는 문장도 있고 감정선을 섬세하게 묘사하는 문장도 있습니다. 읽으면 느끼게 됩니다. 사람은 수많은 이야기로 이루어진 존재라는 걸요.

『오만과 편견』[1813]은 두 가지를 보여줍니다. 신분과 부를 배경으로 한 19세기 영국 남자에게서 느껴지는 오만과 그걸 바라보는 여자가 느끼는 편견을요. 소설은 오만과 편견이 벗겨져 오해가 풀리는 과정을 설명하는데, 그 과정을 통해 진정한 사랑이 뭔지 알게 됩니다. 이게 『위대한 개츠비』[1925]에서는 가슴 아프게 그려집니다. 개츠비는 젊은 나이에 성공했지만 한 사람을 위해 자신이 가진 모든 것을 포기합니다.

『홀딩, 턴』은 2018년에 출간된 서유미 작가의 소설입니다. 이야기 속 주인공은 부부입니다. 영진은 공무원이고 지원은 의류 회사에 다닙니다. 둘은 스윙 동호회에서 만나 사랑에 빠졌습니다. 하지만 어느 순간 둘은 싸우기 시작합니다. 그런데 그 이유가 사소합니다. 사랑에 빠졌던 순간의 기쁨이 사라지자 자기의 생각과 취향이 상대를 판단하는 기준이 됩니다. 그러자 이혼을 갈등에 대한 정답으로 고려하기 시작합니다.

『홀딩, 턴』 서유미, 위즈덤하우스, 2018

『위대한 개츠비』 프랜시스 스콧 피츠제럴드, 문학동네, 2009

『오만과 편견』 제인 오스틴, 문학동네, 2017

『리스본행 야간열차』 파스칼 메르시어, 들녘, 2014

『쇼코의 미소』 최은영, 문학동네, 2016

『내게 무해한 사람』 최은영, 문학동네, 2018

3장

소설보다 예쁜 사랑을 해보았는가

『도깨비 1, 2』 김수연, 김은숙(극본), RHK, 2017

4년도 더 된 드라마를 소설로 다시 읽으면서 새삼 느꼈습니다. 우리 곁에는 아직도 무궁무진한 이야기가 있고 드러내는 방식도 다양하다는 걸 말입니다. 저는 939살인 김신을 보면서 다윗이 보였습니다. 다윗은 나이를 먹을수록 자기다워집니다. 자신을 솔직하게 드러내기 때문입니다. 저는 드라마 〈도깨비〉 속 김신을 통해 배웁니다. 살아 있는 것조차 용기가 될 때가 있다는 것과 앞으로 나가는 게 견디는 것보다 중요하다는 것을요.

〈도깨비〉는 판타지입니다. 판타지는 그리스도인에게는 낯선 장르입니다. 판타지는 가상의 공간에서 전개되는 픽션 장르입니다. 『반지의 제왕』[86], 『나니아 연대기』[87], 『해리포터』[88]가 한 시대를 풍미했고 얼마 전 『왕좌의 게임』[89]이 엄청난 인기를 누렸습니다. 판타지는 그 안에 등장하는 마법, 용, 주술, 마법사 같은 요소 때문에 비기독교적이라고 배척하는 사람들이 있습니다. 일부는 판타지를 현실의 도피처로 생각합니다. 이 말이 틀린 건 아닙니다.

신앙인들은 성경이나 신앙서를 주로 읽다 보니 현실에서도 논리와 사실을 뼈대로 삼은 진지한 책을 좋아합니다. 이런 책이 유용하기는 하지만 사실만으로 우리가 사는 세상을 다 알 수 있을까요? 사실만이 진리를 아는 유일한 길일까요? 그게 맞는다면 톨킨과 C. S. 루이스가 굳이 판타지를 쓸 이유가 없었을 것입니다. 〈오징어 게임〉이 확인해 주듯 흥미로운 세계관으로 구축된 이야기는 단번에 사람들의 관심을 끌고 또 생각을 각성시킬 수 있습니다.

우리는 메시지에만 신경 쓰지만, 그것이 어떤 방식으로 보이는가도 중요합니다. 지금은 메시지의 진위를 메신저를 보면서 확인합니다. 메신저와 메시지를 같이 보고 있습니다. 물건을 하나 살 때도 후기를 보고 결정하지 않습니까? 저는 문학을 읽는 게 돌다리도 두들겨 보고 가는 사람들의 마음을 파악하는 가장 좋은 방법이라고 여깁니다. 읽어 보면 압니다. 우연히 보게 된 문장이 핵심을 찌른다는 걸요. 이게 드라마 〈도깨비〉에서도 나타납니다.

〈도깨비〉에서 김신은 아담보다 아홉 살이나 많습니다. 하지만 행복하지 않습니다. 힘들거나 고생해서가 아닙니다. 살아야 할 이유가 없었기 때문입니다. 지은탁을 만나기 전 그의 인생은 살아야 할 이유가 없는 삶이었습니다. 반면 은탁은 외톨이지만 살아남기 위해서 고군분투하고 있었고, 너무 힘들면 바닷가를 찾아 고달픈 마음을 달랬습니다. 문학은 자신의 마음을 인식하는 성찰의 시작점으로서 자신이 진리로 여겼던 생각을 뒤집게 합니다.

이정하 시인의 시 '그리움이란'에 보면 이런 시행이 나옵니다. "그리움이란/ 멀리 있는 너를 찾는 것이 아니다./ 내 안에 남아 있는 너를 찾는 일이다."[90] 이 문장을 통해 모호했던 감정이 뚜렷해졌습니다. 문학은 삶의 자취를 따라가지만, 그냥 지나쳤던 우리 마음을 문장으로 툭 건드립니다. 그 문장은 우리가 정말 듣고 싶었던 말이었거나 누군가가 우리에게 해줬으면 했던 말들입니다. 이런 문장을 만나 우리는 힘든 순간을 이겨 내는 방법을 터득합니다.

SF『솔라리스』에 이런 문장이 나옵니다. "서로를 이해조차 하지 못하는 상황에서 어떻게 바다와의 교신을 기대할 수 있겠는가?"[91] 여기서 바다는 외계행성의 생명체이고, 책 제목 솔라리스는 행성의 이름입니다. '바다'를 '하나님'으로 바꾸면 그게 우리의 모습일 수 있습니다. 무지는 나와 함께 살며, 때때로 나를 이기기도 합니다. 이 무지는 오직 나만이 무찌를 수 있습니다. 인생은 이 사실을 배워 가는 긴 수업입니다.

『도깨비』_ 사랑을 배우다

소설은 도깨비와 도깨비 신부를 중심으로 전개됩니다. 도깨비는 고려 시대 무신 김신입니다. 주군을 위해 목숨을 바쳐 싸웠지만, 역적으로 몰려 죽었습니다. 시체 수습도 금지되어 들판에 버려졌습니다. 하지만 그는 신과 내기에서 이겨 도깨비가 됩니다. 불멸의 존재가 된 것입니다. 이것은 신이 내린 상이자 벌이었습니다. 죽지 않아서 좋았지만, 그는 주변 사람들이 죽고 환생하고 다시 죽는 걸 지켜보아야 했습니다.

도깨비가 불멸을 끝내는 방법은 하나뿐입니다. 그의 가슴에 꽂힌 검을 뽑으면 됩니다. 한데 이것은 오직 도깨비 신부만이 할 수 있습니다. 김신 앞에 운명의 소녀 지은탁이 나타났습니다. 지은탁은 외톨이입니다. 엄마는 돌아가셨고 이모 집에서 구박을 받으며 살고 있었습니다.

　이야기는 지은탁이 도깨비 신부라는 게 확실해지면서 위기로 치닫습니다. 은탁을 만나기 전 김신은 불멸의 삶을 하루라도 빨리 끝내고 싶었습니다. 한데 얄궂게도 둘이 사랑에 빠집니다. 이젠 은탁과 더 있고 싶어서 김신은 칼 뽑기를 주저합니다. 그런데 그가 불멸을 끝내지 않으면 대신 신부가 죽습니다. 순리를 어긴 화禍가 도깨비 신부에게 돌아가는 것입니다. 그래서 김신은 생사를 두고 고민하기 시작합니다. 도깨비는 지은탁을 통해 처음으로 사랑이 뭔지를 배웠습니다. 김신이 "너와 함께한 모든 날이 좋았다"고 한 말이 참 애틋합니다. 그들을 보면 이 극의 해피엔딩을 소망하게 되고 작가가 이 문제를 어떻게 풀어낼까 조바심이 납니다.

사랑이 문장을 따라 흐른다

소설을 읽는 내내 사랑이 문장을 따라 흐르는 느낌을 받았습니다. 드라마로 처음 만났을 때 섬세한 감정선에 저도 모르게 숨을 죽이며 보았습니다. 『도깨비』는 판타지지만 인간의 삶과 죽음을 곧은 눈으로 응시합니다. 김신과 지은탁은 만나는 순간부터 느낌이 왔습니다. 그건 마법이었습니다. 티격태격하며 평범한 대화를 주고받는 게 너무나 자연스러워 설교에서 느끼지 못하는 인간적인 여운을 느낍니다.

가끔 사랑이라는 감정이 치어 떼처럼 엉켰다가 흩어질 때가 있습니다. 그 혼란스러운 감정을 최대호 시인은 깔끔하게 정리합니다. "네가 태어난 날/ 그리스에선 난리가 났대. / 미의 여신이 바뀌어서." SNS 시 '네 생일'입니다. '3월은 딱 너만큼 예뻤으면' 하는 고백도 있습니다. '이런 게 시야?'라고 비웃을지 모르지만 시입니다. 자기 삶을 통과해 나온 말은 무엇이든 시가 됩니다. 이걸 『도깨비』 속 시 '사랑의 물리학'에서도 보여줍니다.

> 제비꽃같이 조그마한 그 계집애가
> 꽃잎같이 하늘거리는 그 계집애가
> 지구보다 더 큰 질량으로 나를 끌어당긴다.[92]

첫사랑의 느낌이, 그 끌림이 신선하고 산뜻합니다. 4회의 클라이맥스는 김신이 지은탁을 바라보며 시를 읊는 장면입니다. 시가 김신의 상황에 딱 맞아떨어집니다. 마치 김신의 심장 소리가 언어화된 것 같습니다. 무슨 말이 더 필요할까요. 둘은 서로에게 물들어 갑니다. 둘을 보다 보면 어느샌가 가슴 깊이 묻어 둔 첫사랑의 기억이 고개를 들 것입니다.

> 뭐 하세요.
> 마중 나왔지.
> 어디서부터?
> 네가 걸어온 모든 걸음을 같이 걸었지.2권 158쪽

김신과 은탁의 대화입니다. 짧지만, 은탁을 아끼는 김신의 마음이 우리에게 위로를 줍니다. 작가 은희경은 누군가를 좋아하면 시간은 그 누군가와 함께 있는 시간과 함께 있었던 시간으로 나뉜다고 했습니다.[93] 작가의 말이 이해됩니다. 사랑은 예고 없이 시작됩니다. 사랑은 은탁이 먼저 시작했지만, 그 사랑의 감각은 김신이 먼저 느낍니다. 저는 김신이 은탁을 바라볼 때의 눈빛이 좋았습니다. 이 대사가 계속 머릿속을 떠다닙니다.

> 너와 함께한 모든 시간이 눈부셨다. 날이 좋아서, 날이 좋지 않
> 아서, 날이 적당해서, 모든 날이 좋았다.[1권 253쪽]

겨우 두 문장이지만 은탁을 향한 김신의 사랑이 얼마나 깊은지 보입니다. 그 사랑은 솔로몬과 술람미 여인 같습니다. 하지만 사랑에 빠진 김신에게 위기가 찾아옵니다. 사랑을 선택하면 신부가 죽고 신부를 살리면 자신이 죽게 됩니다. 그런 선택이 과거 김신의 주군, 왕여에게도 있었습니다. 왕여는 왕비를 사랑하지만, 그의 오라비 김신이 두려웠습니다. 백성들의 신망이 두터운 장군이었기 때문입니다. 김신을 바라보는 왕여의 모습은 다윗을 바라보는 사울왕의 모습을 닮았습니다.

사랑함에도 미숙한 우리는 말로, 눈빛으로 사랑하는 사람에게 상처를 줍니다. 오해나 편견, 취향이나 성향의 차이, 때로는 질투로 상처를 줍니다. 그것은 보통 의도치 않게 일어나지만, 상처받기 싫은 두려움에서 오기도 합니다. 김신은 슬픔과 사랑을 한 단어로 묶어서 '슬픈 사랑'이라고 말합니다. 두 단어의 조합을 보니

가슴 어딘가가 쓰라리지 않습니까?

천년만년 가는 슬픔이 어디 있고 천년만년 가는 사랑이 어디 있을까 싶습니다. 그게 슬픔인지 사랑인지 하나만 선택하라는 말에 은탁도 '슬픈 사랑'이라고 말합니다. 김신은 939년을 살면서도 경험해 보지 못한 가슴에 뭔가 콱 박히는 사랑을 경험합니다. 둘을 보면 최고의 사랑은 아름다운 한 사람을 만나는 게 아니라 한 사람을 아름답게 보는 것이라는 생각이 듭니다.

너의 삶은 너의 선택이 정답이다

드라마 〈도깨비〉 1회와 4회에 등장하는 소년이 있습니다. 그 소년 이야기가 소설 『도깨비』에서는 아주 짧게 나옵니다. 전체 스토리에서 볼 때 그냥 스쳐 지나가는 에피소드이기 때문일 것입니다. 하지만 신앙이라는 관점에서 소년의 이야기는 생각할 점이 있습니다. 소년에 대해 이야기하면서 서사와 영상의 차이를 비교해 보는 것도 유익할 것입니다.

드라마 1회를 보면 가출하려는 소년 앞에 김신이 지키고 서 있습니다. 그리고 소년에게 샌드위치를 주면서 힘들어도 버티라고 말해 줍니다. 김신은 소년이 가출한 뒤 겪게 될 삶을 미리 보았기 때문입니다. 김신은 그러면서 네가 시험을 볼 때 한 문제를 틀릴 것인데 그 문제의 답은 2번이 아니라 4번이라고 알려 줍니다. 그리고 시간이 지나 4회를 보면 소년은 잘 자라 변호사가 되었고 죽음을 맞고 있습니다.

저승사자가 해야 할 일을 도깨비 김신이 대신하고 있습니다. 김신은 노인이 된 소년을 향해 답을 알려 주었는데도 오답을 적었더라고 말합니다. 소년은 문제를 읽었는데 자기 생각으론 2번이 답인 것 같아서 그렇게 썼다고 말합니다. 4번이 정답인 걸 알지만 소년은 자기 힘으로 풀지 못한 문제의 정답을 적을 순 없었다고 말합니다. 김신은 그런 소년을 칭찬하며 이렇게 말합니다.

너의 삶은 너의 선택만이 정답이다.

소년은 양부의 폭력에도 비뚤어지지 않겠다고 용기를 냈습니다. 소년을 도왔던 것처럼 김신은 천 년을 살면서 수많은 사람에게 기적을 선물했습니다. 하지만 그에게 감사하거나 소신대로 산 이는 드물었습니다. 대개 감사는커녕 마치 기적을 맡겨 놓기라도 한 듯이 또다시 도움을 요청했습니다. 은혜에 익숙해지면 뻔뻔해집니다. 하나님의 얼굴이 아니라 손만 봅니다. 하지만 소년은 달랐습니다. 삶을 스스로 바꾸는 쪽을 선택했습니다. 이게 현실에서도 일어납니다.

뽀빠이 이상용 씨는 35년 동안 80억 원을 모금하여 심장병 어린이들을 도왔습니다. 하지만 도움을 받은 수백 명의 사람 중 한 명만이 감사 인사를 해왔다고 말합니다. 누가복음에 예수님이 치유해 준 나병 환자 이야기^{누가복음 17:11~19}가 나옵니다. 열 명이 은혜를 입어 나병이 나았지만 아홉 명은 감사를 잊었습니다. 사마리아 사람 한 사람만 찾아와 감사했습니다. 소년도 같았습니다. 그 이유는 한 가지입니다.

계신 걸 알아 버려서.

소년은 우연히도 신은 존재하며 자신의 삶을 지켜본다는 걸 알게 되었습니다. 그 한 번의 경험은 강렬했습니다. 그래서 학교에서 시험을 볼 때 정답을 알았지만, 오답을 썼습니다. 100점을 받는 것보다 자신의 선한 양심을 지키는 게 더 중요하다고 여긴 것입니다. 그는 자라 변호사가 되고, 그 후 평생 어려운 사람을 도우며 살았습니다. 그 모든 게 김신과의 단 한 번의 만남으로 시작되었습니다. 이런 만남은 지금도 일어나고 있습니다.

유튜브 채널 코이티비^{KOITV}는 베트남 생활 영상을 올리는 채널입니다. 2020년 1월 말인가, 오렌지를 파는 아저씨의 과일을 몽땅 사서 조기 퇴근시키는 영상을 보게 되었습니다.[94] 아이디어도 신선했고 위로를 주려는 마음도 예뻤습니다. 이게 다른 사람들에도 감동을 주었는지 조회 수가 엄청났습니다. 후에도 그는 아저씨에게 새 오토바이를 선물했습니다. 이게 감동적인 건, 주는 사람은 받는 사람을 배려하고, 받는 사람은 주는 사람에게 감사하기 때문입니다.

저도 앞으로 더 열심히 저보다 어려운 이웃을 도우며 살겠습니다. 어려운 사람들에게 살아야 할 동기를 줄 수 있게 열심히 돕겠습니다.[95]

베트남 아저씨의 말처럼 저도 작은 것에 감사하자고 다짐했습니다. 그 덕분에 유혹에서 버틸 수 있었지만 '현실을 모른다, 융

통성이 없다'는 소리를 듣기도 했습니다. 그게 힘들어 때론 비겁하게 살기도 했습니다. 하지만 결국 다시 돌아온 것은 누가 뭐래도 하나님이 살아 계신다는 걸 알았기 때문입니다. 그것을 성경은 하나님을 경외하는 마음이라고 말합니다^{잠언 8:13; 신명기 10:12; 출애굽기 1:17}. 그 마음은 우리를 구원으로 이끌어 줍니다.

상상력은 지식, 그 너머를 보게 한다

창세기 21장 끝에서 잠시 멈출 때가 있습니다. 아브라함이 브엘세바에서 에셀 나무를 심고서 하나님을 예배했는데, 그때 하나님을 부르는 이름이 특이합니다. '영원하신 하나님.' 저는 이에 놀랐습니다. 영원이란 개념을 겨우 백 년을 사는 인간이 상상했기 때문입니다. 그리고 22장에서 우리는 이삭의 번제를 목격합니다. 우리는 결과를 알기에 무덤덤하게 읽지만, 아브라함이 어떤 마음이었을지는 상상도 안 됩니다.

이삭을 번제로 드리라는 엄청난 이야기를 꺼내야 하는데, 하나님은 이 긴장된 순간 '사랑'이라는 단어로 이삭을 언급하셨습니다. '네가 아끼는 아들, 네가 사랑하는 아들'^{창세기 22:2}. 저는 영원과 사랑이라는 두 핵심 단어가 아브라함과 연결되어 있다는 게 놀랍습니다. 언제부턴가 아브라함 하면 믿음이 아니라 영원과 사랑이란 단어가 떠올랐습니다. 그렇게 바뀌게 된 계기가 있습니다. 바로 이 문장을 읽었기 때문입니다.

어떤 사람에게는 눈앞의 보자기만 한 시간이 현재이지만, 어떤 사람에게는 조선 시대에 노비들이 당했던 고통도 현재다. 미학적이건 정치적이건 한 사람이 지닌 감수성의 질은 그 사람의 현재가 얼마나 두터우냐에 따라 가름될 것만 같다.[96]

문장의 울림이 큽니다. 황현산 교수의 글입니다. 저는 지금도 그분의 글을 읽으며 배우고 있습니다. 어떤 이가 보자기만 한 현재라는 시간에 빠져 눈앞의 잇속만 차릴 때, 어떤 이는 조선 시대 노비들이 당했던 고통도 자기 일처럼 아파합니다. 이게 상상력의 차이고 감수성의 차이입니다. 문학을 읽은 사람과 읽지 않은 사람의 시선 차이가 얼마나 큰지, 황현산의 문장이 보여줍니다. 아브라함은 문학의 시선을 가지고 있습니다.

에리히 레마르크의 『서부전선 이상 없다』를 읽으면 전쟁을 보는 시각이 달라집니다. 평범한 병사가 견뎌 내는 전장의 모습을 그린 픽션인데 전쟁이 계속되는 건 누군가 전쟁으로 이득을 보기 때문이라는 게 보입니다.[97] 전우애를 그린 장면도 나오지만 그 역시 허망합니다. 전쟁을 결정하는 것은 노인들이지만 전쟁에서 죽는 것은 청년들이기 때문입니다. 청년들의 죽음 사이에 작가는 이런 문장을 끼워 넣습니다.

그녀는 시체실로 가야만 한다. 그때까지 손에 쥐고 있던 사과는 우리에게 주고 간다.[98]

시체실은 환자가 죽기 직전에 가는 방입니다. 노파는 병실에서 안 나가겠다고 버텼지만 어쩔 수 없습니다. 그녀의 침대는 다른 사람이 쓰고 있습니다. 작가가 상상하여 쓴 것이지만 마치 현실 속 사건처럼 느껴집니다. 이 노파가 마지막까지 쥐고 있던 사과는 희망이었을 것입니다.[99] 눈에 보이는 게 세상의 다가 아니라는 걸 소설이 보여줍니다. 지식은 이해의 범위를 넓히지만, 상상은 그 너머를 보게 합니다.

이런 상상의 눈이 열리면 영원까지 뻗어 갑니다. 그게 창세기 21장 속 아브라함입니다. 이런 눈을 가지면 일상의 사건도 다르게 보입니다. 2016년 5월 28일 구의역에서 스크린도어를 고치던 19세 청년이 목숨을 잃는 사건이 있었습니다.[100] 문제는 그 사건에 대한 반응입니다. 그 일을 두고 아파하고 자신을 책망하는 사람도 있었습니다. 하지만 비슷한 시기에 국민을 두고 개, 돼지 발언을 한 사람도 있었습니다.

같은 시대를 살아가면서 어떤 사람은 남의 아픔을 같이 아파하는데 또 어떤 사람은 전혀 다른 반응을 보입니다. 황현산 교수는 이런 차이를 견해의 차이가 아니라 상상의 차이라고 보았습니다. 〈도깨비〉도 곳곳에서 이런 시각차가 불러일으키는 모습을 보여 줍니다. 어찌 보면 〈도깨비〉라는 드라마에서는 쉬어 가는 장면이지만 하나님이 우리 인생 속에도 징검다리를 놓으셨다는 것을 알 수 있는 몇 장면을 뽑아 봅니다.

〈도깨비〉 12회, 유덕화가 천우그룹 영업직 경력사원 이력서를 보고 있습니다. 김신은 우연히 낯익은 얼굴을 보게 됩니다. 김우식. 바로 자신의 부하 장수였습니다. 면접 날, 김우식은 김신을 마주하게 되지만 알아보지 못합니다. 이후 천우그룹 사장이 합격한

김우식을 찾아와서 회사가 주택과 차량을 제공한다고 말해 줍니다. 그리고 놀라는 그에게 한마디 합니다. "전생에 나라를 구하셔서요." 그 모습을 김신이 멀리서 지켜봅니다.

〈도깨비〉8회, 저승사자가 차를 준비하고 있습니다. 같은 공간에 있는 여자아이가 묻습니다. "엄마, 여기 어디야?" "찻집인 것 같은데"라고 엄마가 말합니다. 뭘 주문하겠냐는 아이 말에 엄마는 천국이라고 말합니다. 아이는 아직 자신이 죽었는지도 모르는 상태입니다. 그런데 잠시 후 저승사자가 와서 차를 건네며 말합니다. "주문하신 천국 나왔습니다." 엄마의 눈에서 눈물이 떨어집니다.

그 순간 화면이 바뀌면서 김신이 어디론가 빠르게 걸어갑니다. 은탁은 김신을 따라갑니다. 김신이 허름한 집 문을 두드립니다. 어떤 남자가 나오는데 뒤로 밧줄이 보입니다. 목을 매려던 순간이었습니다. 김신이 빠르게 말합니다. "창문을 열어 환기시키고 단추를 잠궈." 그리고 샌드위치를 건네주고 갑니다. 그때 딸이 아빠를 부르며 뛰어옵니다. 아빠를 보기 위해 택시를 타고 급히 온 것입니다. 배고프다는 딸의 말에 아빠가 샌드위치를 건넵니다. 때로는 부모와 자식이 서로에게 수호신이 되어 주기도 합니다. 아빠를 구한 건 딸이었습니다.

천국 문 앞에서 반려견이 시각 장애인 주인의 영혼을 기다리고 있습니다. 주인을 마중 나온 것입니다〈도깨비〉6회. 죽은 수험생이 은탁을 찾아왔습니다.[101] 그리고 은탁에게 자신이 살던 고시원 냉장고를 채워 달라고 부탁합니다. 텅 빈 걸 알면 엄마가 가슴 아파할 거라고 말입니다〈도깨비〉5회. 병원입니다. 급박합니다. 하지만 저승사자가 데려가려는 사람은 응급환자가 아닙니다. 의사입니다. 사인은 과로사. 자신이 죽었는데도 의사는 환자가 살았다는 말에 "다행이네요"라고 말합니다〈도깨비〉3회.

경이로움, 숨겨 놓은 보물을 찾아내는 눈

어렸을 때 경이로움은 늘 경험하던 감정이었습니다. 하지만 나이를 먹으면서 이것을 잊고 살게 됩니다. 문학은 눈이나 바다를 처음 보았을 때의 경이로움을 느끼게 해줍니다. 하지만 우리는 문학을 잘 읽지 않다 보니 하나님을 향해서도 경이로움을 느끼지 못합니다. 산골에서 자란 아이가 처음 바다를 보았을 때의 경이로움을 우리 삶과 신앙에 가져온다면 어떤 일이 생길까요.

오늘날 교회에서는 문학을 신앙과 별개인 듯 여기지만 문학은 신앙을 더 깊게 만듭니다. 그것은 우리의 영혼을 경이로움으로 채우시려는 하나님의 뜻입니다. 문학은 인간의 본성을 일깨워 하나님을 보게 합니다. 시편이 보여주듯 이 경이로움은 하나님을 열망하는 자에게 주는 선물이고, 지혜는 경이로움을 느끼는 데서 시작됩니다. 경이로움을 느끼면 어떤 대상이 얼마나 다르게 보이는지를 다음의 시가 보여줍니다.

큰 놈이나 작은 놈이나 _____는
모두 저렇게 아름답다
줄기 위의 하늘에서 잎 위의

하늘로 옮아가는 몸놀림은

낮은 강물 소리 같다

보송하게 살이 잘 오른

가슴이며 아랫도리는 르누아르의

화풍이다 보라

보드라운 솜털은

대낮에도 별빛을 옭아맨다[102]

인용한 첫 줄에 보면 밑줄이 있습니다. 오규원 시인의 원작 시에는 밑줄이 없지만 일부러 한 단어를 지우고 대신 밑줄을 만들어 놓았습니다. 당신은 이 밑줄에 어떤 단어를 넣고 싶은가요? 시인은 '송충이'를 넣었습니다. 다들 징그러워하는 벌레를 시인은 이렇게 아름답게 묘사합니다. 이 시의 전문을 읽고 나면 송충이가 다르게 보일 것입니다. 송충이를 바라보는 시인의 시선이 경이롭습니다.

시를 읽을 때마다 시인은 경이로움을 발견하는 일을 평생의 업으로 삼은 사람이라는 생각이 절로 듭니다. 이번엔 아주 짧은 시입니다. "우산을 쓴 그대에게/ 뛰어들기엔/ 내 옷이 너무 많이 젖어 있습니다."[103] 박영희 시인의 시인데 시 제목을 맞춰 보기 바랍니다. 정답은 '전과자'입니다. 시 '송충이'나 '전과자'를 보면 시인은 두 대상을 전혀 다른 시각에서 바라본다는 걸 알게 됩니다. 경이로움을 느끼면 시가 나옵니다.

아이 웃음소리, 빗소리, 얼음이 깨지는 소리도 시처럼 다가올 때가 있습니다. 경이롭기 때문입니다. 이런 경이로움은 어디서 올까요? 감성입니다. 감성이 열릴 때 경이로움이 느껴지고 경이로움을 느껴야 진짜 믿음이 시작됩니다. 경이로움을 느낄 줄 알아야 자신이 느끼고 경험한 걸 토대로 삶의 비밀을 캐낼 수 있습니다. 경이로움을 느끼는 일이 한 사람의 삶에서 얼마나 중요한지를 다윗의 시편이 보여줍니다.

〈도깨비〉를 보면서 감성을 신앙과 연결하여 삶을 풍성하게 만들 방법이 없을까 고민합니다. 예수님의 식탁 교제를 생각해 보면 배움은 이야기를 나누는 과정에서 일어납니다. 저는 사람들과 교제하며 이야기를 나누는 경험이 문학의 좋은 대안이 되리라 생각합니다. 그래서 킴 뢴베크 선생님이 "교실에서 강의식으로 민주주의를 가르쳐서는 학생들을 건강한 시민으로 만들 수 없다"[104]고 말했을 때 정신이 번쩍 들었습니다.

덴마크 사회 교사는 민주주의는 가르쳐서 되는 게 아니라 경험해야 하는 것이고 교실은 민주주의를 실천하고 연습하는 공간이라고 이야기합니다. 민주주의는 배우는 게 아니라 경험하는 것이란 뜻입니다. 이 대목에서 제가 정신이 번쩍 든 이유가 있습니다. 덴마크 교사의 말을 문학에 적용하면 '공감은 학교에서 가르칠 수 있는 게 아니라 동화, 시, 소설을 읽으면서 터득되는 것이다'라는 논리가 세워지기 때문이었습니다.

『삶을 위한 수업』은 덴마크 교사들이 학생을 어떻게 가르치는지 설명하는데 그 통찰이 놀랍습니다. 덴마크 교사 10명의 말을 종합해서 한 문장으로 만들면 이렇게 요약됩니다. "학생 이전에 인간이다, 수업 이전에 관계이다."[105] 학기가 시작되면 교사는 첫 2주 동안 다음 두 가지 질문을 놓고 토론합니다. 하나는 "우리는 왜 학교에 나와야 하는가"이고 다른 하나는 "우리는 왜 수학을 공부해야 하는가"입니다.

교사는 2주라는 꽤 긴 시간을 두고 학생들과 토론합니다. 진도도 중요하지만, 그 이전에 이 수업을 통해 무엇을 배울지에 대한 기대감을 확인하는 것도 중요하다고 보기 때문입니다. 수학을 잘하는 아이도 있고 못하는 아이도 있지만 중요한 건 모두 같은 인간으로서 존중받는 것입니다. 수학을 못해도 존중받기 때문에 아이들이 주눅들지 않습니다. 저는 이게 한국 사회에도 적용되면 참 좋겠다는 생각이 듭니다.

나이가 들면서 몸도 조금씩 고장이 나지만, 경이로움을 느끼는 감성도 둔감해집니다. 우리가 어른이 되어도 『어린 왕자』를 놓지 못하는 건 무뎌지는 감성에 대한 본능적인 자각이 있기 때문일 것입니다. 그래서 저는 헨리 데이비드 소로가 부럽습니다. "나는 내 방식대로 숨을 쉬고 내 방식대로 살아갈 것이다"『시민의 불복종』[106] 라고 외친 소로를 보면서, 저 역시 내가 느끼고 생각한 대로 살자고 다짐을 합니다.

소로가 쓴 『월든』[107]을 읽으면 그가 경이로운 순간을 얼마나 여러 번 경험했는지를 느낄 수 있습니다. 다들 성공한 인생의 기준을 각자의 방식대로 정해 놓고 살지만 진짜 인생은 '살면서 숨이 멎을 정도의 경이로움을 몇 번이나 경험했는가'로 가늠해야 한다고 느낍니다. J. M. 쿳시의 소설 『철의 시대』에서 여주인공은 암으로 죽어 가는 상황에서도 경이로움을 느끼고,[108] 베드로는 예수님의 말씀으로 깨닫습니다.

깊은 곳에 그물을 내리라 ^{누가복음 5:4}.

경이로움은 가늠할 수 없는 깊이를 줍니다. 한국 교회에 필요한 사람은 깊이가 있는 사람입니다. 그런 깊이를 가지려면 지식이나 재능이 아니라 하나님이 곳곳에 감춰 두신 보물 같은 생각을 찾아내는 눈이 있어야 합니다. 예수님을 감동시킨 건 헤롯의 궁전이 아니라 아이의 도시락이었습니다. 지금껏 잘 살아왔고 앞으로도 잘 살기 위해서는 경이로움을 느끼며 살아야 합니다.

특별한 것 없는 하루라도 각자가 최선을 다해 살고 있다면 그것이 '경이로움'입니다. 삶이 지루하다면 아마 감동이 없기 때문일 것입니다. 그래서 성경을 아는 것 못지않게 성경을 느끼는 게 중요합니다. 남을 위한 착한 신앙인이 아니라 나를 위한 좋은 신앙인으로 살기 위해선 느껴야 합니다. 감성이 살아나면 하나님이 살아 계심을 생생하게 느낄 수 있습니다.

우리는 자존심이 무너질 때 세상을 배운다

심보선 시인의 시 '인중을 긁적거리며'의 도입부입니다.

내가 아직 태어나지 않았을 때,
천사가 엄마 배 속의 나를 방문하고는 말했다.
네가 거쳐 온 모든 전생에 들었던
뱃사람의 울음과 이방인의 탄식일랑 잊으렴.

너의 인생은 아주 보잘것없는 존재로부터 시작해야 해.

말을 끝낸 천사는 쉿, 하고 내 입술을 지그시 눌렀고

그때 내 입술 위에 인중이 생겼다.[109]

시인에 따르면 이것은 『탈무드』에 나오는 이야기랍니다. 하나님은 엄마 배 속의 아기에게 천사를 보내 세상에서 살 때 필요한 모든 지혜를 가르치게 하셨습니다.[110] 한데 그 아기가 태어나기 직전, 천사는 자신이 가르친 모든 것을 잊게 하려고 '쉿!' 하고 손가락을 아기의 윗입술과 코 사이에 얹습니다. 그로 인해 인중[111]이 생겨납니다.

인중에서 이런 이야기를 만든 유대인의 상상력이 놀랍습니다. 하지만 왜 천사는 애써 가르쳐 준 지혜를 잊게 할까요? 유대인이 생각한 배움은 주입된 지식이 아닙니다. 이미 알고 있는 뭔가를 다시 아는 것입니다. 하나님은 인간이 태어나기 전 경험한 아름다운 세계를 이 세상에서 만나는 자잘한 일들을 통해 다시 깨닫기 원하십니다. 몇 가지 예를 시에서 찾아 들어 보겠습니다.

봄꽃을 보면 이파리는 꽃잎 돋보이라고 더디 나는데, 꽃잎은 이파리가 빨리 나라고 서둘러 집니다.[112] 우리는 멋진 풍경을 보고 감탄하지만 사람이 풍경일 때처럼 아름다운 때는 없습니다.[113] 사람들이 따뜻한 방을 그리워할 때 풀들은 따뜻한 흙을 그리워합니다.[114] 다들 직장을 갖지만 생은 누구에게나 계약직입니다. 계약직이 아닌 사람이 없습니다.[115] 이런 자잘한 것을 깨닫는 게 진짜 아는 것입니다.

소설을 읽는 것도 비슷합니다. 오르한 파묵은 소설을 두 번째 인생이라고 불렀습니다.[116] 다들 처음에는 주어지는 대로 삽니다. 하지만 시간이 흐르면서 인생에 중요한 갈림길이 있다는 걸 깨닫게 됩니다. 프로스트의 시 '가지 않은 길'처럼 말입니다. 그때 인생의 이야기를 다시 씁니다. 그것을 84일 동안 물고기 한 마리도 잡지 못한 한 늙은 어부의 이야기인 『노인과 바다』가 보여 줍니다.

인간은 위기를 만나면 넘어지기 쉬운 존재입니다. 하지만 포기하는 게 나을 상황에서도 노인은 버팁니다. 헤밍웨이는 그 힘이 뭔지 이해하려고 합니다. "인간은 패배하도록 창조된 게 아니야. 인간은 파멸할 수는 있을지 몰라도 패배할 수는 없어."[117] 이런 소설 속 문장을 읽으며 노인의 시선을 따라가다 보면 어느새 우리는 인생을 두 번 살게 됩니다. 한 번은 실제로, 한 번은 허구로.

소설에는 인생의 모든 것이 다 들어 있습니다. 아픈 얘기도, 따뜻한 얘기도, 아름다운 얘기도 있습니다. 도대체 소설을 읽지 않고 이 세상을 어떻게 살아가고, 천사가 잊게 한 아름다운 세계를 어떻게 다시 상상할 수 있을까요. 삶에선 인간관계가 중요해서 여러 사람을 만나야 하지만 소설에서는 한 사람을 만납니다. 그리고 겨우 한 사람의 인생을 들여다보았는데 읽고 나면 꼭 나를 읽은 것 같습니다.

우리는 국제정치나 경영서를 통해 세상을 살아가는 법을 배우지만, 만나고 알고 사랑하고 이별하는 일들을 통해서도 배웁니다. 내가 몰랐거나 잊었던 뭔가를 다시 알 수 있도록 작가는 삶의 지혜를 문장에 담아 놓았습니다. 그게 자신의 눈에 보였다면 이건 정말 중요합니다. 하나님이 나에게 뭔가를 깨우쳐 주시려는 뜻이 있을 수 있습니다. 각자의 인생에선 '나'가 주인공이기 때문입니다.

내 인생에서 주인공으로 살려면 타인의 시선에 끌려다니면 안 됩니다. 다들 경제적으로 안정되게 살고 싶겠지만 하나님은 아브라함에게 친척 하나 없는 땅에 가라고 하셨고^{창세기 12:1}, 이스라엘 백성에게 온 사방이 적인데 군사력을 키우지 말라고 하셨고^{신명기 17:16~17}, 미디안과 싸우기 위해 소집한 병사 3만 2천 명 중 겨우 300명을 남기셨습니다^{사사기 7:7}. 하나님의 의도는 무엇일까요?

하나님은 결과보다는 과정에 주목하십니다. 슬기로운 다섯 처녀는 이걸 보여줍니다. 올바른 과정은 주어진 삶을 최선을 다해 살게 만듭니다. 누가 보지 않아도 정직하게 일합니다. 결정은 판단이 아니라 생각입니다. 생각은 세계관에서 나오고,[118] 세계관은 과정으로 빚어집니다. 자신의 세계관을 빚어 가면서 우리는 천사가 지은 인생의 진리를 다시 알게 됩니다. 그걸 깨닫는 순간 얻는 기쁨은 이루 말할 수 없습니다.

넷플릭스 드라마 〈오징어 게임〉을 보면 성기훈과 조상우가 마지막에 부딪히게 됩니다. 기훈은 찌질하지만 마음은 따뜻합니다. 타인 덕분에 마지막 라운드까지 왔다고 생각하고, 승자는 패자 덕분에 존재한다는 것을 압니다. 하지만 상우는 다릅니다. 자기가 여기까지 온 것은 살아남으려고 죽을힘을 다했기 때문이라고 말합니다. 상우를 바라보는 기훈의 눈빛은 기회를 놓쳐 본 사람만이 느낄 수 있는 안타까움을 담고 있었습니다.

비슷한 상황이 성경에도 나옵니다. 다니엘은 살아남아야 하는 순간인데 지는 쪽을 선택하고, 감시하는 줄 알면서도 창문을 열고 기도합니다. 이런 느낌을 밀알 하나^{요한복음 12:24}를 보면서 느낀다면 그게 다시 아는 것입니다. 밀알 하나가 땅에 떨어져 죽지 않으면 한 알 그대로 남고 죽으면 많은 열매를 맺는다는 것이 무엇인지를요. 이걸 모르고 현실을 보이는 대로만 한정하면 자신의 힘을 강화하는 데 몰두하게 됩니다.

기훈이 살아남은 건 가장 강했기 때문이 아닙니다. 남을 배려할 줄 알았기 때문입니다. 그 겁 많은 찌질이가 생사의 갈림길에서 할아버지를 챙겼습니다. 사람은 상황에 빠지면 시야가 좁아져서 자기 생각에 갇히기 마련입니다. 하지만 진짜를 만난 경험이 있으면 다릅니다. 아브라함은 영원하신 하나님을 상상했고, 다윗은 창조의 장면을 떠올렸습니다. 프로스트는 숲속 눈이 녹아 생긴 물웅덩이를 보면서 여름 숲을 상상하기도 했죠^{'봄의 물웅덩이들'}.

시와 감성과 영감과 신앙은 연결되어 있다

시인은 독창적인 표현을 찾아냅니다. 이게 갑자기 툭 튀어 나온 듯해도 준비되지 않은 사람은 절대 찾을 수 없습니다. 에디슨이 한 명언 "천재는 1퍼센트의 영감과 99퍼센트의 노력으로 만들어진다"에서 보면 노력이 중요한 것 같지만 이 명언의 핵심은 그 반대입니다. 1퍼센트의 영감이 얼마나 중요한가를 설명합니다. 에디슨은 3,400권의 노트를 남겼지만, 우리가 그의 이름을 아는 건 1퍼센트의 영감 때문입니다.

정유정 작가는 영감을 "자기 안에서 발화되는 '무엇'"[119]이라고 표현합니다. 저는 작가가 말하는 발화를 '생각의 자극'으로 부릅니다. 이 자극은 예고 없이 일어나지만, 거기엔 전제 조건이 있습니다. 관심 있는 주제가 있으면 읽고 생각하고 써 봅니다. 그 과정에서 사고의 조각이 내면에 쌓이는데 어느 순간 그중 괜찮은 생각 하나가 무의식의 통제를 뚫고 의식의 세계에 도달합니다. 그게 영감이고 그게 자극입니다.

제 경험상, 신기했던 건 뮤즈는 재능이 좀 부족해도 가장 절실한 사람에게 영감을 준다는 것입니다. 목마르고 절실한 사람이 새로운 표현을 찾아냅니다. 이런 노력이 창작으로 이어지면 〈도깨비〉 같은 시나리오나 쥘 베른의 과학소설이 되고, 이것이 정보산업으로 연결되면 일론 머스크가 됩니다. 이게 건축으로 연결되면 미스 반 데어 로에가 됩니다. 어느 분야로 연결되든 영감을 얻으려면 간절해야 하고 노력해야 합니다.

시와 감성과 영감과 신앙은 연결되어 있습니다. 하나가 열리면 다 열리게 되어 있습니다. 아무도 가지 않은 길은 없습니다. 다만 내가 처음 가는 길일 뿐입니다. 성경을 안다는 건 성경을 느낀다는 게 전제가 되어야 합니다. 이걸 놓치면 성경을 알아도 마음은 돌밭으로 남아 있을 수 있습니다. 감성이 회복되어야 경이로움을 느끼고, 경이로움을 느껴야 진짜 믿음이 시작됩니다.

제가 그리스도인에게 굳이 문학을 일 년이라도 읽으라고 권유하는 데는 이유가 있습니다. 한국 교회도 시대의 빠른 변화에서 살아남으려면 획일적인 신앙 교육, 표준화된 공과 교육, 신앙서만 읽는 좁은 시각에서 벗어나 창의적인 시각으로 성경을 읽고 또 그걸 자신의 직업과 취미나 일상 속 콘텍스트와 연결 지을 줄 알아야 합니다. 이것을 배우지 못하면 당분간은 버티겠지만 결국엔 도태될 것입니다.

우리가 문학을 읽고 인문학을 읽어서 내면에 '교양'이라는 정원을 작게라도 가꾸어 놓으면 평생 나를 키워 내는 자양분이 됩니다. 결과에 목숨 걸지 말고 과정이 주는 기쁨을 경험해 봐야 합니다. 열매만 따지 말고 씨앗이 땅을 뚫고 나와 자라는 모습도 살펴보아야 합니다. 그 기쁨이 엄청납니다. 그걸 경험했을 때 세포마다 기쁨이 터져 나오는데 그게 얼마나 큰지 정말 환호성을 지르고 싶었습니다.

상상이 부족하면 하나님을 외워서 알게 되고 남의 설명만 듣게 됩니다. 믿음에 상상이 더해지지 않으면 신앙은 뒤틀려 버리기 쉽습니다. 시도 비슷합니다. 어떤 시는 쉽지만 또 어떤 시는 난해합니다. 시도 신앙처럼 현실과의 연결 고리를 찾지 못하면 자기 세계에 빠져 횡설수설하게 됩니다. 그러면 독자의 공감을 얻지 못합니다. 이런 면에서 볼 때 한국 교회의 진짜 위기는 상상의 빈곤입니다.

고정관념에서 벗어나 유희적 자유로움을 얻다

시와 『탈무드』가 연결되고, 이것은 다시 피카소의 추상화나 "Less is more"적을수록 많다라는 한 건축가의 말과도 연결됩니다. 시든 그림이든 건축이든 본질 곧 배후에 숨은 핵심 의미를 간파하면 단순해집니다. 본질을 꿰뚫는 직관적 사고는 시에서 가장 많이 드러나지만, 패션이나 산업 디자인, 비즈니스나 지질학에서도 복병처럼 나타납니다.

미국 저가 항공사 중에 사우스웨스트 항공사와 스티븐슨 항공사가 있습니다. 둘 사이에 분쟁이 생겼습니다. 스티븐슨이 1년 먼저 쓰기 시작한 문구 'Just Plane Smart'를 사우스웨스트가 사용했기 때문입니다. 소송 직전 사우스웨스트의 허브 켈러허 회장은 스티븐슨의 커트 허월드 대표에게 팔씨름으로 소유권 문제를 결정짓자고 제안했습니다. 둘의 대결은 1992년 3월 달라스 경기장에서 열렸고 전국에 TV로 생중계되었습니다.

둘의 대결에서 승자는 허월드 대표였습니다. 사실 상대가 안 되는 시합이었습니다. 허월드는 37세 역도선수 출신이고 켈러허는 61세 변호사 출신이었기 때문입니다. 그래도 둘의 대결은 전국적인 흥행을 불러일으켰고 두 항공사 인지도를 엄청나게 올려 주었습니다. 조지 부시 대통령이 편지를 보냈을 정도였습니다. 허월드는 이후 사우스웨스트사가 해당 광고 문구를 쓰도록 허락했습니다.[120] 광고 사용권에 대한 발상의 전환이 가져온 놀라운 결과입니다.

2014년, 사하라 황사가 아마존 숲을 살린다는 논문이 발표되었습니다. 연구논문[121]에 따르면, 사하라 사막에는 '보델레'라고 불리는 함몰지가 있었습니다. 이 자리는 6천 년 전엔 아프리카 최대의 호수였습니다. 그 크기는 동서 500킬로미터, 폭은 150킬로미터, 깊이는 160미터나 됩니다. 이 호수에서 셀 수 없이 많은 물고기가 태어나고 죽으며 인燐, phosphorus이라는 흔적을 호수에 남겼습니다.

호수가 마르자 물고기 뼈는 먼지가 되었고 인은 사막의 모래 속에서 부활을 꿈꿉니다. 그러다 모래폭풍이 불면 대서양을 건너 아마존 우림까지 날아갑니다. NASA에서 인공위성으로 그 먼지의 양을 쟀더니 연평균 2,700톤이었고, 이 중 인은 0.08퍼센트인 2만 2천 톤이었습니다. 0.08퍼센트여서 작아 보이지만 인은 광합성에 꼭 필요한 영양소입니다. 인이 없다면 우림이 만들어지지 않습니다. 인이 하는 역할이 1퍼센트의 영감입니다.

경이롭지 않은가요? 팔씨름이나 사하라 사막과 아마존 우림의 이야기는 발상의 전환으로 연결됩니다. 시에는 논리나 고정관념에서 벗어났을 때 얻게 되는 유희적 자유로움이 있습니다. 이게 상상입니다. 이 덕분에 독창적인 발상이 가능해져서 블레이크는 한 알의 모래에서도 세상을 보았고, 프로스트는 아직 차가운 봄 물웅덩이에서 여름 숲을 이룰 무언가를 보았습니다.[122] 이런 경이로운 시선을 시 말고 어디서 찾을 수 있을까요.

영감은 생각의 자극과 함께 온다

릭 워렌 목사는 1980년, 신학교를 졸업하기 전 신학교 근처에 있는 텍사스 크리스천 대학교 도서관에서 꽤 오랫동안 독학했습니다.[123] 그는 신학교에서 교회 성장을 연구했고 텍사스에선 10년 치 설교를 미리 준비했습니다. 그는 교회가 성장하려면 설교를 잘해야 한다고 생각해서 미리 준비했지만, 하나님은 설교가 아닌 설교자를 준비시켰습니다.

워렌 목사가 새들백 교회를 시작했을 때 그가 준비한 10년 치 설교는 별반 도움이 되지 않았습니다. 설교는 도움이 되지 않았어도 그가 목회를 준비했던 그 마음은 엄청난 도움이 되었습니다. 워렌 목사가 가졌던 그 마음을 우리도 가질 방법이 없을까요? 주변의 목회자들을 보면 세미나를 열심히 찾아다닙니다. 그게 당장은 도움이 될 테지만 저는 아쉽습니다. 그건 과정이 아니라 결과에 초점이 맞춰져 있기 때문입니다.

워렌 목사가 준비한 10년 치 설교는 목회 현장에서는 쓸모가 없었습니다. 한데 그의 목회는 왜 힘이 넘쳤을까요? 그건 10년 치 설교를 준비하는 동안 키워진 힘, 해답을 찾아내는 과정을 배웠기 때문입니다. 그는 이 과정을 통해 비전을 상상하고 비전의 설계도를 만들어 내는 법을 알아냈습니다.그는 이것을 『목적이 이끄는 교회』124)에서 풀어냈다. 진짜 중요한 건 해답이 아니라 그 해답을 도출해 내는 과정을 터득하는 것입니다. 하지만 많은 이가 물고기만 찾지, 물고기 잡는 법을 배우지 않습니다.

인생은 완벽한 것이 아니라 전체적인 것입니다. 이것을 출애굽기에서 성막이 지어지는 과정을 통해 볼 수 있습니다. 출애굽기 31장에 보면 훌의 손자 브살렐이 나옵니다. 그는 하나님의 영을 받고 보석을 깎고 문양을 그리고 온갖 공예에 필요한 능력을 갖추게 되었습니다. 하지만 이것은 영화 〈매트릭스〉에서 네오가 조종법을 뇌에 다운로드해서 단번에 헬리콥터를 운행하는 것과 다릅니다.

브살렐에게 하나님이 영감을 충만히 부으신 것은 분명합니다. 하지만 그건 네오처럼 어떤 칩을 이식받은 게 아닐 것입니다. 브살렐에게는 다른 사람들과 구별되는 뭔가가 있었을 것입니다. 그는 분명 예술적 감성이 뛰어났을 테고 손재주도 있었을 것입니다. 하지만 그걸로 그치지 않고 분명 노력했을 것입니다. 브살렐의 노력을 눈여겨보신 하나님이 성막과 성물을 디자인하고 만들어 낼 책임을 그에게 맡기신 것입니다.

우리는 작가가 글솜씨가 있어서 글을 쓴다고 생각합니다. 뛰어난 작가치고 그렇게 글을 쓰는 사람은 제가 아는 한 없습니다. 우리가 볼 땐 글솜씨가 있어 보이고 훌륭해 보여도 작가는 초고를 다 쓴 뒤 몇 번을 뜯어고치고 또 퇴고하는 작업을 끝도 없이 합니다. 요즘 제일 잘나가는 정유정 작가도 예외가 아닙니다. 글은 단번에 완전한 형태로 주어지지 않습니다. 끊임없이 뒤집고 고치고 다시 쓰면서 완성되는 것입니다.

지성소의 성물은 쳐서 만듭니다^{출애굽기 25:31}. 글쓰기와 똑같습니다. 글은 한 단어 한 단어를 제련하듯 만드는 것입니다. 그래야 글이 정결해지고 단단해집니다. 릭 워렌 목사도 설교를 준비하면서 이런 과정을 겪었을 것입니다. 그것이 캘리포니아에서 만난 성도들의 필요와 일치하지 않아서 도움이 되지 않았지만, 설교를 준비하는 동안 키워진 안목과 통찰은 그를 브살렐처럼 멀티 플레이어로 만들었을 것입니다.

릭 워렌 목사는 이후 특이한 선택을 했습니다. 그렇게 준비한 설교가 부족하다고 느끼고 독학했습니다. 저는 이런 재충전의 시간을 성경공부로 제한하지 말고 문학적 감성 곧, 공감하고 느끼고 상상하고 위로하는 힘을 키우는 시간으로 확장시키면 어떨까 제안합니다. 인텔 CEO였던 앤디 그로브는 "가장 큰 정보는 무심코 주고받는 대화 속에 있다"고 말했습니다. 하지만 이 쉬운 걸 우리는 왜 발견하지 못할까요? 아마 상상력이 부족하기 때문일 것입니다.

상상의 다른 이름은 영감입니다. 그리고 영감은 생각의 자극과 거의 동시에 옵니다. 김연수 작가는 새벽 4시쯤 일어나 작업실에 갑니다.[125] 그리고 아침이 될 때까지 글을 씁니다. 오전 7시에 집에 가서 아침을 먹고 다시 작업실로 가 글을 씁니다. 무조건 씁니다. 잘 안 써져도 정한 분량을 채웁니다. 오후와 저녁에도 2시간씩 글을 씁니다. 물론 저녁에 약속이 있으면 나갑니다. 영감은 이 시간 중 어느 때 찾아올까요? 바로 글을 쓸 때입니다.

핵심을 꿰뚫는 힘은 상상력에서 나온다

우리에겐 시행착오를 겪는 시간이 필요합니다. 내가 구할 수 있는 다양한 자료들을 읽어 가며 스스로 답을 찾는 시간이 필요하다는 뜻입니다. 많은 목회자가 세미나를 통해 비법을 배우려고 합니다. 당장은 도움이 되겠지만 스스로 무언가를 만들어 내는 힘은 얻어지지 않을 것입니다. 설교다운 설교가 힘들고 성경공부를 인도할 때 지루하게 느껴지는 건 바로 핵심을 꿰뚫는 힘이 약하기 때문입니다. 이 힘은 대개 상상력을 통해서 키워집니다.

시대가 바뀌었습니다. 지금은 장소 불문 연락이 가능합니다. 정보의 교환이 빨라졌고 코로나로 인해 비대면 협업도 다양해졌습니다. 화상 미팅이 많아졌고 이질감이 없어졌습니다. 메타버스 환경도 늘어나서 이제 젊은 세대는 가상현실을 실제처럼 살고 있습니다. 그곳에서 음악을 듣고 친구도 만납니다. 이뿐만이 아닙니다. 앞으로는 자신이 꾼 꿈을 동영상 기록물로 남기는 것이 가능해진다고 합니다. 이건 짧게 지나가는 유행이 아닙니다.

이제는 지식보다 그 지식이 왜 중요한지를 아는 것이 더 중요합니다. 이건 생각의 자극을 받아야만 얻어집니다. 설교 메시지도 단순 설명을 하는 게 아니라 자극을 주어야만 성도의 마음속으로 들어갑니다. 설교자의 머릿속에는 방대하고 무질서한 지식이 있습니다. 이 지식에 질서를 잡아 주고 형태를 만들어 주는 게 영감입니다. 이 영감은 생각의 자극으로 발동되고, 자극을 받아야만 메시지에 힘이 실립니다.

창의성, 독창성은 바꿔 말하면 다르게 볼 수 있는 능력입니다. 이 능력은 질문 또는 호기심에서 시작됩니다. 궁금하면 묻게 되어 있고, 묻다 보면 무질서한 정보에 범주가 생기면서 질서가 조금씩 잡힙니다. 그러다 불현듯 머릿속에서 불이 확 켜집니다. 생각의 자극을 받은 것입니다. 자극이 오면 영감이 그 즉시 내 머릿속 기억저장창고에 보관된 정보를 훑으며 검색합니다. 그 과정을 통해 내가 읽었던 자료와 이미지가 부활하거나 연결됩니다.

삶은 옳고 그름으로 딱 떨어지지 않는다

이민 교회 담임목사가 장로 부부에게 여행을 권유했습니다. 일부러 주일을 끼워서 말입니다. 그 장로의 자랑은 주일성수였습니다.

이십여 년을 한 교회를 섬기며 한 번도 주일 예배에 빠진 적이 없었습니다. 하지만 아내의 불만이 컸습니다. 함께한 추억이 하나도 없었기 때문입니다. 결국 오랜 설득 끝에 장로 부부가 여행을 다녀왔습니다. 내 신앙이 이 정도라고 고백하던 주일성수의 자부심이 끊어지자 다른 관계도 회복되었습니다.

신학교 졸업식 몇 주 전 학교에서 이메일이 왔습니다. 읽어 보니 몇 월, 몇 일, 몇 시까지 학교 본관 앞으로 사모를 보내 달라는 연락이었습니다. 공부하는 남편을 내조하느라 고생했으니 신학교에서 사모에게 선물을 한답니다. 모자부터 신발, 귀고리, 손가방까지 졸업식 날 사모가 입을 일체를 500달러 범위에서 학교가 사 줬습니다.[126] 물론 신학교도 후원을 받아 한 일이지만 아내는 쇼핑몰을 휘젓고 다니며 행복한 시간을 보냈습니다.

미국에 처음 갔을 때 아파트를 임대하고 중고차를 샀습니다. 그리고 아이를 데리고 초등학교로 갔습니다. 방문 목적을 말하니 필요한 서류가 있다고 알려 줍니다. 보니 한두 개가 아닙니다. 그래서 서류가 갖춰지면 다시 오겠다고 말했더니 선생님이 오늘부터 아이를 입학시키랍니다. 그러곤 서류는 준비되면 가져오라고 말하며 스쿨버스 시간표를 알려 주었습니다. 귀국했을 땐 반대였습니다. 서류가 갖춰질 때까지 아이는 학교에 가지 못했습니다.

미국에서 7월 4일은 독립기념일입니다. 그날은 시청뿐 아니라 대학교나 교회에서도 불꽃놀이를 합니다. 그날 저는 오후 늦게 교회에 갔습니다. 전형적인 미국 교회였는데 다들 의자를 옮기느라 분주했습니다. 의자 나르는 걸 도와주며 보니, 반바지를 입고 의자를 나르는 분의 얼굴이 낯익습니다. 생각해 보니 교회 담임목사님이었습니다. 당시 연세가 70세였는데 아무도 말리는 이가 없었습니다. 의자를 나르는 건 누구나 하는 당연한 일이었습니다.

그 교회는 성도가 2천 명쯤 되었습니다. 주일 날 예배는 오전 한 번, 저녁때 한 번 있었습니다. 하루는 친한 목사님이 무척 들떠 있어서 무슨 일인가 했더니 교회를 개척한답니다. 새로운 목회자가 오면 담임목사님이 눈여겨보다가 재정 장로와 전문직을 가진 성도들을 소개해 줍니다. 그리고 서로 친해지고 비전 공유가 되면 교회를 개척하도록 도와줍니다. 그렇게 개척된 교회 중 한 곳은 본교회에서 50미터도 떨어지지 않은 곳에 있었습니다.

하루는 담임목사님 얼굴이 상기된 게 느껴졌습니다. 저는 앞쪽에 앉아 있었기에 얼굴이 잘 보였습니다. 그날 설교는 주보에 인쇄된 설교 제목과 달랐습니다. 목사님은 먼저 성도들에게 본인의 잘못을 회개한다고 반성부터 했습니다. 이야기는 이렇습니다. 목사님이 본당 출입문 옆에 버려진 쓰레기를 보았습니다. 그것을 치울까 고민하다가 그냥 두었습니다. 그런데 한 주 뒤에도 그 쓰레기가 그대로 있는 것을 보고 본인이 성도를 잘못 가르쳤다고 회개했습니다. 2천 명의 성도가 지나다녔지만 출입문 옆 쓰레기를 아무도 치우지 않았기 때문입니다.

달라스 신학교가 있습니다.[127] 어느 해 졸업식 날 사회자가 한 졸업생 사모에게 앞으로의 계획을 물었습니다. 사모는 남편이 졸업하도록 자신이 잘 내조했으니 이제 이혼하겠다고 대답해서 졸업식장이 싸늘해졌습니다.

달라스 신학교는 성경강해와 강해설교로 이름이 난 학교입니다. 제가 알기로 성경 원어 교육이 혹독할 정도라고 들었습니다.

사실 강해설교가 만만한 게 아닙니다. 원어를 잘해야 하는 것은 당연한 일입니다. 원어 교육도 벅찬데 교수님들이 내주는 과제도 만만치 않았습니다.

하지만 문제는 엉뚱한 데서 터졌습니다. 공부의 양이 많다 보니 집에 와서도 과제하기 바빴습니다. 주말에도 편하게 앉아서 부부가 대화를 나누거나 아이들을 데리고 나가서 놀아 줄 여유가 없었습니다. 그 뒷감당을 사모가 혼자서 해왔던 것입니다. 어쨌든 최선을 다해 학업을 마치도록 도왔으니 이젠 자신이 할 일을 충분히 했다고, 그러니 이혼하겠다고 선언한 것입니다.

이 신학생 부부가 진짜로 이혼했는지는 모르지만, 이 일이 신학교에 충격을 준 것은 분명합니다. 제가 듣기로 변화가 생겼다고 했습니다. 과제도 좀 줄었고 다른 변화도 있었다고 들었습니다. 이상과 현실은 미묘한 갈등을 낳습니다. 공부를 많이 시키는 것은 제대로 된 목회자를 세우기 위한 것인데, 삶은 그 속에 함정을 숨기고 있습니다. 옳고 그름으로 딱 떨어지게 답을 할 수 있으면 좋은데 이게 쉽지 않습니다.

상상은 우리를 하나님 나라로 보내는 전송 장치다

제발 잊지 말아, 저 전깃불이 얼마나 큰 어둠을 감추고 있는지
......128)

이연주 시인의 시행인데, 이게 보여주는 그림을 떠올려 보기 바

랍니다. 어떤 이미지가 머릿속에 그려질 것입니다. 그게 상상입니다. 역사학자는 주춧돌 몇 개를 가지고 고대도시를 추측합니다. 고대사 연구엔 상상이 필수입니다.[129] 저녁놀이 아름다워도 그 아름다움은 그것을 바라보는 이의 마음속에 있습니다. 그게 바로 천사가 인간을 흠모하는 이유입니다. 세상을 따라 살더라도 근간을 잊으면 안 됩니다. 그게 상상입니다.

상상은 신앙인에게도 필수입니다. 한 프랑스 작가가 소설에서 "진실에는 난방장치가 없어서 진실 속에서 사람들이 얼어 죽는 경우가 있다"고 썼습니다.[130] 김훈은 『바다의 기별』에서 "신념에 가득한 사람을 신뢰하지 않는다"[131]고 썼습니다. 진실과 신념은 아름다운 품격이지만 상상이 없으면 위험합니다. 상상의 힘이 없으면 하나님을 외워서 알게 되고 남이 가르쳐 준 대로 하나님을 알게 됩니다. 그건 자연스럽지 않습니다.

저는 이 소중한 상상력을 교회 밖 사람들이 더 잘 쓰고 있는 게 아쉽습니다. 요즘 택배는 무척 빠릅니다. 하루나 이틀이면 옵니다. 이렇게 빨라도 소비자는 택배가 언제 오는지 알고 싶어 합니다. 이걸 간파한 택배 회사는 소비자가 택배 이동 상황을 확인할 수 있는 앱을 만들었습니다. 앱을 통해 물류 이동을 볼 수 있게 되자 소비자는 만족했습니다. '빠른' 속도를 '보이는' 속도로 만드는 게 상상입니다. 속도가 보이자 소비자는 편하게 기다립니다.

〈도깨비〉가 파워풀한 건 작가의 상상과 대사를 맛깔나게 뽑아내는 문장이 결합했기 때문입니다. 괴테도 말했고 비트겐슈타인도 말했습니다. "당신의 언어 한계가 당신이 살고 있는 세계의 한계다"라고요. 두 사람이 말한 언어의 한계는 사실 상상의 한계입니다. 상상의 눈이 열리면 이 세계는 하나님의 영광으로 충만한 게 보입니다. 작가는 그 충만함을 시와 소설로 상기시킵니다. 상상은 우리를 하나님 나라로 보내는 전송 장치입니다.

영혼이 한 뼘씩 자라는 원리

천 년을 산 김신도 운명의 변덕에 힘들어하는데 열아홉 살 지은탁은 용감합니다. 내일 죽더라도 오늘을 살겠다고 말합니다. 알바를 가고, 대학교 입학 준비를 하고, 늘 걷던 길을 걷고, 또 그렇게 집에 돌아오겠답니다. 사실 그게 삶입니다. 지키고 싶은 게 많을수록 나 자신부터 지켜야 한다는 걸 은탁을 보면서 배웁니다[2권 171쪽]. 하나님의 사람이 되려면 생활에 밑줄을 그으며 살아야 합니다. 이런 대사가 놀랍습니다.

> 알바생 넌 나 없을 때 땡땡이치고 놀면 돼. 안 보일 때 더 열심히 하면 사장은 몰라. 알바생, 놀아.

치킨집 사장이 알바생 은탁에게 하는 말입니다. 이런 게 뭐 대단할까 싶지만 알바생 심리를 이렇게 콕 집어 설명하기란 쉽지 않습니다. 무엇이든 쉽게 설명해야 제대로 이해한 것입니다. 누가 너무 미울 때는 그냥 잊는 것이 가장 쉬운 방법입니다. 그래도 미운 생각이 나면 '아, 저 사람은 내 인생에서 길게 갈 사람이 아니었구나'[132]라고 선을 그어야 합니다. 삼신할매가 지은탁 엄마에게 하는 말도 인상적입니다.

> 생사를 오가는 순간이 오면 염원을 담아 간절히 빌어. 혹여 어느
> 마음 약한 신이 듣고 있을지도 모르니.[1권 36쪽]

'마음 약한 신'이라는 표현이 좋습니다. 신에게 '마음 약한'이라
는 수식어를 붙이니, 내 기도를 외면하지 않을 것이란 생각이 듭
니다. 이런 표현이 열어 주는 이미지가 있습니다. 그런 이미지가
마음에 쌓이면 새로운 아이디어가 착상되는 모태가 됩니다. 혁신
은 고정된 사고의 틀을 깨는 데서 시작됩니다. 우연히 얻기도 하
지만 그 한 번의 우연을 필연으로 바꾸는 이도 있습니다. 카피라
이터의 광고는 대개 소설 문장에서 착상된 것입니다.

세상에서 밀려나는 듯한 느낌이 들 때가 있습니다. 직장에서 똑
똑한 후배들이 올라오고 세상은 너무나 빠르게 변해 갑니다. 적응
하기도 쉽지 않은데 대안을 내야 합니다. 사람들은 천천히 가도
된다, 천천히 가야 한다고 말하지만, 그 쉬운 걸 해낼 수 있는 이
는 적습니다. 대개는 관성을 따라 움직입니다. 꼭 구약의 이스라
엘 백성을 닮았습니다. 그래도 주님은 그들의 등을 밀어 주었는
데, 〈도깨비〉의 작가는 그 모습을 이렇게 표현합니다.

> 당신이 세상에서 멀어질 때, 누군가 세상 쪽으로 등 떠밀어 준다
> 면 그건 신이 당신 곁에 머물다 간 순간이다.

여기서 말하는 신은 하나님은 아닙니다. 하지만 주님은 우리를

이렇게 돌보십니다. 시험에 합격하고 암이 낫는 것만 기적이 아닙니다. 사소한 하루라도 주님을 의지하며 살았다면 그게 기적이고 거룩한 예전禮典입니다. 하루를 살며 주님의 섭리와 사랑을 발견하고, 그걸 깨달을 때마다 나의 영혼은 한 뼘씩 자라는 것 같습니다. 블레이크가 표현했듯이, 우리는 사랑의 섬광을 견디는 법을 배우기 위해 잠시 지상에 머무는 것인지도 모릅니다.[133]

누군가를 좋아하게 되면 나와 그 사람 사이에 남이 알지 못하는 감정이 생깁니다. 그게 사랑의 섬광입니다. 어떤 분은 남편이 암으로 세상을 떠나기 전 손을 잡아 준 기억으로 네 남매를 키우며 40년을 견뎌 냈습니다.[134] 30대 초반, 남편은 세상을 떠나기 얼마 전 아내와 마지막 여행을 떠났습니다. 돌아오는 길에 남편은 아이들과 홀로 남겨질 아내의 손을 놓지 못했습니다. 그 시간을 바로 '카이로스로 흐르는 시간'이라고 부릅니다.

크로노스의 시간으로는 두어 시간이지만 그 시간이 두께를 가집니다. 황현산 교수가 말하는 현재를 바라보는 감수성과도 연결됩니다『밤이 선생이다』에 실린 첫 칼럼. 시간은 두께를 가져서 카이로스 두어 시간이 크로노스 40년을 이기게 했습니다. 신앙의 눈으로 보면 인생은 하나님의 사랑과 섭리를 알아 가는 시간입니다. 그 비슷한 게 『도깨비』에도 나옵니다. 삼신할매가 졸업식 날 지은탁을 찾아와 안아 주며 말하는 장면입니다.

너 점지할 때 행복했거든.2권 161쪽

표현은 다르지만 이게 우리를 향한 하나님의 마음입니다. 기적이 드라마에선 판타지의 모습을 하고 일어나지만, 저에게는 실제 삶에서 기적이 일어나기도 했습니다. 신혼 때 이삿짐 트럭을 타고 신림동 언덕을 오르던 때였습니다. 갑자기 트럭의 앞바퀴가 들리면서 '아' 소리조차 내지 못할 찰나의 순간에 뭔가가 차 지붕을 누르는 느낌을 받았습니다. 그 순간 바퀴가 땅에 닿았고 기사분이 내쉰 얕은 안도의 한숨을 들었습니다.

같이 읽으면 좋은 책

판타지는 젊은 세대가 주로 읽지만 누구나 한 번은 읽어 보길 바랍니다. 이영도의 『드래곤 라자』로 시작하는 것도 좋습니다. 이야기도 재미있지만 문장이 좋습니다. 우리가 잘 아는 톨킨이나 루이스의 판타지도 좋습니다. 누구나 내용은 조금씩 알기에 시작하기 편합니다. 판타지는 시리즈여서 길지만, 이야기의 힘이 뭔지를 단번에 이해시킵니다. 톨킨은 자녀들이 잠자리에 들기 전 이야기를 들려주었는데 그것이 『호빗』[135]입니다.

"별은 바라보는 자에게 빛을 준다"『드래곤 라자』, 이영도라는 문장을 읽으며 '참 좋다'고 생각한 적이 있습니다. 『왕좌의 게임』은 탐욕을 다룹니다. 내용은 거칠고 적나라합니다. 7개의 왕국이 있습니다. 그 밑에는 수많은 가문의 영주들이 있습니다. 이들은 왕에게 충성을 맹세했지만, 사실은 자신이 왕이 되고 싶어 합니다. 패권에 대한 탐욕이 있었기 때문입니다. 저마다 7개 왕국 모두를 차지하고 싶은 욕망에 사로잡힙니다.

『헝거 게임』은 축제를 가장한 처벌의 이야기입니다. 독재국가 '판엠'에 반기를 든 대가로 12개 구역의 마을에서 남녀 한 명씩 추첨으로 차출됩니다. 판엠은 이들을 수도인 캐피톨로 데려가서 예능에도 출현시키고 훈련도 시킵니다. 그 후 총 24명이 싸워 최후의 1인만 살아남는 생존게임을 시킵니다. 이건 24시간 리얼리티 TV로 생중계가 됩니다. 축제 같지만, 실제론 다시는 반란을 일으키지 못하도록 심리적 압박을 주는 판엠의 통치 방식입니다.

『왕좌의 게임』을 읽으면 『신곡』 속 지옥편에 나오는 탐욕에 관한 이야기가 떠오릅니다. 『헝거 게임』을 읽으면 자본주의에 던져지는 개인의 모습이 보입니다. 좋은 소설은 반드시 뭔가를 느끼게 합니다. 소설은 아주 강력한 충격을 우리의 내면에 심는 이식 과정과 같습니다. 저는 문학을 읽으며 삶을 대하는 바른 태도를 배웠습니다. 이걸 흔히 성숙이라고도 말하지만, 문학에선 '성장'이라고 부릅니다.

『드래곤 라자』이영도, 황금가지, 2008

『반지의 제왕 1: 반지 원정대』존 로날드 로웰 톨킨, 아르테, 2021

『나니아 연대기』C. S. 루이스, 시공주니어, 2005

『헝거 게임』수잔 콜린스, 북폴리오, 2009

『왕좌의 게임』조지 R.R. 마틴, 은행나무, 2000

4장

살아남으려면 버텨야 한다

매주 한 권씩 팔십 평생 책을 읽는다면 4천 권입니다. 그 반의 반, 한 달에 한 권을 읽으면 천 권입니다. 또 천 권의 절반, 두 달에 한 권이라도 제대로 읽으면 설명하는 힘이 생깁니다. 내 생각이나 느낌을 자신의 말로 설명하는 힘, 그 힘을 얻기 위해 우리는 공부합니다『배움의 발견』5장 참조. 김훈 역시 자기가 터득한 그 힘을 갖고 이야기를 풀어냅니다.『강산무진』을 읽다 보면 행복을 느끼는 게 엄청난 재능이었음을 알게 됩니다.

소설집『강산무진』에서 만나는 인물들은 대개 위태로운 50대 남자들입니다. 이들은 죽음, 암, 이혼, 실직 같은 문제를 만났거나 불안정한 미래나 주변의 시선 때문에 흔들립니다. 이들은 어딘가에 속해 있다고 생각하지만 실제로는 걸터앉아 있는 것에 가깝습니다. 이걸 문학에서는 경계에 서 있는 사람이라고 부릅니다. 작가는 이들이 겪는 삶의 고단함을 설명하지 않습니다. 담담하게, 기름기 쏙 뺀 문장으로 보여주는데 문장 하나하나 공감이 갑니다.

소설 속 인물들은 참 보기 안타깝습니다. 사는 게 힘들지만, 그 힘든 마음을 터놓을 사람이 없습니다. 한편, 상대의 마음을 읽지 못해서 상대의 주변을 맴돌기만 합니다. 다들 암, 실직, 이혼, 이별 같은 일로 힘들어하는데 이게 잘 풀린다면 행복해질까요? 아닐 것입니다. 사실 행복은 객관적인 조건이 아니라 주관적인 마음의 상태로 결정됩니다.[136] 소설 속 인물들은 이 사실을 놓치고 삽니다. 저는 그들이 소로의 문장을 기억해 주길 바랐습니다.

한겨울에도 우리의 마음속에 여름을 조금이나마 간직해야 한다.[137]

무엇을 배우거나 시작할 때 가장 큰 방해물은 미지의 무언가가 아닙니다. 대개는 자신이 경험했던 실패입니다. 아주 초짜일 때는 주변의 조언 아닌 조언으로 꿈이 꺾이기도 합니다. 저 역시 조언으로 갈팡질팡할 때면 시 한 구절, "내가 쪼개는 이 빵은 한때는 귀리였다"[138]를 마음속에서 꺼내 읽습니다. 들녘에서 귀리가 바람에 흔들리는 모습을 상상하는데 이것이 '역방향 사고'입니다. 시선이 바뀌면 심리적으로 편안해집니다.

하나님이 작가들을 우리 곁에 붙이신 데에는 이유가 있습니다. 문학을 읽지 않으면 사람들이 나와 다른 방식으로 살아가고 있다는 걸 모를 수 있습니다. 나이 마흔에 목수가 된 김진송이라는 사람이 있습니다. 글을 쓰던 사람이었는데 이제는 대패를 잡고 나무를 켜 가구를 만듭니다. 그는 강진에 터를 잡고 가구를 만들며 『목수일기』[139] 등을 썼습니다. 『강산무진』은 김훈, 소설 속 인물들, 김진송이 얽혀 있는 것 같습니다.

따끔하지만 매력 있는, 사실주의

글 잘 쓰는 남자 작가들은 많이 있습니다. 김연수, 김영하, 박민규, 장강명 등이 있지만 김훈을 고른 데는 이유가 있습니다. 그는 삶을 날것 그대로 보여주기 때문입니다. 날것 같은 삶을 김언수의 『설계자들』[140]이나 천명관의 『고래』[141]도 보여주지만 둘 다 꽤 두터운 장편입니다. 김훈은 좀 더 가볍게 읽을 수 있어서 좋습니다. 물론 직진하는 꼰대 같은 시선 때문에 호불호가 갈리지만 그래도 한 번은 읽으면 좋을 것 같습니다.

김훈의 매력은 사실주의에 있습니다. 그는 눈으로 보고 관찰한 현실을 객관적으로 묘사하고 기술합니다. 화려한 수사도 없고 기름 짜듯 표현을 압축합니다. 문장도 웬만하면 페이지의 한 줄을 넘지 않습니다. 그는 단어 하나, 문장 하나, 묘사 하나를 허투루 쓰지 않습니다. 서사 안에 뒤엉켜 있는 감정들을 유기적으로 연결하여 의미를 만들어 냅니다. 그의 문장 속엔 시퍼런 칼날이 있는 것 같습니다.

그가 자신이 쓴 글을 두고 "무섭고 징그러운 느낌이 든다"고 말한 것도 사실적인 성향 때문입니다. 작가는 인간의 생로병사가 따로 있는 게 아니라 한순간에 뒤엉켜 있다고 여깁니다. 이런 생각은 장편보다는 단편에서 표현하는 게 더 수월할 것입니다. 김훈의 소설은 유기체처럼 느껴지고 그가 바라본 삶의 풍경처럼 보입니다. 그가 삶을 바라보는 방식이 얼마나 유별난가는 그가 인터뷰 중 한 말에 잘 드러납니다.

문학이 인간을 구원하고 문학이 인간의 영혼을 인도한다고 하는, 이런 개소리를 하는 놈은 다 죽어야 된다고 생각한다.[142]

위 문장을 읽으면 김훈에 대한 호불호가 갈리는 이유를 알 것입니다. 그는 직진형 인간입니다. 자신이 옳다고 믿으면 직진합니다. 권위주의적 발언, 남성적인 문체, 반페미니즘적인 사고[143]는 그의 직진 성향을 보여줍니다. 이런 성향은 '날것 같은 삶'을 묘사할 때 유리하지만 흔히 '아재, 꼰대, 오지랖'이라 부르는 저주에 걸려들 수 있습니다. 우리는 실눈을 떠서 시력을 돋구면 더 잘 본다고 착각하기 때문입니다.

김훈은 철저한 현실주의자입니다. 그는 문학을 좋아하지만 일단 밥벌이가 되어야 그것도 할 수 있다고 생각합니다. 김훈은 먹고산다는 것에 진지합니다. 그게 먹먹하기도 하고 안쓰럽기도 합니다. 그가 간혹 교회를 언급하긴 하지만 기독교를 아는 것 같지는 않습니다. 그래도 그의 작품을 읽으면 시시한 심플라이프가 가진 인생의 맛을 느끼게 됩니다. 그가 그려 내는 인생의 맛은 담백합니다. 물론 쓱쓰름한 맛도 있습니다.

가끔은 다른 맛도 느껴야 합니다. 동물 프로그램을 보면 개도 풀을 뜯어 먹고 사자도 풀을 뜯어 먹습니다. 불편한 뭔가를 비워 내고 싶기 때문입니다. 소설이 가끔 풀 같은 역할을 합니다. 신앙 서적을 읽을 땐 느끼지 못하는 쓱쓸한 맛을 『강산무진』을 읽으면 느낍니다. 같은 것을 보아도 서 있는 곳이 다르면 보이는 풍경도 달라집니다. 이 차이를 『강산무진』을 읽으면 느낄 것입니다.

『강산무진』이 이야기하는 삶의 무게

시인 오세영은 '그릇'이란 시에서 "무엇이나/ 깨진 것은/ 칼이 된다"[144]고 썼는데 김훈의 글이 그런 느낌을 줍니다. 김훈의 글은 메마르고 날카롭습니다. 그가 그리는 40대나 50대의 인물들은 위태로워 보입니다. 뭐 때문인지 이들은 '예전의 나'와 '느닷없이 바뀌어 버린 나' 사이에서 어정쩡한 모습으로 서 있습니다. 그런 짠한 모습을 작가는 8편의 단편에 담아 간결하게 전달합니다. 8편의 단편을 간략하게라도 소개합니다.

「배웅」의 주인공은 택시기사 김장수(47세)입니다. IMF 이전엔 식품 하청업체를 운영했고 부도가 난 후엔 택시를 몹니다. 헌데 사납금 채우기도 벅찹니다. 이야기 속엔 길이 막혀 죽음조차 배웅하지 못하는 엄마와 아들의 안타까운 순간이 나오고, 경리로 일하면서 정을 나누었던 윤애라는 여인도 나옵니다. 「화장」의 주인공은 오상무(55세)입니다. 뇌종양을 앓는 아내를 돌보는데, 추은주라는 젊은 여직원이 자꾸 눈에 들어옵니다.

「항로표지」는 소라도의 등대지기 일을 그만두는 등대장 김철40세, 6급 수로직과 새로 그 일을 맡게 된 송곤수55세, 무직의 이야기입니다. 둘의 삶은 참 애틋합니다. 「뼈」에서 화자는 김 교수지만 초점은 그의 조교 오문수에게 맞춰져 있습니다. 오문수는 김 교수의 고향 후배입니다. 사석에서는 김 교수를 형이라고 부릅니다. 10년 가까이 공부했지만, 아직 박사학위를 따지 못했습니다. 그런데도 뜬구름 잡는 논문을 쓰려고 합니다.

「고향의 그림자」는 치매로 고생하는 어머니를 둔 중년 형사 이야기입니다. 「언니의 폐경」에서 주인공은 50대 초반의 여자입니다. 바람을 피운 남편이 원해서 이혼을 했습니다. 이혼했지만 예전 시모 팔순 잔치엔 갑니다. 주인공은 폐경을 한 언니를 통해 자신을 바라봅니다. 생리 이야기가 나오지만, 남자의 시선으로 설명하는 게 낯선 부분입니다. 「머나먼 속세」는 복싱 챔피언에 도전하는 승려 출신 환속 젊은이의 이야기입니다.

「강산무진」의 주인공은 김창수 57세입니다. 부산항만 관리자입니다. 이혼하고 혼자 사는데 갑작스럽게 암 진단을 받았습니다. 그것도 간암 말기라 머뭇거릴 시간이 없었습니다. 진단을 받자마자 곧바로 명예퇴직하고 재산과 어머니 묫자리를 정리합니다. 그 후 치료 차 아들이 있는 미국으로 떠날 때 기도원 전도사와 재혼한 아내가 교인들과 배웅 나옵니다.

8편의 단편에서 주인공 남자들은 힘든 현실과 마주 서 있습니다. 그들이 처한 상황과 처지는 달라도 똑같이 힘듭니다. 그런데 다들 내색하지 않습니다. 여자「언니의 폐경」도 마찬가지여서 마음이 짠합니다. 작가가 이들을 어떻게 위로할까, 궁금했는데 작가는 그들을 깊이 잠들게 합니다. 이세벨을 상대하느라 지친 엘리야에게 깊은 잠을 주신 하나님의 손길열왕기상 19:5처럼 그들을 쉬게 하는 작가가 고맙게 느껴집니다.

> 그날 밤, 나는 모처럼 깊이 잠들었다. 내 모든 의식이 허물어져 내리고 증발해 버리는, 깊고 깊은 잠이었다.「화장」88쪽
> 대구를 지나자 날은 어두워졌다. …… 내 옆에서 언니는 곤히 잠들어 있었다.「언니의 폐경」276쪽

7급 직원이 송곤수에게 『항로표지실무지침』을 한 권 주고 숙사에서 쉬게 했다. 그날 밤 송곤수는 깊이 잠들었다.「항로표지」126쪽

등장인물이 짊어진 삶의 무게가 무거워 작가가 이것을 어떻게 다룰까 궁금했습니다. 저는 짐을 덜어 줄 이야기가 나올 것이라고 생각했는데 작가는 잠을 주어 쉬게 합니다. 사는 게 피곤하면 얕은 잠을 자며 온갖 꿈을 꾸게 됩니다. 그것도 안타까워서일까요, 작가는 깊은 잠으로 그들을 위로합니다. 인생의 내리막길에 서 있는 사람들에게 작가는 이게 끝이 아니라고 속삭이는 것 같습니다. 이보다 더 좋을 순 없을 것 같습니다.

「화장」

누구나 죽음 앞에 서면 적나라한 삶의 본질을 마주합니다. 문장은 느닷없이 찾아와 우리를 뒤흔들어 우리를 바꿔 놓으려 합니다. 그런데도 더 읽고 싶습니다. 때가 되면 아름답게 퇴장하는 게 자연의 섭리지만 문학은 그걸 다양한 모습—「화장」김훈, '귀천'천상병, '스며든다는 것'안도현—으로 보여줍니다. 시 '귀천'은 아름답고, '스며든다는 것'은 감동적인데 「화장」은 죽음을 더욱 가까이서 보여줍니다.

항문 괄약근이 열려서, 아내의 똥은 오랫동안 비실비실 흘러나왔다.45쪽

묘사가 강렬하고 감각적입니다. 마치 눈앞에서 보는 것 같습니다. 김훈의 매력은 이런 사실주의에 있습니다. 눈앞에 보이는 날것 그대로, 잔혹할 정도로 세밀하게 묘사합니다. 화려한 수사도 없습니다. 웬만해선 한 줄을 넘지 않는 짧은 문장을 구사합니다. 그런데도 그의 문장은 나 자신을 돌아보게 합니다. 그건 아마도 현실 속 삶의 무게를 재현해 내고 있기 때문일 것입니다. 이 재현이 김영하 작가에게선 약간 다르게 전개됩니다.

겨울에는 누구나가 갇혀 있지만 봄에는 갇혀 있을 수밖에 없는 자들이 갇혀 있다.[145]

죽음을 해석하고 묘사하는 방식이 다릅니다. 김훈은 사실적으로, 김영하는 은유적으로 다룹니다. 이런 해석에 독자도 개입합니다. 좋은 소설을 읽고 난 뒤에는 줄거리보다 이미지가 더 남습니다. 그 이미지에 독자가 작품을 읽으며 느낀 생각을 더하는 과정을 '개입'이라고 부릅니다. 이런 개입을 통해서 독자는 자신의 생각을 구체적으로 표현하는 법을 배웁니다. 이것은 성경을 읽을 때도 나타납니다.

화자는 오 상무입니다. 화장품 회사에 다닙니다. 그는 병든 아내를 돌보면서 여직원 추은주를 상상합니다. 아내는 뇌종양으로 2년째 투병 중입니다. 아내는 죽음과 소멸을 상징하는 화장火葬의 모습으로, 추은주는 아름다움을 의미하는 화장化粧으로 다가옵니다. 그는 머릿속에서 두 여자 사이를 오가고 있습니다. 그가 바라본 죽음은 고통스러운데 그 반대는 다를까요? 오 상무의 눈으로 본 다가오는 죽음은 잔혹합니다.

> 실신하면 바로 똥을 쌌다. …… 아내의 똥은 멀건 액즙이었다.
> 김 조각과 미음 속의 낟알과 달걀 흰자위까지도 소화되지 않은
> 채 흘러나왔다. 삭다 만 배설물의 악취는 찌를 듯이 날카로웠다.
> 그 악취 속에서 아내가 매일 넘겨야 하는 다섯 종류 약들의 냄새
> 가 섞여서 겉돌았다.^{45쪽}

두통에서 겨우 벗어나면 아내는 가슴을 벌떡거리며 개밥을 걱
정했습니다. "여보 …… 개밥 …… 개밥 ……"^{71쪽}. 간병인이 아랫
도리를 벗기고 사타구니 사이에서 똥물을 닦아 낼 때도 개밥을
말했습니다. 개의 이름은 보리입니다. 내세에 사람으로 태어나라
고, 아내가 지어 준 이름입니다. 이것으로 봐서 아내는 불교 신자
입니다. 죽음 앞에서도 인간은 먹고 싸고 돌보는 그 사소한 일상
에 시달릴 수밖에 없습니다.

죽음은 너무 티를 내며 찾아옵니다. 아내는 음식에서 구린내가
난다고 먹지 못합니다. 밥 냄새를 맡으면 구토를 했습니다. 빵도
뱉어 내고 아이스크림도 뱉어 냅니다. 이건 그래도 낫습니다. 종
양이 뇌를 압박해서 아내는 고통으로 몸부림을 치다 실신했습니
다. 김훈은 뇌종양을 앓는 아내의 고통을 잔혹할 정도로 세밀하게
묘사하는데 마치 관찰일지 같습니다. 너무 구체적입니다. 아내를
의자에 앉혀 목욕시키는 장면입니다.

> 저는 의자 밑으로 손을 넣어서 아내의 허벅지와 성기 안쪽과 항

문을 비누칠한 수건으로 밀었고 샤워기 꼭지를 의자 밑으로 넣어서 비누를 닦아 냈습니다. 닦기를 마치고 나자 아내가 똥물을 흘렸습니다. 양은 많지 않았지만, 악취가 코를 찌를 듯이 달려들었습니다. "여보 …… 미안해 ……." 아내는 또 울었습니다.80쪽

단어 하나, 문장 하나, 묘사 하나가 서로 연결되어 의미를 만들어 냅니다. 그 탓에 독자가 느끼는 아픔도 큽니다. 오 상무는 아내를 바라보지만, 실제로 그가 바라보는 건 아내의 고통을 바라보는 자신의 고통입니다. 소설보다 영화를 보면 '오 상무'라는 인물이 더 잘 보입니다. 영화에서는 후회가 깃든 표정 하나로 이러지도 저러지도 못하는 남자의 모습을 그려 냅니다. 겉으론 따뜻한 척하지만, 실제론 차가운 게 무표정한 시선으로 드러납니다.

「화장」은 임권택 감독이 2014년에 영화로도 만들었습니다. 영화 포스터를 보니 이런 문구가 적혀 있습니다. '아내의 암이 재발했다. 그 사이, 나는 다른 사랑을 꿈꿨다.' 「화장」의 전체 스토리를 요약하면 이 두 문장이 될 것입니다. 쉰다섯 오 상무는 출근하면 추은주를 보며 사랑을 꿈꿉니다56쪽. 물론 소설은 그저 꿈꾸는 모습으로 종결되지만, 그 뒷얘기는 여운이 있습니다. 삶이란 화장化粧과 화장火葬 사이일 테니까요.

죽음은 삶의 반대가 아니라 삶의 일부라는 걸 「화장」을 읽으며 느낍니다. 김훈도 죽음에 관심이 많지만, 사실 작가는 기본적으로 죽음에 관심이 큽니다. 박상륭은 『죽음의 한 연구』146)를 썼고 베르나르 베르베르는 『죽음』147)을 썼습니다. 김영하는 『나는 나를 파괴할 권리가 있다』148)에서 죽음의 표정을 묘사합니다. 작가는

우리가 죽음을 선택할 수 있는 것으로 보게 된다면 삶은 어떻게 달라질까를 실험하는데, 많은 생각을 하게 해줍니다.

살아 보니까 젊었을 때 생각한 죽음, 중년을 지나며 본 죽음, 그리고 지금 느끼는 죽음이 다 다릅니다. 제가 머릿속에서 생각하는 죽음은 경건합니다. 하지만 「화장」이 보여주듯이 죽음은 '생로병사'生老病死의 순서대로 오는 게 아니라 한순간에 뒤엉켜 있습니다. 어떻게 하면 우리는 경건한 죽음을 맞을 수 있을까요. 그건 아마도 삶에서 찾아야 할 것 같습니다. 죽음이 삶 속에 있다는 것을 알 때 삶이 경건해지는 것 같습니다.

영화에선 배우 김호정이 연기한 아내의 역할이 좋았지만, 소설에선 밋밋합니다. 아내가 죽자 오 상무는 일상으로 돌아갑니다. 여름 마케팅 광고 결정을 내리고 추은주의 퇴직 서류에 사인합니다. 개도 안락사시킵니다. 아내가 고통에 신음하면서도 챙겨 주라고 한 개인데……. 다들 그렇게 사는 것일까요. 우리 역시 오 상무처럼 사는 건 아닐까요. 잘 사는 것과 잘 죽는 것은 다른 것일까요, 아니면 같은 것일까요.

「강산무진」

소설집 『강산무진』을 관통하는 주제는 죽음과 이별입니다. 8편의 단편 중 「화장」과 「강산무진」이 이를 잘 보여줍니다. 「강산무진」에서 김훈은 중년 남자를 통해 죽음과 이별을 보여줍니다. 화자는 57세 이혼남 김창수입니다. 그는 부산항만 부두에서 선적 작업을 관리합니다. 남매를 자녀로 두었는데 모두 결혼했습니다. 아들은 MIT 대학원에서 10년이나 공부했는데도 지금은 엉뚱하게 주류 소매업을 하고 있습니다.

김창수는 나름 괜찮게 살고 있었습니다. 하지만 그에게 위기가 찾아옵니다. 임플란트를 하러 간 치과에서 의사가 그에게 종합진단을 권유했습니다. 병원에 가서 PET^{양전자방출단층촬영}를 했는데 결과는 암이었습니다. 그것도 말기입니다. 위장 쪽으로 전이도 보입니다. 나이 든 의사는 냉정하게 신변을 정리하라고 말합니다. 가족에게만 알리고 주변엔 알리지 말라고 합니다^{317쪽}. 늦은 것입니다.

인생은 생각한 대로, 계획한 대로 흘러가지 않습니다. 주인공 김창수는 마음이 급합니다. 간암 판정을 받고 나니 현실적인 판단을 내립니다. 담배를 끊고, 겨울옷을 정리하고, 명예퇴직을 신청하고, 은행 적금을 해약하고, 주식을 처분하고, 이혼한 아내에게 못 준 위자료 잔금 오천만 원을 보내고, 아파트를 처분하고, 어머니 산소에서 유골을 파 화장하고 산소를 없앴습니다. 그 심정을 작가는 이렇게 묘사합니다.

> 처서를 지난 초가을 공기가 말라서 가벼웠다. 숨을 들이쉬면, 날이 선 공기 한 가닥이 몸 안으로 빨려 들어와서 창자의 먼 끝쪽에까지 닿았다. 국수를 한 가닥씩 빨아 당겨서 삼키는 것처럼, 공기는 한 올씩 갈라져서 몸 안으로 들어왔다.^{336쪽}

신변 정리는 비장해 보이지만 실제로는 퇴직금과 아파트와 주식, 부동산을 처분한 돈을 어떻게 배분할지를 결정하는 것입니다. 재산을 정리하면 신변 정리는 저절로 됩니다. 주인공은 신변 정리 후 출국하는 길에 비행기에서 강산무진도 같은 풍경을 내려다봅니다. 그건 앞으로 혼자서 가야 할 세상의 풍경처럼 보입니다.

「배웅」

주인공은 택시기사 김장수47세입니다. 소설에는 영화 〈택시운전사〉 같은 극적인 장면은 없습니다. 작가는 외환위기가 가져다준 팍팍한 삶을 보여줍니다. 김장수도 5년 전에는 나름 괜찮았습니다. 식품회사의 하청업체였지만 직원 7명과 함께 민물참게장, 가자미식해, 전복내장젓 같은 식품을 만들었습니다. 작지만 나름 선방을 했는데 IMF로 문을 닫았습니다. 지금은 택시기사로 일합니다. 그의 고단한 삶을 작가는 이렇게 묘사합니다.

> 그날 김장수의 영업매출은 사납금에 미달했다. 새벽 네 시에 김장수는 연신내 차고지로 돌아가 일일 정산했다. 사납금 구만 오천 원에서 육천 원이 모자랐다. 초과연료비 오천 원은 운전사 부담이었다. 월 고정급 육십오만 원에서 사납금 미달액 육천 원을 빼는 정산서에 김장수는 서명했다.15쪽

김장수는 겨우 견디고 있습니다. 다들 힘들어도 견디고 있으니 그도 견디는 것입니다. 이런 김장수에게 윤애는 애매한 존재입니

다. 과거에 직원이긴 했지만, 애인이라고 말하긴 어렵습니다. 그 애매한 관계를 김훈은 한 문장, "오지의 여인숙에서 윤애는 무덤덤하게 김장수의 몸을 받았다"[18쪽]로 설명합니다. 이런 메마름은 「화장」,「항로표지」,「강산무진」에도 이어집니다. 「화장」에서 아내가 죽는 순간과도 연결됩니다.

> 옆 침대의 환자가 얼굴을 찡그리면서 저편으로 돌아누웠다.[33쪽]

소설을 읽으며 깨닫게 된 자잘한 사실이 있습니다. 인생은 공평하지 않으며 행운은 같은 사람에게 돌아간다는 것입니다. 하지만 그래도 우리는 최선을 다해 살아가야 합니다. 알고 보면 아름다움은 그것을 바라보는 사람의 마음속에 있습니다. 비가 올 땐 잠시 피하고, 꽃이 필 땐 개화를 즐기는 것도 나쁘지 않습니다. 이걸 놓치면 삼류인생을 살게 됩니다. "3등은 괜찮다. 삼류는 안 된다." 그룹 부활의 리더 김태원의 말입니다.

인생의 아이러니

부자와 나사로 이야기[누가복음 16장]에서 나사로의 가장 가까운 친구는 그의 몸에 난 종기를 핥는 개들이었습니다. 그게 참 아이러니합니다. 사도행전에서 요한의 모습이 쏙 빠진 것도 아이러니합니다. 예수님의 애제자 요한은 조용히 예수의 모친 마리아를 돌보았습니다. 우리는 광야 40년을 고난으로 여깁니다. 한데 예레미야는 그 기간을 우리의 신혼 시절로 부릅니다. 이것도 참 아이러니 합니다.

> 내가 너를 위하여 네 청년의 때의 인애와 네 신혼 때의 사랑을 기억하노니 곧 씨 뿌리지 못하는 땅, 그 광야에서 나를 따랐음이 니라 예레미야 2:2

성경을 읽다가 깜짝 놀랄 때가 있습니다. 출애굽기 1장에서 근동을 호령한 이집트 왕의 이름 제11왕조 아멘호텝 2세[149]은 생략했는데 두 산파인 십브라와 부아의 이름은 기록되어 있습니다. 아브라함이 모리아산에서 이삭을 번제로 바친 터는 천 년 뒤 솔로몬의 성전 터가 되고 역대하 3:1, 다시 천 년 뒤 그곳에 십자가가 세워집니다. 성경은 믿음의 계보를 따라 이어지고 하나님이 그 믿음을 어떻게 기억하시는지 보는 것은 참 놀랍습니다.

1세기 때 예수님이 제자들을 요단강에서 만난 것도 놀랍습니다. 베드로, 요한, 안드레, 빌립, 나다나엘은 요단강에 와 있었습니다. 세례 요한이 메시아일지도 모른다고 여겼기 때문입니다. 그들은 자기 나름대로 신앙의 돌파구를 찾고 싶었습니다. 이게 목마름인데, 이런 목마름을 제사장이 아니라 갈릴리 어부들이 가졌다는 게 놀랍습니다. 이것이 1세기 초 유대 땅의 모습이었습니다. 그 시대를 예수님이 찾아오신 것입니다.

『강산무진』 속 인물들의 삶에도 아이러니한 일이 많습니다. 죽음과 아름다움을 뜻하는 두 단어 火葬, 化粧를 소설 「화장」에서 오 상무의 삶을 통해 만나게 됩니다. 「언니의 폐경」에선 형부가 비행기

사고로 죽었습니다. 형부가 앉은 A열의 여섯 명은 모두 죽었는데 그 뒷자리인 B열에선 3명이 살았습니다. 형부 바로 뒷자리에 앉은 승객도 살아남았습니다. 언니가 묻습니다. "얘, 왜 B-6은 살고 A-6은 죽은 거니?"221쪽. 형부의 좌석은 A-6이었습니다.

왜 인간은 죽음을 사유할까

한국 작가 중 죽음을 가장 가까이에서 들여다본 사람은 김훈일 것입니다. 「화장」은 죽음을 너무 자세하게 뜯어보아서 징그러울 정도입니다. 「언니의 폐경」과 「강산무진」에서는 죽음을 간접적으로 다룹니다. 그래도 그 덕분에 죽음이 삶의 일부라는 걸 새삼 느낍니다. 김훈이 죽음에 민감한 이유는 뭘까요? 삶의 진정성을 죽음만큼 잘 드러내는 게 없기 때문일 것입니다. 이런 김훈의 반대편에 서 있는 사람이 있습니다.

천상병 시인은 시 '귀천'에서 "가서, 아름다웠더라고 말하리라"고 호기롭게 외쳤습니다. 이런 사람이 몇이나 될까요. 우리도 언젠가 죽습니다. 하지만 천상병이 삶을 기억하는 방식은 김훈과 다릅니다. '죽으면 다 끝이지 뭐가 그리 아쉬워'라고 말하지만, 이상하게도 진짜 속마음은 말하기 어렵습니다. 시인의 고백이 남다른 건 죽음을 고민했기 때문입니다. 죽음을 생각하는 일은 결국 좋은 삶에 대해 고민하는 일입니다.

영화 〈아일랜드〉나 소설 『나를 보내지 마』처럼 내 병든 장기를 대체할 복제인간이 존재한다면 우리는 영원히 살 수 있을까요?

죽음을 잠시 지연시킬 수 있을 뿐입니다. 제임스 힐튼이 쓴 『잃어버린 지평선』[150]이라는 소설이 있습니다. 그 속에서 이상향 '샹그릴라'에 사는 250살 된 인물을 언급하지만, 그도 죽습니다. 소크라테스도 철학이 무엇인가 물었을 때 '죽음을 위한 준비'라고 답한 걸 보면 죽음은 인간에게 중요합니다.

작가나 철학자가 죽음을 사유하는 것은 죽음을 이해해야 삶이 보이기 때문일 것입니다. 죽음이 있기에 시간은 유한하고 시간이 유한하니 삶이 소중한 것입니다. 인간이 인간다울 수 있는 건 바로 자신이 죽는다는 사실을 미리 인지하고 있기 때문입니다. SF 영화 〈바이센테니얼 맨〉은 인간이 되고 싶은 로봇을 그리고 있습니다. 주인공은 가사로봇 NDR-114애칭 앤드류, 배우는 로빈 윌리엄스인데 그는 이렇게 말합니다.

로봇이라면 영원히 살 수 있죠. 하지만 저는 영원히 기계로 사느니, 인간으로 죽고 싶습니다.

로봇 앤드류는 인간의 삶을 동경하여 법정 공방 끝에 법적으로 인간이 됩니다. 인간이 되기 위해 스스로 노화와 죽음을 선택합니다. 그런 진지함을 보자 그때서야 사람들은 그를 'it'으로 부르지 않고 'him'이라고 부릅니다. 인간이 되는 게 뭐라고 스스로 죽는 길을 선택한 게 바보 같습니다. 하지만 그것이 다니엘이 선택한 삶과도 맞닿아 있습니다. 우상에게 고개만 한번 숙이면 출세가 보장되었는데 그는 죽는 쪽을 선택합니다.

이런 문학적 사유를 아브라함은 이삭을 번제로 드릴 때 했을 것입니다. 그는 '영원'이라는 개념을 인류 최초로 깨달은 인물입니다.창세기 21:33. 영화 〈터크 애버래스팅〉에 보면 앵거스 터크가 나옵니다. 그는 영생하는 샘물을 마셔서 죽지 않습니다. 그런데 15세 소녀 위니에게 이렇게 조언합니다. 죽음을 두려워하지 말고 미완성의 삶을 두려워하라고 말입니다.[151] 미완성의 삶을 성경 비유로 바꾸면 땅에 묻은 한 달란트입니다.

창세기 22장에서 아브라함은 아들 이삭을 번제로 드리라는 하나님의 말씀을 듣고 순종합니다. 자신이 죽는 것보다 더 두려웠을 텐데 그는 담담히 받아들입니다. 그 힘은 어디에서 왔을까요? 아마도 죽음은 생명의 힘이 어디에서 오는지 알고 있을 것입니다. 사실 그걸 아는 자에게 죽음은 삶의 끝이 아니라 삶의 일부가 됩니다. 우리는 예수 그리스도를 구주로 믿는 순간 영원의 삶을 시작하기 때문입니다.[152]

하지만 이걸 모르는 사람들은 죽음을 애써 밀어냅니다. 두렵고 불편하기 때문입니다. 이런 모습이 김훈의 소설에도 나타납니다. 오 상무에게 아내의 죽음은 삶의 끝입니다. 「언니의 폐경」에서 형부는 준비하지 못한 죽음을 맞습니다. 「강산무진」에서 김창수는 죽음을 반드시 갚아야 할 빚으로 느낍니다. 하지만 아브라함이나 천상병 시인은 죽음을 다르게 인식합니다. 두 사람에게 죽음은 소풍과 같습니다.

삶이 어긋나 있을 때

삶이 어긋날 때가 있습니다. 문학에서 자주 다루는 주제입니다. 김훈도 다룬 이 주제를 다른 나라 작가는 어떻게 다룰지 궁금합니다. 이 주제를 다루되 김훈보다 좀 부드럽게 다룬 작가를 찾다 보니 줌파 라히리라는 작가가 눈에 들어왔습니다. 인도계 미국 작가입니다. 데뷔작인 소설집 『질병 통역사』[153]우리말 번역은 『축복받은 집』로 퓰리처상을 받았습니다. 이민자의 정체성을 다루고 있는데 삶이 조금씩 어긋나고 있습니다.

새로운 이야기는 새로운 인생이나 마찬가지라는 것을 김훈이나 라히리를 보면서 실감합니다. 언어와 문화와 시대가 달라도 어쩌면 그렇게 인간의 본성을 잘 짚어 내는지, 놀랍습니다. 단편 「질병 통역사」는 서른이 안 된 나이에 이미 삶에 대한 사랑을 잃어버린 여인에 대해 말합니다. 나이가 스물여덟인데 결혼을 일찍 하면서 아이도 빨리 가졌습니다. 여인은 육아로 늘 피곤한데도 미국서 인도로 여행을 왔습니다.

여인은 아이들과 남편을 볼 때마다 마음이 무겁습니다. 아이는 셋입니다. 남자아이 둘과 여자아이 하나. 둘째 남자아이는 남편의 아이가 아닙니다. 펀자브 출신인 남편 친구가 취업 면접을 위해 일주일간 머물다 간 적이 있습니다. 그때 품게 된 아이입니다. 남편도 남편 친구도 모릅니다. 소설에 보면 둘째 아이 피부가 다른 아이들보다 약간 더 흽니다. 하지만 그걸로 누가 뭘 알 수 있을까요. 삶이 어긋나 있습니다.

단편소설 「일시적인 문제」에서는 젊은 부부간의 오해를 다룹니다. 부부는 결혼 3년 차입니다. 아내는 출판사에 다니고 남편은 대학에서 박사논문을 쓰고 있습니다. 둘은 사랑에 빠져 결혼했지만 자꾸 어긋나게 됩니다. 겉으론 다정하지만, 실제론 무덤덤합니다. 차라리 소란스레 싸움이라도 하는 게 나을 것 같습니다. 부부는 서로를 잘 안다고 생각합니다. 서로에 대해 모르는 게 없다고 여깁니다. 하지만 정작 이들은 모르고 있습니다.

갑자기 정전이 찾아왔습니다. 예고된 정전입니다. 눈 폭풍으로 전선이 망가져서 수리가 필요하기 때문입니다. 이를 위해 5일간 오후 8시부터 한 시간 동안 단전합니다. 둘은 어둠이 어색해서 서로에게 하지 못했던 이야기를 나누기로 합니다. 첫째 날 둘은 처음 만났던 날의 기억을 떠올립니다. 둘째 날 두 사람은 쌀쌀한데도 현관 앞 계단에 앉았습니다. 손을 꼭 잡은 채 가슴속에 숨겨 두었던 비밀을 하나씩 털어놓습니다.

셋째 날 둘은 굳이 꺼내지 않아도 될 이야기를 하고 연인처럼 입맞춤합니다. 넷째 날 두 사람은 비밀 이야기를 나누다가 사랑을 나누었습니다. 전기공사가 잘 진행되어 전깃불이 들어왔지만 둘은 이미 깊이 잠든 후였습니다. 다섯째 날 불이 들어왔지만 두 사람은 여전히 촛불을 켜고 저녁 식사를 했습니다. 그러다 아내가 전깃불을 켜고 남편에게 말합니다. 그동안 아파트를 알아보고 있었는데 하나 찾았다고요[42쪽].

아내의 별거 통보였습니다. 두 사람은 대화했다고 생각했지만, 벽을 허물지 못했던 것입니다. 아내가 진실게임을 하자고 한 것은 별거 통보를 위한 사전포석이었습니다. 여기엔 이유가 있습니다. 6개월 전 아내는 아이를 사산했고 슬픔에서 벗어나지 못했습니다. 그때 남편은 외지에서 세미나 참석 중이었습니다. 남편이 급하게 왔지만 그가 본 것은 막 화장터로 보내지고 있는 아이였습니다. 그때 의사가 아이를 안아 보라고 권하면서 말했습니다.

아기를 안아 본 경험이 슬픔을 이겨 내는 데 도움이 될 겁니다.[154]

별거를 통보하는 아내에게 남편은 말했습니다.

우리 아이는 사내아이였어.[155]44쪽

아이를 잃은 아내는 굳이 성별을 묻지 않았습니다. 아이의 모습도 보지 않았습니다. 뭔가 신비감에 기대어 슬픔을 달래려 했던 것입니다. 한데 남편이 말합니다.

아이는 사내아이였어. 피부는 갈색보다는 붉은색에 더 가까웠어. 머리털은 검정색이었지. 몸무게는 2.3킬로그램 정도였고. 손가락은 꼭 오므리고 있었어. 당신이 잠들었을 때처럼 말이야.[156]

이런 비밀을 고백하자 아내도 함께 웁니다. 소설은 이렇게 끝이 납니다. 두 사람은 이제야 서로의 감정을 알게 된 것입니다. 남편의 마음이 어디에 있는지, 아내의 마음이 어디에 있는지를요. 같은 집에 산다고 아는 것은 아닙니다. 정전이라는 예기치 못한 상황은 부부에게 처음으로 서로의 생각을 나누고 지금껏 살펴보지 못한 상대의 마음을 보게 했습니다. 겉모습과 달리 지독하게 외로웠던 속 모습을 말입니다.

둘이 흘린 눈물은 이제야 둘이 서로의 마음을 알게 된 것을 보여줍니다. 이걸 작가는 집 밖에 쌓인 눈이 녹기 시작한 것을 통해 암시합니다. 부부가 서먹해진 건 서로를 배려했기 때문일 것입니다. 아파했을 상대를 위한 거라고 여기며 서로 말을 하지 않았습니다. 하지만 말을 안 하니 오해가 생겼고 그로 인해 서로를 밀어내게 되었습니다. 문학을 읽으면 새삼 느낍니다. 어른이 되면 지금은 알지 못하는 곳에서 내 인생이 전개될 것이란 것을요.

같이 읽으면 좋은 책

김언수의 『설계자들』은 살인청부업자의 이야기입니다. 설계자는 표적을 설계하고 킬러는 대가를 받고 표적을 처리합니다. 설계는 정치적 이해관계에 따라, 청부살인은 돈의 힘으로 이루어집니다. 흡입력 있는 도입부가 인상 깊고 소설이 아니라 누아르 영화를 보는 것 같습니다. 그리스도인에게 킬러 이야기는 낯설 테지만, 읽으면 인간을 선과 악으로 구분 짓기 어렵다는 것을 느낄 수 있습니다.

킬러 '추'는 여자를 살려 주면서 사창가로 돌아가지 말라고 경고합니다. 하지만 여자는 죽을 줄 알면서 돌아갔습니다. 잘 모르는 낯선 곳으로 가는 두려움보다 역겨움을 견디는 게 쉬웠기 때문입니다. 도시가 싫고 직장이 싫다면서도 꾸역꾸역 버티고 있는 이유는 뭘까요? 작가는 압니다. 우리도 그 여자와 다르지 않다는 걸요. 작가는 말합니다. "자기가 살고 있는 곳이 지옥인지도 모르고 허겁지겁 살고 있는 게 바로 지옥이지."[157]

천명관의 『고래』는 500페이지가 넘어도 금세 읽습니다. 두꺼워 보여도 일단 읽으면 멈추지 못합니다. 이야기가 진짜 재밌습니다. 소설은 노파와 금복과 금복의 딸 춘희의 굴곡진 인생 이야기를 들려주는 방식으로 진행됩니다. 첫 페이지를 넘기면 "인생을 살아간다는 건 끊임없이 쌓이는 먼지를 닦아 내는 일이야"[11쪽]라는 문장이 나옵니다. 춘희와 같은 감방에 있던 여죄수의 말인데, 그게 우리네 인생 같습니다.

소설 속 인물들이 보여주듯이 사회나 다른 사람이 원하는 대로 살기를 거부해야 하지만 쉽지 않습니다. 유혹이나 미혹에 흔들리지 않으려면 자신의 존엄성을 인식해야 합니다. 자신이 존엄한 존재라는 사실을 인지한 사람은 결코 현혹되지 않습니다. 성경이 가르치는 삶을 살려면 우리는 인간다움을 알아야 하고 그걸 알면 존엄한 삶을 살게 되어 있습니다. 이것을 『나를 보내지 마』도 다루고 있습니다.

『나를 보내지 마』는 인간에게 장기를 기증하는 게 존재 목적인 복제된 클론들의 삶을 그린 작품입니다. 영국 작가 가즈오 이시구로[2017년 노벨문학상 수상]의 대표작입니다. 어느 날 마담은 클론들의 그림과 시를 수집해 갔습니다. 이 일로 마담은 알게 됩니다. 바로 창작은 클론도 영혼을 가졌다는 증거라는 걸요. 읽고 나면 무엇이 인간을 인간답게 만들고 그 인간의 한계가 무엇인지가 묵직하게 다가옵니다.

『설계자들』김연수, 문학동네, 2010

『고래』천명관, 문학동네, 2014

『나를 보내지 마』가즈오 이시구로, 민음사, 2009

5장

나다운 나로 산다는 것

이 책은 좀 두꺼워서 읽는 데 시간이 걸릴 것입니다. 하지만 보통 사람의 인생 이야기도 훌륭한 신앙 이야기가 된다는 걸 경험하게 될 것입니다. 그리고 책을 읽다가 아주 잠깐이라도 자신의 삶과 겹쳐 읽게 될 것입니다. 나는 누구인지 궁리하고, 자기 생각을 자신의 말로 표현하는 게 왜 중요한가를 배워 가는 소녀를 따라가다 보면 알게 됩니다. 그 모습이 꼭 복음서에서 진리를 깨달아 가는 제자들의 모습을 닮았다는 걸요.

이 책은 회고록입니다. 실화이지만 꼭 소설 같습니다. 그게 참 신기했고 그래서 매력적으로 다가왔습니다. 이 책은 열여섯이 되어서야 세상으로 나온, 그리고 배움이란 게 뭔지를 처음 알게 된 소녀의 이야기입니다. 대학입학자격시험[ACT158]을 볼 때까지도 소녀는 출생증명서가 없었고, 병원이나 학교에도 가 본 적이 없었습니다. 공교육과 의료 서비스는 정부가 국민을 세뇌하는 방법이라고 여기기에 이용하지 않은 것입니다.

이뿐이 아닙니다. 여름이 되면 가족은 복숭아, 살구, 사과로 소스를 만들었습니다. 소스는 병에 담아 밀봉하고 라벨을 붙인 다음 아버지가 굴삭기로 들판에 파서 만든 지하 저장고에 보관했습니다[141쪽]. 일종의 비상식량입니다. 같은 이유로 라이플 열두 자루 정도를 구덩이에 묻었고, 1,000갤런짜리 기름 탱크도 땅속에 묻었습니다. 정부군이 싸울 때를 대비한 것이고, 비상시나 세상의 종말이 왔을 때 가족 모두 쓰기 위해서입니다.

타라 가족은 심판의 날을 기다리며 삽니다. 지금도 해가 빛을 잃고 달이 피로 물드는지 살피면서 살고 있습니다. 생계를 위해서 폐철 처리장을 운영하지만, 여윳돈이 생기면 무조건 식량과 무기와 연료를 비축하는 데 씁니다. 잘 때도 머리맡에 피신용 가방을 두고 잡니다[30쪽]. 이들은 군대로 치면 5분 대기조처럼 살고 있습니다. 타라 웨스트오버가 1986년생인 게 놀라웠습니다. 그건 19세기나 제3세계에서나 일어날 법한 일입니다.

『배움의 발견』은 열여섯 살까지 학교에 가 본 적 없던 소녀가 케임브리지 박사가 되기까지의 이야기입니다. 결과는 극적이지만 그 시작은 작은 호기심이었습니다. 아버지는 타라가 열 살이 될 때까지 모스 부호만 가르쳤습니다. 아버지는 "전화선이 끊어져도 우리는 끄떡없어"[85쪽]라고 말했지만, 타라는 궁금했습니다. 모스 부호를 우리 가족만 쓰는데 도대체 누구랑 소통하겠다는 것인지. 의심하고 분별하는 눈이 생긴 것입니다.

우리는 다양한 시선으로 사람과 사안을 볼 수 있어야 합니다. 한 번 뒤집어 생각하고 한 번 비틀어 생각하면 새로운 생각이 보이지만 이게 쉬운 일이 아닙니다. 긍정하되 의심하고 비판하지 못하면 근본주의가 뿌리를 내리기 쉽고, 이게 뿌리를 내리면 음모론이 자리를 잡는다는 걸 타라가 자신의 삶으로 보여줍니다.

타라는 아버지를 이렇게 묘사합니다.

> 아버지가 입을 열면 우리는 모두 침묵을 지켜야 했다.[352쪽]
>
> 열성에 불이 붙은 아버지는 한 시간도 넘게 이야기를 하면서 똑같은 말을 반복, 또 반복했다.[66쪽]
>
> 아버지는 어떤 주제가 됐든 납득할 수 있는 두 가지 다른 의견이란 존재할 수 없다고 가르쳐 왔다.[214쪽]

그래서 다음 문장을 읽는 순간 가슴이 뻥 뚫리는 것 같았습니다. 공감했기 때문입니다.

> 아버지가 내게서 쫓고자 하는 것은 악마가 아니라 바로 나 자신이었다.[471쪽]

왜 아버지는 딸에게서 '나다운 나', '생각하는 나'를 없애려고 했을까요? 그 구체적인 내용을 이제부터 밝히고자 합니다. 아이러니하게도 이 모든 건 타락한 세상에서 자신의 가족만은 제대로 살고 싶은 마음에서 시작되었습니다. 아버지는 모르몬 교인입니다. 우리는 그를 이단으로 부르지만, 그는 청교도적 신앙관을 갖고 있습니다. 아버지에게 삶의 목적은 하나, 재림을 준비하며 사는 것. 그게 아버지의 존재 목적이었습니다.

저자가 여섯 살 때의 기억입니다. 아버지는 거실 소파에 앉았고 엄마는 그 옆에 앉았고 아이들은 카펫 여기저기에 옹기종기 앉아 있습니다. 아버지가 이사야서 7장^{앗수르의 침략}으로 북 왕국 이스라엘의 멸망을 경고하는 내용을 읽다가 15절 말씀에서 멈추었습니다.

> 그가 악을 버리며 선을 택할 줄 알 때가 되면 엉긴 젖과 꿀을 먹을 것이라.^{이사야 7:15}

꿀과 엉긴 젖은 하나님의 복을 뜻합니다^{출애굽기 3:8; 욥기 20:17}. 아브라함이 천사를 대접할 때 내놓은 게 요구르트^{엉긴 젖}입니다. 이것은 귀한 손님을 대접하는 음료이고, 이게 발효되면 치즈가 됩니다^{히브리 단어 '헴아'를 개역개정에선 '엉긴 젖'으로, 개역한글에서는 '뻐터'로 번역했다}. 이게 사사기에도 나옵니다. 하솔의 장군 시스라가 사사 바락에게 쫓길 때 갈증이 나자 얻어 마신 게 요구르트였습니다^{사사기 4:19~21, 5:25~26}.

아버지는 이 구절이 중요하니 그 뜻을 주님께 묻겠다고 말했습니다. 아버지는 예수 그리스도를 예표하는 이 구절에서 엉뚱하게도 엉긴 젖과 꿀에 꽂힌 것입니다. 이사야가 둘 중 어떤 게 선한 것인지 말하지 않았으니 주님께 묻겠다고 했습니다. 다음 날 아침 아버지는 냉장고에서 우유, 요구르트, 치즈를 뺐고 대신 꿀로 채웠습니다. 아버지는 오독했지만, 직통 계시가 더해지니 취소하거나 이의를 제기할 수 없었습니다.

엄마

타라는 자신이 여자라는 게 싫었습니다. 항상 아버지는 말하고 엄마는 들었습니다. 타라는 그게 싫었습니다. 방법만 있다면 오빠와 자신을 바꾸고 싶었습니다. 나는 크면 엄마가 되지만 오빠는 아버지가 될 것이니까요. 엄마가 된다는 건 듣는 사람이 되는 것입니다. 질서에 순응하는 대상이 되는 것입니다. 하지만 오빠 숀은 아버지가 될 것입니다. 뭔가를 결정하고 가족의 질서를 잡는 사람이 되는 것입니다.

오빠 숀은 난폭합니다. 자기 멋대로여서 때론 권위적인 아버지도 통제하지 못할 정도입니다. 나중에 타라는 언니 오드리도 자신처럼 숀 오빠의 폭력을 겪었다는 걸 알게 됩니다. 이전에 언니는 오빠에게 맞았다는 사실을 엄마에게 말했지만 엄마는 믿어 주지 않았습니다418쪽. 막내 타라가 같은 일을 말했을 때에야 엄마가 믿어 주었습니다. 엄마는 타라와의 채팅에서 이렇게 썼습니다.

너는 내 딸인데, 내가 너를 보호했어야 했는데.422쪽

후회 섞인 말입니다. 이 말을 꺼내는 데 정말 오래 걸렸지만 그래도 이 말을 꺼낸 것 자체가 매우 중요합니다. 엄마가 엄마로서 딸을 제대로 지켜 주지 못해서 미안하다고 말하는 순간, 엄마는 처음으로 자신이 되고 싶었던 엄마가 되었습니다. 좀 늦긴 했지만, 엄마는 강해졌고 엄마 역시 '나다운 나'가 되는 길에 들어선 것입니다. 안타까운 건 사람들이 느껴도 행동하지 않고, 공감한다

면서 쉽게 잊는 것입니다.[159] 언니가 그랬고 엄마도 그랬습니다.

내가 사라지는 과정

오빠 숀은 습관적으로 여자친구에게 일을 시켰습니다[179쪽]. 물을 달라고 했다가 가져오면 얼음물을 원했습니다. 얼음물을 가져오면 우유를 원했고, 다시 물, 얼음물, 얼음을 넣지 않은 물, 주스로 바꿨습니다. 그러다 집에 없는 것을 원하면 여자친구는 읍내까지 가서 사 왔습니다. 사 오면 다른 것을 요구했습니다. 하루는 오빠가 타라에게 물을 좀 가져오라고 시켰습니다. 타라는 가져온 물을 오빠 머리에 부었습니다.

화가 난 오빠는 타라의 머리카락을 잡고 손목을 꺾어서 억지로 사과를 받아 냈습니다. 오빠가 간 뒤 타라는 목욕탕 거울에 비친 자신을 보면서 울었습니다. 폭력에 굴복한 자신이 미웠던 것입니다. 그래서 타라는 자신이 아프지 않았다면 오빠에게 굴복하지 않을 수 있었을 거라고 생각했습니다. 그래서 자신을 아무것도 느끼지 못하는 '돌'이라고 세뇌합니다. 하지만 타라는 이것이 얼마나 위험한 행동인지 몰랐습니다.

타라는 굴복하는 자신이 싫어서 '나'를 지우려 합니다. 나라고 했지만, 그 나는 '생각하는 나'입니다. 생각하는 나를 지우고 나면 그 자리를 무엇이 대체할까요? '세뇌된 나'입니다. 그 일을 언니 오드리가 겪었습니다. 숀 오빠에게 맞서는 게 두려워 자신을 지운 것입니다. 동생이 오빠에게 맞았다는 걸 알고도 모른 척한 건 그래야만 마음이 편했기 때문입니다. 타라는 자신을 찾기 시작하며 알게 됩니다. 자기 삶이 아버지의 목소리로 채워져 왔다는 걸 말입니다.

자기 느낌을 가져 보는 것, 이것이 진짜 자아를 갖는 것입니다. 이걸 문학과 영화가 자주 보여줍니다. 『갈매기의 꿈』[16)]에서 갈매기 조나단이 하늘을 나는 것, 〈쇼생크 탈출〉에서 앤디 듀프레인이 모차르트의 오페라 〈피가로의 결혼〉의 소프라노 듀엣곡 편지의 이중창 '저녁 산들바람은 부드럽게'를 틀어서 죄수들이 잠시 자유를 느끼게 하는 것, 〈죽은 시인들의 사회〉에서 선생님이 학생들에게 자기가 걷고 싶은 대로 걷게 한 것들입니다.

음악을 듣고 걷는 게 실은 엄청난 일입니다. 그것도 자기만의 느낌으로, 자기만의 걸음으로 말입니다. 키팅 선생님이 학생들을 밖으로 불러서 원을 그리며 돌게 했습니다. 서로 걷는 속도가 달라서 대열이 엉켰습니다. 한데 시간이 흐르자 속도와 발걸음이 맞춰졌습니다. 함께도 중요하지만 나도 중요합니다. 대를 위해 소를 희생하고 국가를 위해 개인을 희생하는 걸 당연시하면 안 됩니다. 키팅의 수업이 완벽하다고 할 수 없지만 생각하게 합니다.

타라에게 배움은 영화 〈매트릭스〉 속 빨간 알약과 같습니다. 매트릭스는 고통이 없고 모두가 행복한 곳입니다. 수억이 이곳에 살고 있습니다. 하지만 진짜가 아닙니다. 빨간 알약을 한 번 삼키면 각성하여 무엇이 진짜 현실인지를, 기독교식으로 비유하면 우리가 죄인임을 알게 됩니다. 하지만 다수는 이걸 알지 못하며 그걸 알 기회가 주어져도 선택하지 않습니다. 각성하는 순간 삶이 피곤해지기 때문입니다.

사이퍼는 각성하여 저항군이 되었지만 사는 게 피곤해지자 매트릭스로 돌아갔습니다. 그게 허상이란 걸 뻔히 알면서도요. 이게 부자 청년 마태복음 19장; 마가복음 10장과 데마 디모데후서 4:10이고, 언니 오드리의 모습입니다. 두려운 건 이게 우리의 모습일 수도 있다는 것입니다. 그리스도인이라고 말하지만, 다수가 '어떻게 살 것인가'에 대해 고민이 없습니다. 그게 오빠 숀의 모습이고 또 우리의 모습입니다.

신앙 좋은 사람이 가지고 싶어 하는 것

신앙 좋다는 사람들이 가장 갖고 싶어 하는 게 권위입니다. 이 권위가 겸손한 삶으로 주어지면 좋은데, 대개는 예언과 은사 혹은 교회 성장으로 얻으려고 합니다. 그래서 유독 기도와 말씀과 전도를 강조합니다. 간혹 좋은 일이 일어나면 그걸로 한 십 년은 우려먹습니다. 늘 낮은 자리에서 하나님께 영광을 돌린다고 말하는데 나중에 보면 세습과 부패, 사회적 불의에도 연루되어 있습니다. 이런 모순된 모습은 문학의 소재가 됩니다.

스탠리 하우어워스[161]라는 분은 2001년 미국 최고의 신학자로 불렸는데, 그분이 한 고백이 놀랍습니다. "나는 기도하는 법을 배우는 데 평생이 걸렸다."[162] 조지 뮬러 이야기만 들어서 그런지 낯설기도 합니다. 그와 달리 어떤 분은 하나님의 음성과 하나님의 뜻을 너무나 쉽게 대언합니다. 타라 아버지 같은 사람일 텐데, 이런 두 가지 대조적인 모습에 고민이 됩니다. 이건 자신뿐 아니라 교인들까지 불행하게 만들 수 있습니다.

교회 안팎에서 말썽꾼은 근본주의적 성향이 강하고,[163] 자신을 하나님의 사자使者라고 생각합니다. 한데 문맥context을 읽는 눈이 없어 교회사, 사회적 이슈, 혹은 삶에서 나타나는 복잡한 문제들을 '세상, 죄, 기도'라는 말로 단순화시킵니다. 균형 잡힌 시각이 없으니 타협과 중립이 없습니다. 모든 걸 흑과 백, 옳음과 그름으로 구분하고, 자기가 모르는 건 틀렸다고 여깁니다. 논리에서 밀리면 말세의 징후나 하나님의 뜻을 내세웁니다.

한국 교회는 하나님께 묻는 걸 중시합니다. 하지만 하우어워스는 세세하게 묻지 않았습니다. 그저 아픈 아내를 돌보며 가르칩니다. 조울증인 아내는 시도 때도 없이 분노하고 폭언하고 비명을 지릅니다. 그는 아내와 살며 미친 듯 외로웠습니다. "누군가를 사랑하는 한, 우리는 노력해야 한다"고 말하지만, 진짜 그 말이 무슨 뜻인지 우리는 잘 모르는 것 같습니다. 하나님이든 가족이든 누군가를 사랑한다는 건 쉽지 않습니다. 문학은 이를 소재나 주제로 삼습니다.

하나님을 아는 지식과 인간을 아는 지식은 서로 연결되어 있습니다. 하지만 이 연결이 끊어질 때가 있습니다. 바로 근본주의적 시각이 득세할 때입니다. 근본주의적 시각이 득세하면 자기 폐쇄적으로 변해 성경만 읽고 하나님만 바라봅니다. 자신만이 진리를 깨달았다고 여기지만 실제론 자기 생각에 갇혀 눈과 귀를 닫고 삽니다. 『장미의 이름』, 『포이즌우드의 바이블』[164] 같은 소설이 그릇된 자기 확신에 빠진 종교인의 모습을 보여줍니다.

자기 확신에 빠진 사람은 질문하지 않습니다. 자기 확신에 빠지면 교회에 대해서도 자기 자신에 대해서도 질문하지 않습니다. 북한에선 아예 질문이 없습니다. 중국은 있지만, 제한적으로만 허용합니다. 1960~80년대 군부독재가 득세하던 남미에서는 사람들이 자주 사라졌습니다. 이런 나라에서 지식인들의 발언을 단속하는 것은 흔한 일입니다.

질문하지 않는 사회에서는 변화, 배움, 혁신이 없습니다. '왜'라고 묻지 않으니 독창적인 생각이 나오기 어렵고 남의 걸 베껴도 부끄러운 줄 모릅니다. 질문하지 않으면 교회도 같아져서 교회 인간형, 즉 예배에 빠지지 않고, 헌금 잘하고, 담임목사 말을 잘 듣고, QT하고, 봉사하는 사람을 높이 삽니다.[165] 하지만 기독교의 목적은 착한 사람을 만드는 게 아닙니다. '왜'는 생각의 자극을 받을 때 나오는 반응입니다. '왜'가 없으면 신앙의 업그레이드가 쉽지 않습니다.

고전이 위대한 것은 시대마다 새롭게 읽히기 때문입니다. 성경도 마찬가지입니다. 성경의 메시지는 불변하지만 그걸 해석하는 눈은 시대마다 달라집니다. 하나님의 음성은 루터에게서 보듯이 말씀을 새롭게 해석하는 누군가를 통해서 그가 살아가는 시대에 영향을 미칩니다. 이게 이날치의 "범 내려온다"입니다. 하지만 우리는 변하지 않는 절대적인 해석을 찾고 싶어 합니다. 이게 판소리 "수궁가"입니다.

인생은 정답이 아니라 해답을 찾아가는 과정입니다. 그리고 해답을 찾는 과정에서 자신이 선택한 방식에 최선을 다하는 것이 신앙입니다. 하우어워스는 "신앙은 답을 모른 채 계속 나아가는 법을 배우는 일"[166]이라고 말하지만 듣는 이가 적습니다. 믿음은 근사한 일이 없어도 하나님의 신실하심을 붙들고 하루를 견뎌 내는 것이지 하나님을 통해 뭔가를 얻는 것이 아닙니다. 믿음은 삶이 내 뜻대로 되지 않음을 인정하는 데서 시작합니다.

자유도 생명도 싸워 얻은 자만이 누릴 자격이 있다

1장에서 기형도의 시와 짐 콜린스의 문장 이야기를 하면서 단테의 『신곡』을 잠깐 언급한 적이 있습니다. 『신곡』은 이렇게 시작합니다. "우리 인생길 반 고비에/ 올바른 길을 잃고서 난/ 어두운 숲에 처했었네."[167] 반 고비는 영어로는 'midway in our life's journey'[168]라고 표현하고 독일 작가 루이제 린저의 말을 빌리면 '삶의 한가운데'가 될 것입니다.[169]

'인생길 반 고비'는 단테가 35세 되던 해 1300년을 가리킵니다. 단테는 인간의 수명이 70세라고 본 시편의 판단시편 90:10을 받아들였습니다. 14세기 초, 70세까지 산 사람은 인구 중 5퍼센트도 되지 않았습니다. 1300년은 단테 인생의 최고 절정기였습니다. 당시 그는 도시 피렌체[170]를 다스리는 최고위원 6명 중 한 명으로 선출되었습니다. 하지만 절정은 곧 하강의 시작이기도 합니다. 그는 2년 후 추방되어 『신곡』을 쓰게 됩니다.

하루의 절정은 낮 12시이고 일 년의 절정은 7월 2일입니다. 그렇다면 인생의 절정은 언제일까요? 80년을 산다면 40세이고 백년을 산다면 50세입니다. 그러나 김연수 작가는 "스무 살이 지나고 나면 스물한 살이 오는 것이 아니라 스무 살 이후가 온다"[171]

고 말합니다. 『스무살』에서 보듯 젊은 날은 그 자체로 아름답고 찬란하지만 그때는 그걸 알지 못합니다. 그래서 풋풋한 젊음을 화장으로 감추곤 합니다.

마가렛 미첼이 쓴 『바람과 함께 사라지다』[172]라는 작품이 있습니다. 소설은 조금 읽었고 영화는 오래전에 봤는데도 엔딩 씬은 기억납니다. 스칼렛 오하라는 철없는 아가씨였습니다. 그는 남북전쟁으로 인생이 뭔지, 배고픔이 뭔지 알게 됩니다. 그리고 메마른 땅을 일구다 노을을 바라보면서 분노하듯 외칩니다. "하나님께 맹세컨대, 다시는 굶지 않을 거야."[173] 저는 이 순간이 스칼렛 인생의 절정이라고 생각합니다.

애플의 창시자 스티브 잡스는 1955년에 태어나 2011년에 별세했습니다. 그는 겨우 56년을 살며 또렷한 삶의 흔적을 남겼지만, 그의 인생 중 절정은 52세였을 것입니다. 2007년 1월 9일 바로 스마트폰 시대의 첫 시작, 아이폰을 처음 발표할 때입니다. 꼭 마술쇼 같았습니다. 잡스를 보면 파우스트 박사의 절정이 언제인지도 가늠됩니다. 분명 그가 순간을 향해 "멈추어라, 너 정말 아름답구나!"[174]라고 외쳤을 때였을 것입니다.

"멈추어라! 너 정말 아름답구나!"[175]는 파우스트가 악마 메피스토펠레스와 맺은 계약 조건이었습니다. 이 말을 하지 않는 한 파우스트는 메피스토펠레스를 영원히 종으로 부리며 무엇이든 마음껏 할 수 있었습니다. 과거로 돌아가 절세 미녀와 결혼할 수도 있고 원하는 쾌락을 다 누릴 수 있었습니다. 그도 초반엔 쾌락에 휘둘렸지만, 그에게도 하나님이 주신 선한 양심이 있었습니다. 그는 결국 고결한 이상을 추구합니다.

『파우스트』끝부분에 가면 그는 자유도 생명도 날마다 싸워서 얻은 자만이 누릴 자격이 있다는 걸 깨닫습니다. 유토피아 같은 땅에서 백성과 함께 자유롭게 살 생각을 하니 기쁨이 용솟음쳤고 그걸 주체하지 못해 외칩니다. "멈추어라, 너 정말 아름답구나!" 이 외침이 주는 느낌은 꼭 에스더서에서 "죽으면 죽으리라"^{에스더} ^{4:16}를 읽었을 때 느꼈던 그 느낌이었습니다. 뭔가 찌릿한 게 느껴지고 '새로운 시선'으로 생각하게 됩니다.

저는 『파우스트』를 고등학교 1학년 때 처음 읽었지만 정말 억지로 읽었습니다. 고전명작이라는 브랜드 네임이 없고 악마와 거래를 한다는 유혹적인 소재가 아니라면 결코 읽지 않았을 것입니다. 하지만 『파우스트』는 그리스도인의 핵심 이슈인 '구원'을 다룹니다. 역자가 아무리 번역을 잘해도 옛날식 문체로 인해 읽기가 힘듭니다. 하지만 이렇게 상황을 바꾼다면 힘들어도 한 번은 읽을 것 같습니다.

어느 회사에서 이런 일이 있었다고 가정을 해봅니다. 프로젝트가 한 85퍼센트쯤 진행되어 마지막 점검 차 회의를 열었습니다. 그런데 한 직원이 이번 프로젝트를 접고 처음부터 다시 시작해야 할 것 같다고 어렵게 입을 떼었습니다. 듣고 보니 치명적인 하자가 발견된 것입니다. 원점에서 다시 시작하자니 미리 확인하지 못한 팀장이 책임을 져야 하고, 덮고 가자니 양심에 걸립니다. 그때 다른 팀원이 이런 제안을 합니다.

"일단 제품을 납품하고 나서 바로 애프터서비스에 들어가면 어떨까요?"

여러분이 팀장이고 회사의 CEO라면 어떻게 하겠습니까. 이것이 악마에게 영혼을 파는 계약을 하게 된 파우스트가 처한 상황이었습니다. 파우스트가 겪는 상황을 자동차에 연결하면 포드 핀토Ford Pinto입니다.[176] 연료탱크에 심각한 결함이 있었지만 CEO는 덮는 쪽을 선택했습니다. 사고가 나서 피해보상을 해주어도 그게 결함을 고치는 비용보다 적게 들었기 때문입니다. 이 당시 CEO의 우선순위는 안전이 아니라 스타일링이었습니다.[177]

같은 상황을 기독교적 콘텍스트에 넣으면 김은국의 『순교자』나 엔도 슈사쿠의 『침묵』이 됩니다. "여러분, 주님을 위해 생명도 드릴 수 있습니까" 하고 누가 묻는다면 다들 "아멘" 하고 답을 할 것입니다. 저도 아멘 합니다. 하지만 『순교자』나 『침묵』을 읽고 나면 고민할 것입니다. 자신이 비겁하고 연약하다는 걸 알기 때문입니다. 그래서 문학이 필요한 것입니다. 문학을 읽으면 겸손해집니다. 비겁하고 연약한 등장인물과 자신을 겹쳐 읽기 때문입니다.

무언가 이전과 다르게 깨닫는 것

『신곡』의 첫 문장은 밋밋하지만, 파우스트 박사나 스칼렛의 말은 다릅니다. 에스더 왕후의 말은 더 말할 것도 없습니다. 성서학자 마커스 보그가 신앙을 '새롭게 보는 방식'[178]이라고 설명한 것을 흥미롭게 읽은 적이 있습니다. 저도 파우스트나 김연수 작가가 느꼈을 그런 느낌을 살짝 경험한 적이 있습니다. 움베르토 에코의 소설 『장미의 이름』을 읽다가 이런 문장을 만났을 때입니다.

진정한 배움이란, 우리가 해야 하는 것과 할 수 있는 것만 알면 되는 것이 아니야. <u>알 수 있었던 것</u>, 어쩌면 해서는 안 되는 것까지 알아야 하는 것이야.[179] 밑줄 필자

'알 수 있었던 것'이란 구절에 밑줄이 쳐져 있습니다. 저에게 특별하다는 뜻입니다. 이 구절을 처음 만났을 때 도리스 레싱의 '평생 알고 있었던 걸 어느 날 갑자기 완전히 새롭게 이해하는 것'이라는 말이 떠올랐고 '양파 한 뿌리'[180]도 생각났습니다. 『카라마조프가의 형제들』에 나오는 일화에 보면, 지옥에 있던 노파는 양파 한 뿌리가 구원의 기회였다는 걸 알 수 있었습니다. 하지만 자기만 살겠다는 욕심 때문에 이를 놓치고 맙니다.

에코가 말하고 싶었던 '알 수 있었던 것'은 한국에서도 찾을 수 있습니다. 2021년 7월, 2인조 카빈 강도 이야기를 TV 방송에서 보게 되었습니다.[181] 1974년 7월 25일 저녁에 일어난 사건입니다. 경찰이 2년간 쫓던 범인이 드러났습니다. 이종대[40세, 전과 12범]와 문도석[33세]이었습니다. 체포가 임박하자 문도석은 아들을 죽이고 자신도 자살했습니다. 7살 아들은 가슴에 총상을 입고 죽었습니다. 이종대도 아내와 두 아들[6세, 3세]을 죽이고 자살했습니다.

50년 전 이 사건은 동반자살로 보도되었습니다. 아이는 피살된 것이지만 당시에는 그걸 표현할 용어가 없었습니다. 최근 20년 동안 국내에서 총 247건의 동반자살이 있었고 피해자 대부분은 9살 이하였습니다. 아이러니한 건 형법 제250조에 의하면 자식이 부모를 죽이는 건 패륜 범죄로 가중 처벌되지만, 부모가 자식을 죽이면 가중 처벌이 없고 정상참작으로 감형도 가능하다는 것입니

다. 뭔가 잘못된 것이 분명한데, 이것은 '알 수 있었던 것'이었습니다.

50년 동안 반복된 일인데 그걸 알지 못했다니 슬프고 화가 납니다. 맥락은 달라도 이게 신앙인의 삶에서도 일어날 수 있습니다. 유튜브에서 '짱하로그'를 보게 되었습니다. 이제 겨우 34세인데 남편이 암으로 세상을 떠났습니다. '하나님 저도 데려가 주세요'라는 말에 가슴이 저려 왔습니다. 남편이 떠난 현실은 서글프고 화나고 비참했습니다. 그런데 얼굴 한 번 보지 않은 블로그 이웃들이 찾아와서 깊은 위로를 전해 주었습니다.

대륙 이동설은 중1 과학수업과 고등 지구과학 1에 나오는 개념입니다. 1912년 1월 독일의 기상학자인 알프레드 베게너가 3억 년 전 지구가 하나의 대륙이었는데 균열을 일으켜 지금의 여러 대륙으로 분리되었다고 주장했습니다.[182] 당시 베게너의 주장은 인정은커녕 어리석다는 소리를 들었습니다. 기상학자인 그가 지질학자들의 전문분야에 뛰어들어 말도 안 되는 주장을 한다고 생각했기 때문입니다.

베게너의 타계로 대륙 이동설은 잊혔지만, 소수의 학자가 그의 주장에 흥미를 느꼈습니다. 2차 대전 이후 이루어진 해저탐사와 지자기학의 발달로 대서양 해저와 아프리카를 지나가는 2개의 극이동 궤도가 일치한다는 게 밝혀졌습니다. 지진과 화산 활동과 쓰나미는 판의 움직임이 가져온 결과라는 사실도 밝혀졌습니다. 베게너는 사후 30년 만에 인정을 받았습니다. 그가 기상학자가 아니라 지질학자였다면 분명 달랐을 것입니다.

이런 생각들이 겹치자 『장미의 이름』이 새롭게 다가왔습니다.

그래서 에코의 문장을 다시 읽었습니다. 꼭 하나님이 준비해 놓으신 문장이라는 기분이었습니다. 저는 하나님이 저를 위해 이 소설과 이 문장을 준비시켰다고까지 생각했습니다. 저는 이런 느낌을 『주홍 글자』와 『순교자』와 『침묵』을 읽다가 받은 적이 있습니다. 책을 읽다 어떤 강렬한 느낌을 경험하면 꼭 영혼이 한 뼘쯤 자란 듯한 느낌이 듭니다.

여러분이 알아챘는지 모르지만 제가 괴테, 단테, 레싱, 김연수, 린저, 에코, 미첼, 베게너의 작품을 읽은 시기는 제각각입니다. 한데 이들이 '알게 되다'라는 지점에서 겹치고 있습니다. 그것이 바로 '뭔가를 이전과 다르게 깨닫는 것'입니다. 저는 이들이 겹칠 것이라고 상상하지 못했지만, 어느 순간 머릿속에서 겹쳐지는 것이 느껴졌습니다. 독창성은 새로운 방법이 아니라 언제나 새로운 시각에서 나온다는 게 놀랍게 다가왔습니다.

생각하는 법

타라의 경험을 설명하기 전, 잠시 플루트 연주자의 경험을 나누려고 합니다.[183] 한 여학생이 플루트를 잘하고 싶어 미국으로 유학을 떠났습니다. 그때가 열여섯이었습니다. 타라가 세상으로 나온 시기와 같습니다. 당시 선생님의 나이는 여든이었습니다. 궁금한 게 있으면 다 대답해 주었지만 한 가지 아쉬운 게 있었습니다. 해석에 관해서 물으면 "네가 생각해 봐"라고 하셨고, 어떤 해석이 좋은지 물으면 이렇게 대답했습니다.

여기서 내가 답을 고르면 그건 내 음악이야. 네가 골라야 네 음악이지. 잘 연구하고 생각해 봐. 그래야 본인의 색깔과 스타일이 나온다.

여학생은 선생님의 교육 방법에 일 년 반이 되도록 적응하지 못했습니다. 그냥 가르쳐 주시면 고민 없이 더 빨리 더 잘 배울 텐데 늘 아쉬웠습니다. 그래도 이런 교육을 2년 정도 받다 보니 음악을 자기 스타일로 해석하는 게 몸에 익었습니다. 생각하는 법을 배운 것입니다. 어떤 곡을 하든 자신이 생각하는 대로 연주하자 선생님은 '바로 그거야'라고 기뻐하셨습니다. 나만의 스타일에 대한 눈이 열린 것입니다.

여학생이 다닌 음악 학교에서는 플루티스트가 학년별로 한 명씩 총 네 명이 있는데 이 네 명이 모두 다른 스타일로 연주했습니다. 모두 같은 선생님에게 배웠음에도 말입니다. 한국이라면 보통은 연주만 들어도 '누구 선생님의 제자로구나'라는 소리를 들었을 것입니다. 청출어람 청어람을 이루려면 나만의 스타일, 나만의 생각을 가져야 합니다. 복음서에서도 예수님은 이런 말씀을 하셨습니다.

진실로 진실로 너희에게 이르노니 나를 믿는 자는 나의 하는 일을 저도 할 것이요 또한 이보다 큰 것도 하리니 요한복음 14:12.

배움은 '나 다운 나'가 되는 법을 배우는 것

가족 모두 길을 잃었지만, 아무도 알지 못했습니다. 셋째 오빠 타일러가 이걸 처음 알았습니다. 아버지는 공교육은 신에게서 멀어지게 하려는 정부의 음모라고 말했지만, 오빠는 대학에 갈 생각을 했습니다. 게다가 오빠는 아버지가 싫어하는 음악을 들었습니다^{80쪽}. 타라도 처음엔 그런 오빠를 이해하지 못했습니다. 후에 자기가 아버지의 눈으로 보았기 때문인 걸 알았지만 그때는 몰랐습니다. 한 번도 진짜 '나'로 살아 보지 못했기 때문입니다.

왜 하나님은 연약한 인간 안에 '하나님의 형상'이란 어마어마한 보물을 담으신 것일까요. 왜 하나님은 우리를 잠시나마 이 땅에서 살도록 하셨을까요? 하나님의 사람이 되려면 성경을 읽고 기도하는 것 못지않게 '나 자신을 아는 노력'이 필요합니다. 구원은 확신이 아니라 열매로 확인되고^{마태복음 7:21~23, 25:35~40}, 인생과 신앙은 그 기본이 '나 자신을 아는 노력'을 통해서 확인됩니다. 타라는 이런 조언을 들었습니다.

> 자신이 누군지를 결정하는 가장 강력한 요소는 그 사람 내부에 있어요.^{381쪽}

타라는 '나다운 나'로 살고 싶어 고민했습니다. 참 대단한 고민입니다. 많은 걸 보고 자란 우리도 타라 같은 생각을 못 할 것이기 때문입니다. 한국의 경우를 봐도 우리는 어떤 교단, 교회, 학교, 회사, 단체, 지역, 밴드나 카톡방에 속해 있고, 그 단체가 나의 견해

나 내가 느끼고 생각하는 방식을 결정하기도 합니다. 우리는 생각만큼 자유롭거나 주체적으로 살지 못합니다.

나다운 나를 강조하는 이유는 단순합니다. 다른 사람의 생각에 휘둘리지 않기 위해서입니다. 내가 없고 우리만 있으면 어떻게 될까요? 권위나 힘을 가진 사람의 생각에 휘둘리기 쉽습니다. 큰 그림, 하나님의 나라에 몰입하다 보면 내 생각, 내 감정을 깜빡 잊을 수 있기에 자기 생각을 지키려면 공부를 해야 합니다. 저는 그게 독서와 글쓰기라고 생각합니다. 타라 역시 『배움의 발견』을 썼다는 게 답이 됩니다.

타라는 처음엔 공부의 목적이 대학 진학인 줄 알았습니다. 하지만 공부의 진짜 목적은 바로 '나다운 나'가 되는 법을 배우는 것이었습니다. 나답게 사는 건 특권이고 공부에 쏟은 시간은 이 특권을 사려고 치르는 값이었습니다. 이런 특권이 뭔지를 알자 타라는 아버지가 자신에게서 쫓아내고자 했던 게 악마가 아니라 바로 '자신'임을 깨닫습니다. 그러고 나서야 정상적이고 평범한 삶을 살겠다고 결심합니다.

벅스피크에 살던 가족 중 셋은 산을 떠났고 넷은 머물렀습니다. 셋은 박사학위를 가졌고 넷은 고등학교 졸업장도 없습니다. 그들 사이에 틈이 생겼고, 그 틈은 계속 커집니다. 이들을 가른 건 시간과 거리가 아닙니다. '변화된 자아'[506쪽]입니다. 이제 타라는 아버지가 기른 그 아이가 아닙니다. 아버지가 기른 소녀는 거울 속에 있지만 이제 타라는 거울 속의 소녀라면 내리지 못했을 결정을 내립니다. 타라는 그것을 교육이라고 부릅니다.

작가는 풍경 속의 풍경을 찍는다

프롤로그와 1장을 보면 저자는 '나'라는 주인공^{화자}과 다른 등장
인물과 사건이 전개될 무대를 소개합니다. 그리고 1인칭 관찰자
시점으로 사건을 설명하고 화자의 생각을 보여줍니다. 무대는 아
이다호주의 벅스피크^{Buck's Peak}입니다. 매년 눈이 녹을 때쯤 버펄
로 떼가 그곳으로 돌아옵니다. 계절이 바뀌는 그때 산의 모습을
화자는 이렇게 묘사합니다.

> 나는 지금 헛간 옆 버려진 빨간 기차간 위에 서 있다. 머리카락
> 이 세차게 부는 바람에 날려 얼굴을 때리고, 열린 셔츠 사이로
> 들어온 한기가 온몸으로 퍼져 나간다. 산에 이렇게 가까워지면
> 돌풍이 세다. 마치 산꼭대기가 숨을 내쉬는 것처럼. 저 아래 보
> 이는 계곡은 바람의 영향이 미치지 않아 평화롭다. 그러나 우리
> 농장은 춤을 춘다—무거운 침엽수들은 천천히 기우뚱거리고,
> 산쑥 덤불과 엉겅퀴들은 조그만 바람에도 벌벌 떨며 고개를 숙
> 인다. 내 뒤로 뻗은 언덕배기는 완만하게 올라가다가 산어귀와
> 만나 한 몸이 된다. 올려다보면 인디언 프린세스의 짙은 형체가
> 보인다.^{11쪽}

산에 대한 묘사가 소설 같습니다. 10행이나 됩니다. 저자는 멀
리서 산을 조감한 뒤 카메라의 눈을 산꼭대기부터 산어귀까지 줌
인하며 들이댑니다. 이를 통해 작가는 화자의 마음속 느낌이나 생
각, 깨달음 등을 밖으로 드러냅니다. 이것은 주관을 객관화하는

작업입니다. 이런 과정을 통해 화자는 자신의 느낌을 사적인 울타리 안에 가두지 않고 독자와 공유합니다. 하지만 설명이라면 달랐을 것입니다. 이렇게 말입니다.

나는 지금 헛간 옆 기차간 위에 서 있다. 나는 산을 살펴보았는데 바람이 세차다. 그 세기가 얼마나 센지 농장 옆 침엽수도 휘청거릴 정도이다.

설명의 역할은 간단합니다. 자신이 본 대로 똑같이 그리는 작업입니다. 잘 전하기 위해 문장을 짧게 하고, 형용사나 부사를 줄이고, 접속사를 피하고, 정확한 단어를 씁니다. 미국의 역사학자 조너선 스펜스 교수[184]는 사료에 충실하면서도 전달력을 높이려고 소설가처럼 이야기의 구조플롯를 짜기도 했습니다. 추리소설처럼 튼튼하고 교묘한 구조를 세워 독자가 계속 페이지를 넘기고 싶게끔 하였습니다.

3행으로도 설명되는데 왜 군이 길게 묘사할까요? 묘사에는 설명에 없는 게 하나 있기 때문입니다. 묘사는 보이는 걸 그대로 보여주지 않습니다. 반드시 경험한 감각을 재구성하는 과정을 거칩니다. 1~2초 동안 뭔가를 봤다면 작가는 그 경험을 재구성한 뒤 순차적으로 묘사하고, 이때 '카메라의 눈'이 작동됩니다. 타라는 카메라의 눈으로 얼굴, 셔츠, 흔들리는 침엽수, 언덕배기를 보여주는데 그때 숨겨진 풍경이 보입니다.

풍경 속에도 풍경이 있습니다. 이게 보일 때 사진작가는 셔터를 누릅니다. 산은 자신의 아름다움을 숨기곤 합니다. 타라 웨스트오

버의 인생이 그런 산을 닮았습니다. 프롤로그에서 살짝 보여주는 산 풍경은 타라의 내면을 보여줍니다. 평범한 풍경도 줌인하여 가까이 들여다보면 그 안에 어마어마한 세계가 들어 있습니다. 바로 이것이 영화 속 영상 이미지가 담을 수 없는 지점입니다.

〈오징어 게임〉에서 보듯 영상은 오감을 빠르게 자극합니다. 분명 드라마인데 꼭 영화처럼 느껴집니다. 영상 대신 대본으로 읽는다면 시간을 들여야 합니다. 하지만 시간을 들인 만큼 더 깊이 생각하고 더 오래 상상하게 하는 뭔가가 있습니다. 문장과 문장 사이에는 빠르게 지나가는 영상 이미지가 담을 수 없는 무언가가 있다는 것입니다. 그것이 어떤 이에게는 넘치는 답들을 정리해 줄 질문일 수 있습니다.

독자를 이야기 속으로 끌어들이는 '묘사의 힘'

소설마다 지향하는 바가 다릅니다. 『데미안』처럼 나를 일깨우는 성장 소설이 있고, 스티븐 킹의 소설처럼 흥미 위주의 소설도 있고, 『태백산맥』[185]처럼 역사의식을 깨우는 소설도 있고, 『난장이가 쏘아올린 작은 공』[186]처럼 사회의식을 깨우는 소설과 SF 소설도 있습니다. 소설마다 전달하고자 하는 메시지는 다를 것입니다. 하지만 장르는 달라도 작가가 독자를 이야기 속으로 끌어들일 때 쓰는 장치는 같습니다. 묘사입니다.

아예메넴의 5월은 덥고 음울한 달이다. 낮은 길고 후텁지근하다. 강물은 낮아지고, 먼지를 뒤집어쓴 채 고요히 서 있는 초록 나무에서 검은 까마귀들이 샛노란 망고를 먹어 댄다. 붉은 바나나가 익어 간다. 잭푸르트가 여물어 입을 벌린다. 과일향이 진동하는 공기 속을 방종한 청파리들이 공허하게 윙윙댄다. 그러다 투명한 유리창에 부딪혀 떨어져서는 햇볕 속에서 당황한 채 죽어 간다. …… 그러다 6월 초가 되면 남서 계절풍이 불어오고 석 달간 바람과 물이 계속되는데, 아주 잠깐 눈부신 햇살이 선명하게 뚫고 나오면 신이 난 아이들이 달려 나와 노느라 정신이 없다.[187]

소설 『작은 것들의 신』의 도입부입니다. 작가는 한참 묘사한 뒤 "라헬이 아예메넴으로 돌아왔을 때, 비가 내리고 있었다"고 씁니다. 그리고 그가 누군지 설명할 때 독자는 이야기에 빠져듭니다. 긴 묘사를 읽으며 마음이 열렸기 때문입니다. 묘사는 감성을 건드려서 독자가 이야기에 빠져들게 하고 동시에 상상의 눈을 열어 줍니다. 이것이 새로운 아이디어를 착상시킬 때 필요한 유연한 사고의 원천입니다.

철학자 아도르노는 풍경을 중요하게 보았습니다. 우리의 인간다움은 풍경을 통해 고양되고, 풍경을 많이 경험할수록 생각이나 감정이 열려서 자유로워지기 때문입니다. 18세기 영국의 철학자 조지 버클리는 "아무도 없는 숲에서 나무가 쓰러지면 소리가 날까?"라고 질문했습니다. 저는 소리가 나지 않았다고 생각합니다. 소리를 들을 인간이 없기 때문입니다. 그런 이유로 저는 풍경이 가지는 아름다움은 인간이 함께함으로써 완성된다고 생각합니다.

 아름다운 풍경을 볼 때면 저는 오래전 떠난 고향에 돌아가는 느낌을 받습니다. 잊고 살다가 다시 찾은 고향, 변해 버린 고향이 반갑기도 하고 아쉽기도 합니다. 그 미묘한 감정의 변화가 내면에서 솟구칠 때 느끼는 미세한 감각이 있는데, 이 감각은 시편에서 보듯이 경이로움을 찾아내는 에너지가 됩니다. 사람들이 대수롭지 않게 여기는 것 뒤에도 경이로움이 숨어 있습니다. 저는 그걸 찾는 눈을 문학에서 배웠습니다.

'나는 알고 있다'는 착각

문학에는 '나는 안다'라는 착각을 단숨에 깨트리는 힘이 있습니다. 『장미의 이름』은 중세 이탈리아의 어느 수도원에서 일어난 연쇄살인 사건을 해결해 가는 과정을 다룬 추리소설입니다. 조사관은 윌리엄 수사인데 나이가 50세쯤 됩니다. 그가 사건을 파헤치는 7일간의 행적이 소설의 내용입니다. 소설을 보면 중세적 사고가 근대적 이성에 의해 무너지는 모습이 보입니다. 이게 『배움의 발견』에도 그대로 나타납니다.

 호르헤는 눈이 먼 늙은 수도사입니다. 아리스토텔레스의 『시학』 2권인 희극편을 도서관에 숨겨 놓았는데 그걸 알고 접근하는 수도사들을 죽게 만듭니다. 그는 전통적 교리만을 진리로 생각합니다. 호르헤는 타라의 아버지와 비슷합니다. 그는 아드소[윌리엄 수도사의 제자 겸 소설의 서술자]에게 윌리엄의 진보적 사고를 닮아선 안 된다고 조언합니다. 나에게 아드소는 타라처럼 보였고 윌리엄은 타일러 오빠처럼 보였습니다.

윌리엄은 악을 설명하면서 악마라는 게 따지고 보면, '영혼의 교만, 미소를 모르는 신앙, 의혹의 여지가 없다고 믿는 진리'라는 세 가지라고 말합니다. 호르헤는 세상엔 고통이 가득하기에 웃음은 죄라고 여깁니다. 윌리엄 수사는 미소를 모르는 신앙이 악이라고 규정하는데 그 모습이 꼭 타라에게 나다움을 일깨워 주는 타일러 오빠 같습니다. 윌리엄은 진리에 대한 지나친 집착에서 벗어나는 일이 중요하다고 설파하며 말합니다.

> 진리를 위해 죽을 수 있는 자를 경계하라. 진리를 위해 죽을 수 있는 자는 대체로 남을 자기와 함께 죽게 하거나 때로는 자기보다 먼저 죽게 하는 법이다.[188]

『장미의 이름』은 1980년대 말 한국에 '에코' 열풍을 일으켰습니다. 소설이 유명해지면서 번역자 이윤기 씨도 함께 떴습니다. 소설은 살인사건의 음모와 앎에 대한 집착을 보여줍니다. 여기엔 또 부와 가난, 이단과 정통, 진리와 악 같은 문제도 얽혀 있습니다. 그래서 스릴 넘치지만 소설로 읽기는 쉽지 않습니다. 2000년에 나온 개역판으로 읽길 권하지만 힘들다면 영화라도 보기를 권합니다.

인간다움을 잃을 때

인간다움을 잃을 때 인간은 주님에게서 멀어집니다. 안식일 날 예수님은 아픈 사람을 먼저 보았지만, 바리새인은 지켜야 할 교리를 먼저 보았습니다. 이런 시각의 차가 사회 곳곳에 나타났고 문학작품에도 나타납니다. 가슴 아픈 순간이 존 스타인벡의 소설『분노의 포도』에 나옵니다. 소설의 시간적 배경은 미국의 경제 대공황입니다. 스타인벡은 그 시절 자신이 경험한 것을 소설에 담았습니다.

미국은 아메리칸드림의 나라였습니다. 하지만 영원할 것 같았던 그 꿈이 곤두박질쳤습니다. 1929년 10월 시작된 경제 대공황으로 전 국민의 3분의 1이 빈곤에 빠졌습니다. 이때 오클라호마 주에도 심한 가뭄이 들었습니다. 은행에서 대출받아 농사를 짓던 사람들은 빚 갚을 방도가 없어 땅을 잃었습니다. 그때 빚 독촉에 시달리던 농부들이 캘리포니아에선 높은 임금을 준다는 소식을 들었습니다. 이주가 시작된 것입니다.

이렇게 이주한 이주민들이 25만에서 30만 명쯤 됩니다. 캘리포니아는 아름다웠지만 지주들의 담합으로 임금이 저렴했습니다. 배고픈 이주민들의 굶주린 눈동자를 보았지만, 그 누구도 적선하지 않았습니다. 오히려 더럽고 무식하다고 욕을 해댔습니다. 사람들이 영양실조로 죽어가도 지주들은 가격 폭락을 우려해서 오렌지를 불태우고, 돼지를 살처분하고, 감자를 강에 버렸습니다.[189] 수많은 사람이 굶주렸지만, 그냥 죽어갈 수밖에 없었습니다.

오렌지에는 휘발유가 뿌려졌고, 살처분한 돼지엔 생석회가 뿌려졌고, 버려진 감자는 경비가 지켰습니다. 이윤이 맞지 않는다는 이유 하나로 벌어진 일입니다. 먹을 게 산더미처럼 넘쳐 나는데 사람들이 굶어 죽습니다. 소설을 읽다 보면 궁금해집니다. 문제를 일으키는 건 사람인가 가난인가? 문득 『장미의 이름』 마지막 문장이 떠올랐습니다. 윌리엄 수사가 하는 말입니다. "이런 난장판에는, 이런 난장판에는, 주님이 계시지 않아."[190]

가짜 뉴스가 노리는 표적

현실을 직시한다는 건 고통스러운 일입니다. 엄마는 남편이 폭력적이고 모순된다는 걸 알았지만 그것을 말하지 못했습니다. 두려웠기 때문입니다. 그래서 큰딸이 오빠에게 맞았다고 말했어도 믿어 주지 않았습니다. 부인해야 마음이 편했기 때문입니다. 엄마가 딸에게 한 행동이 사실은 신앙생활에서도 일어납니다. 이것을 영화 〈터미네이터 4: 미래전쟁의 시작〉 속 한 장면을 가지고 설명을 해봅니다.

가까운 미래, 스카이넷이 지구를 지배합니다. 스카이넷은 스스로 학습하고 생각하는 인공지능입니다. 스카이넷이 인간 저항군을 말살하려고 터미네이터를 그들 가운데 침투시켰습니다. 그런데 그 위장이 너무 완벽해서 터미네이터가 스카이넷의 통제를 거부합니다. 자신을 인간으로 생각한 것입니다. 인간으로 착각한 터미네이터를 각성시키기 위해서 스카이넷이 사이보그에게 이렇게 말합니다.

절망에 빠지면 사람들은 <u>자신이 믿고 싶어 하는 것</u>을 믿어. 그래
서 우리는 그들이 원하는 것을 주었어.[191] 밑줄 필자

스카이넷의 말 가운데 '자신이 믿고 싶어 하는 것'이 중요합니
다. 사람들은 자기가 믿고 싶은 것이 있습니다. 유혹은 자기가 믿
고 싶은 것을 만족시켜 주길 바라는 사람을 노립니다. 가짜 뉴스
가 노리는 표적입니다. 뻔한 거짓말에 속는 이유는 주변 사람들과
자기 생각이 다르면 불안하기 때문입니다. 그래서 자기 생각과 달
라도 동조합니다. 그래야 마음이 편하기 때문입니다. 음모론도 마
찬가지입니다. 우리는 타인에게도 속지만 자기 자신에게도 속습
니다.

굳어진 믿음은 없느니만 못하다

복음서에 부자 청년 이야기 마태복음 19장; 마가복음 10장; 누가복음 18장가 나
옵니다. 진리가 무엇인지를 알았지만, 치러야 할 대가가 크자 포
기합니다. 그러곤 이전의 삶으로 돌아갑니다. 그게 『배움의 발견』
에서는 언니 오드리의 모습 속에 나타납니다. 시야가 좁아지면 자
기 폐쇄적 논리에 빠지게 됩니다. 그러면 잘못된 자기 생각을 바
꾸는 것보다, 자기 자존감과 정체성을 보호하는 게 더 중요해집니
다. 그게 부자 청년이고 아버지입니다.

믿음은 선하지만, 그 믿음이 눈을 멀게도 합니다. 악에서도 선
이 나오지만, 선에서도 악이 나올 수 있습니다.[192] 그게 『눈먼 자

들의 도시』 이야기입니다. 믿음도 굳어지면 없느니만 못합니다. 지도가 틀릴 수 있듯이 믿음도 틀릴 수 있습니다. 하지만 이걸 받아들이지 못하는 이가 많습니다. 믿음은 실제가 아닙니다. 내가 쌓아 올린 구조물입니다. 우리가 논쟁하고 갈등하고 심지어 전쟁하는 이유는 서로 다른 믿음에 근거하기 때문입니다.

혹시 오해가 있을까 말하지만, 우리의 믿음이 틀렸다는 말이 아닙니다. 그렇다고 그 믿음이 옳다는 뜻도 아닙니다. 문학은 그렇게 생각합니다. 사람들은 똑같은 것을 봐도 서로 다르게 이해합니다. 그래서 문학의 눈으로 보면 믿음은 모두 근사치입니다. 하지만 실제는 다릅니다[골로새서 2:17b][193]. 실제는 내가 그 존재를 더는 믿지 않아도 사라져 버리지 않는 것입니다. 진리는 실제입니다. 하지만 내 믿음은 실제의 근사치입니다.

한데 자기 믿음을 절대시하면 코드가 맞는 것은 받아들이고 불편한 건 무시합니다. 이것을 심리학에선 '확증 편향'이라고 부릅니다. 생각도 강물처럼 흘러야 합니다. 흐르지 않으면 늪이 됩니다. 소설 『침묵』에 보면 일본이 늪이 되었다고 설명합니다.[194] 이는 곧 혐한으로 나타납니다. 일본 방송인 니시다 다카시[195]는 일본 정부나 언론의 말만 믿고 그걸 사실로 받아들여서 오해가 생긴다고 말합니다. 그가 말합니다.

부잣집 자식으로 태어났지만 노력하지 않아 별로 내세울 것 없는 사람이 지금 일본의 민낯입니다. 그것을 인정할 용기가 없어 '우리 집은 원래 부자'라고 자랑만 하는 거죠. 그런 사람은 가난한 가정에 태어났지만 노력해서 스펙을 쌓은 사람을 싫어합니

다. 그 사람이 한국이죠. 이게 바로 혐한의 이유입니다.[196]

일본의 혐한처럼 개인도 자신이 처한 상황을 지배하길 원합니다. 하지만 이게 안 될 때 무력감을 느끼고 음모론에 빠집니다. 어쩔 수 없었다는 변명거리가 필요하기 때문입니다. '천안함 피격사건'이 예입니다. 누군가에게 천안함 피격은 불편한 일입니다. 그래서 그게 북한의 소행이 아니라 음모라는 자기 폐쇄적인 논리를 써서 자신을 속이고, 그리하여 자신의 신념을 방어하려고 합니다. 이게 음모론에 빠지는 이유입니다.

음모론에 빠지면 거짓이라고 밝혀져도 버리지 못합니다. 대표적인 예가 종말론입니다. 예정한 휴거가 일어나지 않았지만, 오류를 반성하지 않습니다. 거기에는 자신의 정체성이 연결되어 있기 때문입니다. 그것을 부정하는 건 결국 자신을 부정하는 일과 같습니다. 이게 자기를 부인하는 것인데도 다수가 이것을 견뎌 내지 못합니다. 부자 청년의 선택이 바보 같아 보이지만 그런 선택을 하는 사람은 여전히 많습니다.

하나님은 유혹에 넘어가지 않도록 하려고 우리 마음속에 천국을 조금 넣어 두셨습니다. 그것이 자유의지이고 '왜'라는 질문입니다. 하나님이 주신 생각하는 힘을 보통은 잘 쓰지 않습니다. 그래서 어떤 게 진짜 내 생각인가 구분하지 못합니다. 알고 보면 내 생각도 처음엔 누군가의 생각이었습니다. 하지만 자꾸 듣다 보니 그 생각이 어느새 내 생각이 된 것입니다. 이것이 세뇌되는 방식이고 이단에 빠지는 이유입니다.

우리는 터널 속에 있다

이스라엘에서 한 심리학자가 자살폭탄 테러리스트를 인터뷰했습니다.[197] 처음엔 두려웠지만 만나고 나니 주변에 흔한 사람들과 그다지 다르지 않다는 사실을 깨달았습니다. 이들은 대학생, 전문가, 의사, 엔지니어, 건축가였고, 순수했고 죄책감에도 민감했습니다. 선입관이 사라지자 실체가 보였습니다. 평범한 삶을 살던 이들을 단번에 바꾼 뭔가가 있었습니다. 이들은 모두 '터널'이라는 심리 조작을 경험했습니다.

터널이 거창한 것 같지만 〈짝〉 같은 예능도 일종의 터널입니다. 터널에 들어가는 순간 외부 세계의 자극이 차단됩니다. 함께 먹고 함께 자고, TV도 없고 신문도 없습니다. 모두 똑같이 생각하고 행동하게 되니 시야가 좁아집니다. 솔로 탈출이란 목적이 같으니 결속력도 단단해집니다. 의도가 순수할수록, 사회에 대한 문제의식이 강할수록, 스스로가 더 의로울수록, 터널에 더 깊이 빠져듭니다.

이단에서는 하나님이 당신을 부르셨다고 띄워 줍니다. 테러 집단도 비슷합니다. 자살폭탄테러를 하기 전 영웅 대접을 하고 가족에게 경제적인 지원도 하고 기념비도 미리 세웁니다. 죽음이 기정사실로 되니 발뺌을 할 수 없습니다. 가족을 위해서라도 죽어야 합니다. 이런 모습은 〈오징어 게임〉에도 나옵니다. 빚이 주는 절박감에 쫓기다 보니 시야가 좁아집니다. 협력하면 다 살 수 있는데 자기만 살려고 남을 속이고 죽게 합니다.

자기 폐쇄적이거나 남에게 인정받고 싶을수록 심리 조작을 당하기 쉽습니다. 팀 켈러는 '우상은 언제나 매력적'이라고 말했는데[198], 이게 터널과도 연결됩니다. 터널에 빠졌는데 그게 꼭 신의 선택을 받은 것처럼 느껴지게 합니다. 신이 자신을 선택하고 기회를 주었다고 여기니 자신이 하는 일이 삶의 전부가 되고, 둘도 없는 기회처럼 느껴집니다.

좁은 시야는 이단이나 테러리스트의 전유물이 아닙니다. 팬데믹을 겪으면서 몇몇 교회나 종교인들이 실망스러운 모습을 보였습니다. 신천지나 영생교 같은 이단들은 그렇다고 해도 열방학교의 최바울 선교사나 전광훈의 사랑제일교회는 실망스럽습니다. 욕을 먹긴 하지만 그래도 기독교라는 울타리 안에 있기 때문입니다. 믿음은 좋은 것이지만 거기에도 사각지대는 있습니다. 시대의 변화를 읽지 못하면 종교개혁 시기 교회나 초대교회로 돌아가고, 좀 더 극단적인 행동을 하게 됩니다.

신기하게도 사람들은 이념을 위해 싸울 때 더욱 잔인해진다. 카인 이래로 우리는 늘 신에 더 가까이 가려고 서로를 죽여 왔던 것이다.[199]

자살폭탄테러를 감행한 첫 팔레스타인 여전사가 있습니다. 와파 이드리스입니다. 저는 자살폭탄테러를 분석한 논문[200]을 읽으며 와파를 알게 되었습니다. 그녀는 2002년 1월 17일 예루살렘에서 테러를 감행했습니다. 그 테러로 한 명이 사망하고 백여 명이 다쳤습니다. 사망 당시 28세였고 이혼녀였고 난민촌에서 살았습니다. 그녀는 폭탄 버튼을 누를 때 이슬람이 꿈꾸는 이상적인 공동체(ummah[201]) 실현에 일조했다고 느꼈을 것입니다.

와파는 소박한 옷장과 침대, 화분 하나가 전부였던 방에 틀어박혀 밤낮으로 코란을 암송했습니다. 가족과 정을 떼고 오직 신만을 생각하는 행동이지만, 터널에 빠지면 생각이 단순해집니다. 아무리 그 일이 숭고해도 인간의 목숨을 빼앗을 만큼은 아니란 걸 이해하지 못합니다. 합리적인 사고는 자신이 '무엇'을 '왜' 하는가를 생각할 때 진보하는데[202] 시야가 좁아지면 다양성과 모순을 이해하지 못하고 합리적인 사고를 하지 못합니다.

모순 앞에서 멈춰 서야 하지만 멈추지 못합니다. 문학이 아니라면 이런 경험을 하는 게 쉽지 않기에 자신의 좁은 시야를 넓히지 못합니다. 정치인을 보면 느끼지만 그들은 자신의 시야를 확대하기보다는 자신의 힘을 확대하는 쪽을 선택합니다. 우리 안에 타자를 위한 공간을 마련하기보다는 타자를 제거하려고 노력합니다. 그래서 불의를 없애기 위해 싸울수록 자신의 불의에 대해선 더 눈이 멀게 됩니다.

한국 교회가 필사, 성경공부나 교리에서 벗어나 교양, 인문학, 사회, 경제, 역사, 문화, 과학, 국제정치 등으로도 시선을 넓힐 필요가 있습니다. 이런 분야를 전공한 평신도들이 성도들 앞에서 세상이 어떻게 돌아가고 있는지 설명할 기회를 주어야 합니다. 그래야 성도들이 성경이란 텍스트와 세상이란 콘텍스트를 연결할 수 있고, 그 안에서 자기 자리를 잡아 갈 수 있으며, 주님의 권세가 우리 삶의 모든 영역에서 펼쳐지게 될 것입니다.

『포이즌우드 바이블』은 선교사 가족의 이야기입니다. 독실한 목사 조너선은 콩고로 오면서 프랑스 말을 배울 생각조차 안 했습니다. 그는 자신이 구원의 메시지를 전한다고 여겼지만, 실제론 아내와 네 딸을 준비 없이 위험으로 내몬 위선자였습니다. 소설은 네 자매와 엄마의 시선으로 당시 그들이 느꼈던 심정을 풀어냅니다. 읽다 보면 묻게 됩니다. 조너선 목사에게 신이란 어떤 존재였을까요?

『목사의 딸』을 보면 신학자인 아버지가 성경과 신학서만 읽었다고 자랑하는 대목이 나옵니다. 하지만 그것은 당대의 신학자가 독서로 누려야 할 유익을 왜 얻지 못했는지, 왜 편협한 시야를 갖게 되었는지에 대한 단서를 줍니다. 딸이 공개한 아버지의 모습은 『배움의 발견』 속 아버지를 닮았습니다. 박윤선 목사의 숨겨진 가족사이지만 잘못된 유산을 답습하고 있는 우리를 점검하게 합니다.

『기억 전달자』는 감정이 무엇인지를 알아 가는 열두 살 소년 조너스의 이야기입니다. SF 작품이지만 철학적인 감상을 남깁니다. 소설 속 무대는 평화롭게 사는 공동체입니다. 이곳에선 슬픔, 고통, 절망, 공포, 사랑, 두려움 같은 감정을 위험하다고 여깁니다. 음악도 없습니다. 같은 이유입니다. 기억보유자 한 사람만 이것을 느끼고 들을 수 있습니다. 조너스가 감정을 처음으로 느끼게 되면서 경험하게 되는 이야기입니다.

『기억 전달자』로이스 로리, 비룡소, 2007

『목사의 딸』박혜란, 아가페북스, 2011

『포이즌우드 바이블』바바라 킹솔버, RHK, 2013

6장

인간은 왜 선보다 악을 먼저 선택할까

『7년의 밤』정유정, 은행나무, 2011

이 소설은 스릴러입니다. 추리소설은 범인이 누군지를 찾는 게 중요하지만, 스릴러는 다릅니다. 범인이 누구인지를 알고 모든 상황이 끝난 상태에서 소설이 시작됩니다. 그런데도 엄청난 긴장감과 몰입감을 줍니다. 범인을 이미 안 상태에서 시작하기에 작가는 거침이 없습니다. 작가는 작품 속 인물들을 편하게 놔두지 않고 사정없이 벼랑 끝으로 밀어붙입니다.

작가마다 좋아하는 키워드가 있습니다. 헤밍웨이는 죽음, 찰스 디킨스는 가족이나 아버지, 스티븐 킹은 인간 내면의 공포, 정유정은 인간의 본성입니다. 정유정은 인간의 마음속 어두운 숲에 관심이 많습니다. 어두운 숲에 사는 야수는 '살인'으로 인해 우리에서 풀려납니다. 그 순간부터 독자는 이 야수가 어디로 튈지 몰라 안절부절못합니다. 우리는 봉인이 풀린 인물들의 내면을 보려 합니다.

작가는 인간 내면의 어두운 숲을 두 남자를 통해 파헤칩니다. 한 남자, 오영제는 살해된 딸의 복수를 꿈꾸고 다른 한 남자, 살인범 최현수는 오영제의 복수로부터 아들의 목숨을 지키려고 합니다. 이 둘은 어떤 운명의 변덕에 휘둘린 것일까요? 최선을 두고도 어리석은 선택을 함으로써 삶의 진실 앞에 추한 민낯을 드러냅니다. 소설의 첫 장면부터 작가가 인간의 심리를 너무 생생하게 묘사해서 혀가 바짝 마를 정도입니다.

"내비 없어요?"
"내비가 못 찾으니까 묻는 거잖아."
'인마'라는 말을 생략한 표정이었다. 나도 '인마'를 생략했다.[12쪽]

여기서 '나'는 최현수의 아들 최서원입니다. 불행이라는 건 언제든 예고 없이 우리를 덮쳐 옵니다. 그는 중학교 자퇴 후 약국에서 일하고 있습니다. 하지만 7년 전 열두 살 나이에 살인자 최현수의 아들이라는 이유 하나로 카메라 플래시를 받았습니다. 학창 시절엔 따돌림과 고의적 시비, 몰매도 맞았습니다. 학교를 떠난 이후론 어떤 상황에서도 당황한 적이 없습니다. 그 단서를 다음 문장이 보여줍니다.

모욕당하면 분노하는 게 건강한 반응이다. 호감을 받으면 돌려주는 게 인간적 도리. 내 또래 아이들은 대부분 그렇게 산다. 아저씨는 나도 그렇게 살아야 한다고 말한다. 나는 그 문장에서 '그렇게'를 떼어 내라고 대꾸한다.[28쪽]

'나'는 보통내기가 아닙니다. 그가 내뱉는 말로도 느낄 수 있습니다. 작가는 독자가 체험하게 만듭니다. 그래서 사건보다 심리에 집중하고 곳곳에서 오감을 터트립니다. 두 인물, 최현수와 오영제는 자유의지와 악이 결합할 때 어떤 감정이 솟구치는지 보여줍니다. 분명 보기 싫고 불편한 감정일 텐데 작가는 그런 감정을 파고듭니다. 독자의 신경을 핀셋으로 건드린다는 느낌이 들 정도입니다. 정유정 작가는 탁월한 이야기꾼입니다.

『7년의 밤』

소설의 배경은 세령 마을이고, 이야기는 최현수와 오영제를 중심으로 흘러갑니다. 최현수는 댐 관리팀장으로 부임해 오는 도중 실수로 여자아이를 칩니다. 두려움에 아이를 호수에 빠트려서 완전 범죄를 꿈꿉니다. 하지만 시신은 물에 떠올라 발견되고, 아이는 마을 실세 오영제의 딸이었습니다. 분노한 오영제는 최현수의 아들의 목숨을 노리고, 현수는 아들을 지키려 합니다. 이 둘의 갈등에 주변 사람들까지 끼어들면서 심각해집니다.

우리 인생은 조금씩 어긋날 수 있다

"지금은 그렇게 말하지만, 어른이 되면 지금은 알 수 없는 곳에서 네 인생이 전개될 거야."[203] 줌파 라히리의 단편소설 「센 아주머니의 집」에 나오는 문장입니다. 요셉이 밧단아람으로, 야곱이 이집트로 가게 될지 알았을까요? 몰랐을 것입니다. 저 역시 제 인생이 이렇게 펼쳐지게 될지 몰랐으니까요. 『7년의 밤』에서 정유정 작가 역시 자신이 살고 싶었던 인생과 실제 사는 인생이 일치하는 자가 얼마나 될까를 묻습니다.

소설을 읽고 나서야 깨달은 거지만 대부분 사람은 삶 따로, 신앙 따로, 사회생활 따로 그렇게 삽니다. 문학을 전공했지만 보험 설계사로, 디자인을 전공했지만 웹툰 회사 글로벌 마케터로 사는 것처럼 인생이 조금씩 바뀔 수 있습니다. 완벽한 인생을 사는 사람이 몇이나 될까요. 삶이 어긋날 땐 좁히면 되고 그것도 힘들면 잠시 일상에서 멀어져 보는 게 꼭 나쁜 것은 아니라는 생각이 듭니다.

현수에게는 야구가 전부입니다. 야구밖에 할 줄 아는 게 없습니다. 왼팔을 다쳐 야구를 못 하게 되자 삶이 멈춰 섰습니다. 이전에 현수는 고등학교 졸업 후 프로 지명을 받았으나 어머니가 반대했습니다. 어머니는 대학을 거쳐 프로에 가는 엘리트 코스를 원했습니다. 어머니의 선택은 그의 선택이었고 반대로 그의 실패는 어머니의 실패였습니다. 그가 야구를 그만두자 어머니가 돌아가셨습니다.

현수에게 아내 강은주는 여자가 아닙니다. 삶의 통제자입니다. 하지만 아내가 볼 때 현수는 비겁합니다. 남편은 삶을 비관하여 술에 의지합니다. 하지만 아내는 한탄 대신 식당 종업원, 마트 캐셔, 간병인, 학교 급식 아줌마로 일하며 살았습니다. 은주가 볼 때 생존을 위해 피 터지게 싸우는 게 마땅했고 하다못해 침이라도 뱉어 줘야 합니다. 하지만 남편은 초등학교 코치 자리 하나 얻지 못했습니다. 한마디로 무능하고 무책임했습니다.

난 열두 살 때부터 포수로 길러진 사람이고, 야구를 그만두면서 그 본능을 잊고 살았네. 내 인생에서 승부를 걸 일은 더 이상 없을 거라고 생각했으니까.505쪽

오영제는 성장 환경이 제일 나은 인물입니다. 일단 치과의사이고 물려받은 재산이 많습니다. 그는 사이코패스지만 가족을 가장 소중히 여깁니다. 아내 문하영도 여기엔 동의합니다. 하지만 한 발 들어가 보니 그건 사랑이 아니었습니다. '자기 것'에 대한 병적인 집착이었습니다. 그래서일까 딸 세령을 '교정'이란 명목으로 구타합니다. 딸의 죽음에 자신의 폭력도 일조했지만 그걸 받아들이지 못합니다. 오영제의 말이 그걸 보여줍니다.

난 말이지, 그때나 지금이나 참는 게 제일 싫은 사람이야. 내 맘대로 되는 세상에서 살고 싶은 사람이고.289~290쪽

오영제는 잔인합니다. 별채 창고에 숨어든 고양이가 팔뚝을 할퀴자 어미를 죽인 뒤 새끼 두 마리를 산 채로 묻었습니다. 이런 모습을 지켜본 딸은 아빠에게서 공포를 느꼈을 것입니다. 얼마나 무서웠는지 세령은 아빠와 눈만 마주쳐도 딸꾹질을 했습니다. 살이 닿으면 경기를 하듯 파르르 떨며 뒷걸음질쳤습니다. 오영제는 사이코패스입니다. 소시오패스는 자책하진 않아도 잘못된 행동이란 건 알지만 사이코패스는 잘못된 행동이라는 개념 자체가 없습니다.

스릴러가 재미있긴 하지만 굳이 살인자나 사이코패스의 삶을

이렇게까지 열심히 읽을 필요가 있을까 의문이 들 수 있습니다. 사실 이런 열심은 나를 위한 것입니다. 소설 속 인물은 우리 대신 뛰는 선수입니다. 그들은 우리 대신 땀을 흘리고 시련을 겪지만 힘들다고 인생을 포기하지 않습니다. 힘들어도 살아가기로 합니다. 작가는 우리 역시 '예스'라고 대답할 수 있기를 소망합니다. 문학은 우리에게 딴짓할 틈새를 열어 줍니다.

악인은 누구나 될 수 있다

소설은 '인간은 어떤 존재인가'에 대한 답입니다. 답은 작가마다 다르지만, 정유정은 인간은 본래 악하고 악은 누군가가 아니라 누구나 될 수 있다고 봅니다. 『7년의 밤』 주인공이 그걸 보여줍니다. 최현수는 살인범이지만 동시에 순수하고 유약합니다. 그는 유순했으나 고집이 셌고 성실했지만 무책임했습니다. 아내가 보기엔 그랬습니다. 그래서 만약 내가 최현수였다면 난 어떤 선택을 했을까, 생각하게 됩니다.

소설 끝에 가면 최현수의 팀원이자 소설가로 등장하는 아저씨가 사형수 최현수의 모습을 묘사합니다. 머리는 하얗게 세고, 목이 굽고, 이가 다 빠지고, 피부는 노랗습니다. 다리를 질질 끌며 걸어옵니다. 이제 겨우 마흔셋인데 노인이 되었습니다. 세령호에서의 2주를 수없이 복기하며 회한, 고통, 죄책감, 부끄러움, 슬픔과 그리움으로 외모마저 바뀌어 버린, 세령호에서는 만난 적이 없는 인간 최현수였습니다.

최현수의 삶은 성서 속 이야기와도 연결됩니다. 가인과 아벨과도 이어지고 부자 청년의 이야기와도 이어집니다. 사람은 실수할 수 있습니다. 하지만 자신의 실수를 알게 된 다음에 어떻게 할지에 따라 실수가 치명적인 죄가 될 수 있습니다. 최현수는 실수로 소녀를 차로 쳤습니다. 음주운전과 면허정지가 무서워 소녀를 병원으로 데려가지 않고 목 졸라 죽인 뒤 시신을 호수에 감추었습니다. 이런 악은 어디에서 오는 것일까요?

최현수는 세령호 보안팀장이자 프로야구 포수 출신입니다. 비록 성공하지는 못했지만, 고등학교 시절만큼은 아들도 자랑스러워하는 4번 타자였습니다. 그런 그가 술을 끊지 못합니다. 결국, 한 소녀의 죽음을 제물로 삼고서야 음주운전은 멈춰 섰습니다. 그 모든 것은 막을 수 있었던 일이었습니다. 그때서야 그는 자신을 보게 됩니다. 상처투성이의 남루한 인간. 그 순간을 작가는 이렇게 묘사합니다.

거울 속에서 아버지가 이죽거렸다. 절대로 애비처럼 안 산다며? 살아 보니 넌 별수 있든? 그를 통제하던 마지막 줄 하나가 툭, 끊겼다. 현수는 자신의 내부에서 빠져나오는 '꿈속의 남자'를 보았다.330-331쪽

성서가 놀라운 것은 그 어떤 인물도 미화하지 않는다는 것입니다. 살인, 근친상간, 합환채, 간음, 그 어떤 것도 감추지 않습니다.204) 가인, 롯, 레아, 다윗의 이야기를 읽으며 내 안에 감춰진 그림자를 깨닫습니다. 신구약을 통틀어 이런 그림자가 가장 많았던

사람은 야곱이었을 것입니다. 배 속에서 경쟁에 밀리자 형의 발꿈 치를 잡았고 형의 배고픔을 이용해 장자의 명분을 가로챘습니다. 헌데도 자신의 행동을 반성하지 않습니다.

성서는 이후 야곱의 삶을 보여줍니다. 자기가 형에게 한 대로 외삼촌에게 당했습니다. 그는 파라오 앞에서 험한 세월을 살았다 고 고백합니다. 노년이 되어서야 양심의 가책을 느낀 것입니다. 그도 어쩌면 최현수처럼 자신의 삶을 여러 번 복기했을 것입니다. 야곱이나 최현수를 보면서 느낍니다. 사람은 어두움을 인식해야 밝아진다는 걸요. 인식한다는 것은 내면에 자신도 모르는 또 하나 의 자신이 있다는 것을 아는 것입니다.

사람은 빛의 모습을 추구한다고 밝아지는 게 아닙니다. 어두움 을 드러내야 밝아집니다. 우리의 내면엔 우리가 모르는 또 하나의 자신이 있습니다. 우리는 빛과 그림자를 모두 가지고 있습니다. 대부분의 문학은 인간의 빛과 그림자를 표현합니다. 『지킬박사와 하이드 씨』[205]는 분열된 자아를 보여주고, 『데미안』은 우리가 왜 가끔 자신의 어두운 부분과 맞서야 하는지 보여줍니다.

칼 융은 "밖을 보는 자는 꿈을 꾸지만 안을 들여다보는 자는 깨 어난다"고 말했습니다. 우리 안에는 숨기고 싶은 치부가 있습니 다. 주일의 나와 주중의 나는 다릅니다. 소설에서 작가가 그려 내 는 인물들은 허세가 있어도 한 번 더 들여다보면 쪼잔하고 비겁 하고 찌질합니다. 자신의 인생이 어긋나면 병들거나 사달이 벌어 집니다. 이마저도 그림자를 보게 하려는 신의 자비인지도 모르는 데 최현수는 죽기 전 신을 거부합니다. 그게 참 안타깝습니다.

소설 속 인물들은 모두 벼랑 끝에 서 있습니다. 오영제는 끝까지 복수에 집착하고 최현수는 어떻게든 그 복수를 막으려 합니다. 이 중심에 최서원이 있습니다. 오영제가 체포되고 최현수는 죽고, 이게 끝인 줄 알았는데 아닙니다. 삶이 다시 시작됩니다. 그게 최서원의 삶입니다. 작가는 모든 게 무너진 곳에 '희망'이라는 공 한 개는 남겨 둡니다. 그 모습이 엘리야가 갈멜산 꼭대기에서 보았던 사람 손만 한 구름처럼 느껴집니다^{열왕기상 18장}.

용서의 한계를 시험하다

오영제는 최현수를 용서하지 않았습니다. 그는 복수를 꿈꿉니다. 그의 분노가 얼마나 큰지는 그가 최서원의 목숨을 끊기 위해 집착하는 데서 나타납니다. 학교 옮기는 걸 추적해서 괴롭히는 것에 그치지 않았습니다. 그런데 소설 끝에 가면 오영제도 강은주를 죽였다고 말합니다^{488쪽}. 복싱이라면 주먹을 한 방씩 주고받은 셈인데 왜 오영제는 최현수를 용서하지 못할까요? 여기에는 둘의 인생이 찐하게 얽혀 있습니다.

용서는 우리가 자주 입에 올리는 단어입니다. 설교를 통해 수없이 들었을 것입니다. 용서의 힘을 보여주는 예화도 한두 개는 기억날 것입니다. 손양원 목사를 기억합니다. 그는 1948년 여순반란사건 때 두 아들을 잃었습니다. 그것도 아들 친구의 손에 말입니다. 그런데도 자신의 두 아들을 죽인 안재선을 양자로 삼았습니다. 저는 그분을 특별한 사람으로 생각했습니다. 저라면 그게 가능할 것 같지 않아서입니다.

이런 용서의 문제를 담아낸 영화가 있습니다. 〈밀양〉[2007]입니다. 이창동 감독이 만들었고 이청준의 단편 「벌레 이야기」[1985][206]가 원작입니다. 주인공 이신애는 남편이 교통사고로 죽자 아들과 함께 남편의 고향 밀양으로 내려가 피아노 학원을 엽니다. 그런데 아들이 유괴 살해되었습니다. 범인은 웅변학원 원장이었습니다. 신애가 돈이 많은 줄 알고 돈을 뜯어내기 위해서 벌인 일이었습니다. 이 비극은 신애를 고통과 절망으로 밀어 넣었습니다.

힘든 마음 때문에 동네 교회에 나가 하나님을 믿게 되었습니다. 하나님을 믿자 삶이 회복되었습니다. 노방전도도 나가며 기쁘게 살았습니다. 상처가 아무니 원수를 사랑하라는 말씀을 실천하고 싶어서 교도소를 찾아갔습니다. 그런데 뜻밖에도 원장은 자신도 신앙을 갖게 되었다, 하나님이 자신의 죄를 용서해 주셨다고 말합니다. 그는 기도로 눈을 뜨고 기도로 눈을 감는다고 말했습니다. 신애는 당황했습니다.

범인은 하나님께 용서를 받았으니 신애에게 죄책감을 느끼지 않았습니다. 신애의 인생은 이때 끝장이 났습니다. 그녀가 범인을 용서하기 전 하나님이 먼저 용서한 것입니다. 이 점이 기독교의 딜레마입니다. 용서는 쉬우면서도 어려운 단어입니다. 용서는 용서할 수 없는 것을 용서하는 일입니다.[207] 용서라는 개념은 추상적이지만 용서하는 것은 구체적입니다. 개념과 실행 사이에서 많은 혼란이 일어납니다. 용서가 정말 가능한 것인지 고민하게 됩니다.

최현수도 용서를 받아야 하지만 오영제도 용서를 받아야 합니다. 하지만 그들의 삶에는 용서의 한계를 시험하는 상황이 있습니다. 최현수는 차에 치였지만 살아 있던 오영제의 딸을 죽인 뒤 사체를 수장시켰습니다. 오영제는 최현수의 아내를 죽이고 아들까지 죽이려고 했습니다. 이들은 서로를 용서하지 못합니다. 쉽게 용서할 수 있는 것이라면 애써 용서할 필요가 없을 것입니다. 이런 역설이 용서를 가능하게 만드는 게 아닐까요.

감정적 경험을 하는 것

스릴러는 범죄 소설입니다. 로맨스 소설과는 차이가 있습니다. 이런 범죄 소설을 읽는 게 신앙인에게 도움이 될까, 의문이 들 수 있습니다. 그래서 감정적 경험이 갖는 의미를 살펴보려고 합니다. 우리는 성경을 읽으며 교훈을 찾습니다. 하지만 소설을 읽으면서 교훈을 찾는 독자는 그다지 없을 것입니다. 교훈이 아니라면 왜 읽을까요? 김영하 작가는 산문집 『읽다』에서 소설을 '세심하게 설계된 정신의 미로'[208]라고 설명합니다.

작가가 설계한 미로에서 독자는 낯선 인물을 만나고, 어이없는 일을 겪고, 일상에서 느낄 수 없는 감정들을 경험하고, 한 번도 생각해 본 적 없는 문제를 짚어 봅니다. 이런 과정을 겪는 동안 독자는 흥분되고 긴장되고 설레거나 마음이 기분 좋은 뭔가로 채워지는 느낌을 받습니다. 행복한 느낌이 밀려옵니다. 이런 경험은 돈 주고 살 수 없고, 팔 수도 없습니다. 얻었다고 해도 대여나 교환할 수 없습니다.

앎이란 지식을 얻는 것만은 아닙니다. 여기엔 감정도 포함됩니다. 지식과 감정이 우리 내면에 쌓이면서 개인마다 고유한 감성이 만들어집니다. 우리가 현실에서 살인자의 내면을 들여다볼 일은 없습니다. 하지만 영화나 소설을 활용하면 이런 특이한 경험을 안전하게 경험할 수 있습니다. 이것이 가상의 공간입니다. 가상세계는 현실보다 덜 고통스럽고 더 안전합니다. 이런 간접경험을 통해 우리는 인간이란 존재를 이해하게 됩니다.

다들 학교에 다녔지만, 학교 공부 외에 다른 경험이 많지 않을 것입니다. 한국 드라마와 예능을 보면 밥 먹는 장면과 술 마시는 장면이 유독 많습니다.[209] 밥상을 마주하고 술잔을 마주해야 대화를 나누게 됩니다. 이 둘 없이 대화하는 게 익숙하지 않기 때문입니다. 그만큼 생각을 나누고 감정을 나누는 게 익숙하지 않은 것입니다. 빠르게 변화하는 세상을 리드하려면 논리적 사고를 하되 감정적으로 소통할 줄 알아야 합니다.

예전에 TV 예능 〈짝〉에 출연했던 서울대 법대 출신 게임 개발자에게 PD가 물었습니다. 게임을 좋아했는데 왜 법대를 갔냐고요. 성적에 맞춰서 갔다고 대답했습니다. 직업에 관한 생각이 없었습니다. 성적이 잘 나왔으니 성적에 맞춰서 대학을 간 것입니다. 눈만 뜨면 학교에 가고 공부합니다. 쉴 틈도 없고 딴짓 같은 건 하지 않습니다. 무조건 공부하고 대학에 갑니다. 내가 뭘 하고 싶은지, 뭘 잘하는지도 모른 채 다시 오지 않을 청춘을 보냅니다.

제가 문학을 읽는 건 이야기를 좋아하기 때문입니다. 하지만 이야기를 읽고 나면 신기하게 안 보이던 게 보입니다. 타인의 마음을 더 잘 느낄 수 있고 이해할 수 있습니다. 문학은 보이는 것을 재현하는 게 아닙니다. 보이지 않는 걸 보는 눈을 열어 줍니다. 아이에겐 보이는 모든 게 놀이 도구입니다. 하지만 어른이 되면 자기 안의 세계에 안주하려고 합니다. 문학은 우리를 다시 어린 시절로 보내는 전송 장치입니다.

사이코패스 vs 소시오패스

오영제는 사이코패스입니다. 보통 공감, 숙고, 연민, 이 세 가지가 없으면 사이코패스라고 합니다. 사이코패스는 상대가 어느 정도의 상처나 모욕감을 받을지 생각하지 않습니다. 인간에게는 이런 사이코패스적 요소가 잠재되어 있습니다. 사회가 점점 개인화되니 타인에 대한 관심과 책임이 옅어지고 있습니다. 이럴 때 우리 안에 잠재된 사이코패스적 성향이 고개를 들 수 있습니다.

정유정 작가의 근간이 되는 코드는 악입니다. 악 중에서도 근원적인 악입니다. 『종의 기원』은 평범한 삶을 살던 남자가 진짜 사이코패스로 태어나는 이야기입니다. 『7년의 밤』에선 오영제, 『28』에선 박동해, 『종의 기원』에선 한유진입니다. 살인은 가인의 후손이 겪는 비극인데 진화론에선 이것을 적자생존, 경쟁 사회에서 인간이 살아남는 수단으로 봅니다. 살인이란 경쟁을 제거하는 가장 효율적인 수단입니다.

소시오패스는 영화에서 냉정하고 유능하며 카리스마 있는 인물로 묘사됩니다. 강한 캐릭터여서 사람들의 관심을 끕니다. 자신의 감정 조절에 뛰어나고 타인의 감정을 잘 이용하는 인지적 공감능력이 탁월합니다. 잘못된 행동이란 걸 알면서도 실행하면서 자책하지 않습니다. 물론 감정을 교류하지 못하기에 공허감을 느끼고 그 공허감을 채우려고 술과 마약에 빠지는 경우가 많습니다. 대표적인 범죄자는 어금니 아빠, 이영학입니다.

사이코패스는 자기감정에 미숙하고 억제하지 못해 순간적으로 극도의 감정반응을 보입니다. 잘못된 행동이라는 개념 자체가 없습니다. 뇌의 이상이나 유전으로 생기는 사이코패스 성격은 어릴 때부터 나타납니다. 대표적인 범죄자는 유영철이고 『7년의 밤』에선 오영제입니다. 인간의 어두운 면을 드러내는 건 고통스러운 일입니다. 하지만 그것은 우리가 밝아지는 길이기도 합니다. 소설 속의 등장인물은 달라질 수 없지만, 독자는 달라집니다.

인구의 1퍼센트는 사이코패스지만 사이코패스가 살인범이 되는 일은 거의 없습니다. 하지만 사이코패스는 도덕적으로 색맹입니다. 그래서 이들을 대할 때 주의할 필요가 있습니다. 특히 그리스도인은 이들에게 이용당하기 쉽습니다. 바로 은혜와 용서에 대한 세계관 때문입니다. 조폭 김태촌, 조양은, 조세형이 신앙 간증도 했지만 그 후 보인 행보는 실망스럽습니다. 하나님의 은혜로 회개했을 수 있지만, 실제론 자기연민이었을 가능성이 큽니다.

한편 게리 리지웨이라는 미국의 연쇄 살인범이 있습니다. 그는 최소 70명 이상의 여성을 살해했습니다. 그는 법정에서 피해자 중 한 사람에게 용서를 받고 울음을 터트렸습니다. 사람들은 그 모습을 보며 용서가 갖는 위대한 힘에 감동했습니다. 하지만 임상 심리학자는 그것을 다르게 해석합니다. 리지웨이는 사이코패스였습니다. 사이코패스는 자신의 죄를 자책하지 않습니다. 그가 연민을 갖는 건 자기 자신뿐입니다.

악의 이해는 곧 선의 이해다

미국 정신의학회[210]는 '사회적으로 받아들이는 행동규범을 지키지 않는다', '충동적이고 잘 속인다', '공격적이고 조급하다', '직장과 가족의 의미를 경시한다', '자신과 타인의 안전을 경시한다', '후회도 안타까움도 없다'와 같은 증상 중 적어도 세 가지 증상이 확인되면 반사회적 인격장애라고 판단합니다. 삼손^{사사기 13~16장}은 7가지 증상 중 6개를 드러냅니다.

에릭 알슐러 박사는 삼손이 소시오패스라고 진단했습니다.[211] 삼손은 사자를 죽이고 가자의 성문을 빗장째 뽑는 괴력을 가졌습니다. 하지만 동시에 악당이고 도둑이고 거짓말쟁이였습니다. 알슐러와 공동 연구자들은 삼손이 화가 나 여우 300마리의 꼬리에 불을 붙여 블레셋 사람의 밭을 태운 것, 부모에게 반복적으로 거짓말한 것, 사람을 죽인 후에도 후회 같은 감정의 변화가 없는 것 등을 그 증상으로 보았습니다.

삼손의 이런 행동은 15세 이후에 나타났을 것입니다. 삼손의 겁 없고 거침없는 행동이 반복되자 3천 명의 유다 사람들이 삼손을 붙잡아 블레셋에 넘깁니다^{사사기 15:12}. 삼손이 소시오패스였다면 사이코패스도 있습니다. 가인, 이세벨^{열왕기상 21장}, 헤롯대왕^{마태복음 2:16}, 바로왕^{출애굽기 1장}, 헤롯 안티파스^{누가복음 13:31~33}, 도엑^{사무엘상 21장}, 고라^{민수기 16장}, 사울왕, 빌립의 아내 헤로디아^{마태복음 14장} 등이 사이코패스입니다.

소시오패스나 사이코패스는 악과 연결되어 있습니다. 불의를 이해해야 정의를 이해할 수 있듯이 악을 이해해야 선을 이해할 수 있습니다. 작가들이 악을 다룰 때 악을 선과 비교하여 악이 나쁘다고 말하지 않습니다. 다만, 어떤 사건이 일어나기까지의 과정을 찾아내서 가해자가 가지고 있던 인간적인 면을 드러내고, 독자가 사회 문제에 대해 여러 각도에서 생각해 볼 기회를 제공합니다. 피해자나 희생자 속에도 악이 있었습니다.

　문학에서 보면 선하게 사는 게 가치가 있지만, 선이 언제나 승리하는 건 아닙니다. 선하게 사는 게 중요하지만 이게 현실 속으로 들어오면 현실적 분별력이 필요합니다. 우리는 강자보다는 약자, 부자보다는 빈자의 말을 신뢰하지만 실제로 이 둘의 구분이 모호한 게 현실입니다. 이러한 사실을 『죽음의 수용소에서』[212]를 쓴 빅터 프랭클도 동의하고, 『가라앉은 자와 구조된 자』를 쓴 프리모 레비도 동의합니다. 레비는 이렇게 쓰고 있습니다.

　　특권층 포로는 수용소 전체 인구에서 소수였지만 생존자들 가운데에서는 압도적 다수를 차지했다.[213]

　성경은 가난한 자를 위로하지만 가난한 자를 일방적으로 편애하지 말라고 씁니다 레위기 19:15. 그래서 인간의 가장 깊은 곳, 보통 사람은 상상하거나 도달해 보지 못했던 지점까지 내려가는 소설을 읽는 게 필요합니다. 이 깊은 곳까지 내려가면 독자는 남루한 인간을 만나게 됩니다. 그 인간은 등장인물의 진짜 모습이지만 그 인간이 바로 독자 자신의 모습을 하고 있다는 것도 깨닫게 됩니다. 그때 독자는 변합니다.

왜 인간은 선보다 악을 먼저 선택할까

인간에겐 선과 악이 있는데 왜 둘 중 악을 먼저 선택할까요? 『7년의 밤』을 읽으며 그런 생각을 합니다. 그건 루터의 말처럼 인간 안에 '구부러진 마음'이 있기 때문일지 모릅니다. 하지만 가끔 이것을 반전시키는 사건이 일어납니다. 2015년 7월, 과테말라에서 일어난 일입니다. 열두 살 소년이 있었습니다. 그의 이름은 아리엘 에스칼란테 페레즈입니다. 그는 수업 후 집으로 가던 스쿨버스가 갱단에게 납치되는 사건을 겪습니다.

갱단 조직원은 그에게 권총을 주며 "버스 기사를 쏘면 살려 주고 안 쏘면 너를 죽이겠다"고 위협했습니다. 하지만 소년은 끝내 총을 쏘지 않았습니다. 자신의 아버지도 버스 기사였기 때문입니다. 화가 난 갱들은 다리로 가서 그를 던져 버렸습니다. 135미터 높이의 다리였습니다. 그는 사흘 뒤 온몸이 부서진 채 발견되었지만, 기적같이 숨은 붙어 있었습니다. 아리엘은 아버지를 꼭 껴안았습니다. 하지만 안타깝게도 15일 후 눈을 감았습니다.

페레즈는 갱들의 위협을 거부하고 자신이 죽는 것을 선택했습니다. 하지만 다수는 그런 선택을 하지 못합니다. 영화나 드라마에서 보면 다수는 자신이 사는 쪽을 선택합니다. 이것이 『7년의 밤』에선 최현수의 이야기이고 복음서에선 부자 청년의 이야기입니다. 이런 맥락에서 보면 하나님이 가인에게 하신 말씀이 인상적입니다. 자신과 자신의 제물을 하나님이 받지 않아 화가 난 가인에게 하나님이 말씀하셨습니다.

네가 선을 행하면 어찌 낯을 들지 못하겠느냐^{창세기 4:7}.

"네가 선을 행하면, 네가 잘하면, 내가 왜 받아들이지 않겠는 가?" 하나님은 가인에게 그리고 우리에게 선을 행할 능력이 있다고 말씀하시는 것입니다. 이것은 움베르토 에코가 말한 '알 수 있었던 것'과도 연결됩니다. 가인은 충분히 알 수 있었고, 그래서 선을 행할 수 있었지만, 그것을 행하지 않았습니다. 그것이 죄입니다. 반면 페레즈는 가인과 달리 선을 선택했습니다. 이것이 믿음의 태도입니다.

가인이 동생을 죽인 후에 하나님이 찾아와 물으셨습니다. "네 아우 아벨이 어디에 있느냐?" 하나님이 물으신 건 예수님이 부활하신 후 낙담한 베드로에게 찾아와 "너는 나를 사랑하느냐"를 물으신 것과 같습니다. 다시 진리 안으로 돌아오라는 권유입니다. '알 수 있었던 것'을 처음엔 내가 죽을까 하는 두려움으로 놓쳤지만 그걸 두 번 다시 놓치지 않도록 하시는 것입니다. 가인의 선택은 지금도 계속되고 있습니다.

깨달음은 한 걸음 늦게 온다

최현수에게 삶의 의미는 하나입니다. 아들 최서원. 아들은 그의 삶에 남은 마지막 공입니다. 반면 아내는 훼방꾼이고 통제자입니다. 아내가 아파트를 사지 않았다면 세령호에 오지 않았을 것입니다. 그러면 그날의 사건도 없었을 것입니다. 사건 몇 달 전 처제

부부가 칼바도스를 사 왔는데 아내가 술을 빼앗았습니다. 집 살 때까진 안 된다고요. 그때 결혼 생활 12년 동안 꿈에서도 해보지 못한 험한 말이 튀어나왔습니다. "아아, 개 같은 년……"330쪽.

하지만 그날의 사고는 일어났고 그는 격랑에 휩쓸립니다. 살인 자가 된 현수에게 꿈도 욕망도 삶의 의미도 다 부질없습니다. 아들만이 유일한 희망입니다. 하지만 이제 아들도 놓아야 합니다. 그때서야 현수는 아내가 훼방꾼이 아니란 걸 알게 됩니다. 선수 시절에 이걸 알았다면 얼마나 좋았을까요. 그 이후에라도 이걸 알 았다면 인생이 바뀌었을 것입니다. 안타깝게도 깨달음은 한 걸음 늦게 옵니다. 늦었지만 그래도 그는 고백합니다.

> 한때 그녀는 고통을 주는 존재였으나 이제는 아니었다. 강철 같 은 그녀가, 아들을 위해서라면 얼마든지 뻔뻔하고 독해질 수 있 는 강은주가, 지금에 와서야 고마웠다. 미더웠다. 그리고 …… 미 안했다.411쪽

아내 강은주는 오영제에게 죽습니다. 하지만 시신을 찾지 못했 습니다. 자기 남편이 자신에게 고맙고 미안하다고 고백했다면 강 은주는 어떻게 반응했을까요? 우리는 그 답을 알 수 없지만 그게 어쩌면 삶이 주는 안타까움인지도 모르겠습니다. 삶은 언제나 어 긋납니다. 침팬지가 인간을 많이 닮았어도 눈에 흰자위가 없습니 다. 인간은 다릅니다. 그 흰자위 덕분에 시선의 방향이 보입니다. 인간은 온몸이 의사소통 도구인 것입니다.

아내를 미워하던 최현수의 시선은 고마움으로 바뀌지만, 오영

제는 끝내 단절로 끝이 납니다. 대중의 시선이 잠잠해지자 프랑스로 아내 문하영을 찾아갔습니다. 자신의 방식으로 자신의 성채를 다시 세우겠다는 심사였습니다. 이게 어긋났어도 그는 미련을 버리지 않습니다. 최현수와 달리 오영제는 끝내 자신의 그림자를 마주하지 못합니다. 그래서 그에겐 후회가 없습니다. 분노만 있습니다.

_____ 같이 읽으면 좋은 책

정유정 작가는 인간의 본성에 관심이 많습니다. 그래서 악을 여러 번 다루었습니다. 불편한 주제임에도 작가가 자꾸 악의 문제를 다루는 건 악을 이해하지 못하면 악에 제대로 대처할 수 없기 때문일 것입니다. 『7년의 밤』에선 오영제가, 『28』에선 박동해가, 『종의 기원』에선 한유진이 사이코패스입니다. 함께 읽어 보면 좋겠지만 셋 중 하나라도 읽으면 좋을 듯합니다.

영화 〈밀양〉은 이청준의 「벌레 이야기」를 토대로 합니다. 소설과 영화는 다소 다릅니다. 소설에서는 약사 부부가 마흔이 다 되어 얻은 아들을 잃었습니다. 아이는 납치 후 살해되었습니다. 범인이 붙잡혔고 사형이 확정된 후 아내는 교도소로 면회를 갔습니다. 한데 그는 평안합니다. 아내는 이미 용서받았다고 말하는 그를 용서할 수 없었습니다. 아내가 외쳤습니다. 내가 용서하지 않았는데 어느 누가 먼저 용서할 수 있느냐고요.

프리모 레비의 『가라앉은 자와 구조된 자』는 아우슈비츠 수용소에서 일어난 이야기를 다룹니다. 빅터 프랭클의 『죽음의 수용소에서』와 비슷합니다. 수용소는 세상의 축소판입니다. 약삭빠르고 배웠고 강한 자가 하루를 더 삽니다. 약자 속에도 권력을 쥔 자가 있었습니다. 특권층 포로는 소수였지만 생존자들 가운데서도 압도적 다수를 차지했습니다. 자기가 살기 위해 남을 짓밟은 특권층 포로가 더 많이 생존했다는 사실입니다.

『28』 정유정, 은행나무, 2013

『종의 기원』 정유정, 은행나무, 2016

『벌레 이야기』 이청준, 문학과 지성사 이청준 전집 20, 2013

『가라앉은 자와 구조된 자』 프리모 레비, 돌베개, 2014

7장

슬픈 우리 시대의 아버지, '고다자,

우리의 삶은 생각보다 복잡하고 미묘합니다. 그리스도인도 예외가 아닙니다. 뭐든 아멘으로 받아들이고 자주 웃어서 행복하게 보이지만, 실제론 아닙니다. 겉으론 웃어도 속으론 불안한 미래에 전전긍긍합니다. 비신앙인은 더할 것입니다. 어느 경우든 두 가지 삶이 있습니다. 사람들이 아는 삶과 사람들이 모르는 나의 삶. 문학은 후자를 보고 싶어 합니다.『임계장 이야기』는 문학은 아니지만 바로 이 부분을 건드립니다.

『임계장 이야기』는 논픽션입니다. 그래서 알렉시예비치가 생각났습니다. 알렉시예비치는 소설가도 시인도 아닙니다. 벨라루스의 언론인이지만 2015년에 노벨문학상을 받았습니다. 소련과 아프가니스탄, 소련과 독일의 전쟁 참전 병사들을 취재했던 보고서,『아연 소년들』과『전쟁은 여자의 얼굴을 하지 않았다』[214] 때문입니다. 이 두 권은 르포이지만 소설처럼 읽힙니다. 저는『임계장 이야기』를 읽을 때 그런 느낌을 받았습니다.

저는 책 제목만 보고 '임씨 성을 가진 사람의 이야기구나'라고 생각했습니다. 결론부터 말하면 아닙니다. 임계장은 '임시 계약직 노인장'의 준말이고 내용은 주인공 '나'가 퇴직 후 얻은 일터에서 쓴 노동일지를 정리한 것입니다. 첫 직장이 버스 회사였고 일은 배차였습니다. 회사는 세 사람이 해야 할 업무를 한 사람에게 시키면서 월급만 주었습니다. 소모품도 본인 돈으로 사야 했습니다. 치료를 위해 무급 휴가를 달라고 했더니 그 대답은 해고였습니다.

『임계장 이야기』는 『난장이가 쏘아올린 작은 공』이후 '난쏘공'으로 부른다의 현실판 같습니다. '나'는 인간이지만 임계장이 되는 순간 '고다자'고르기 쉽고 다루기 쉽고 자르기 쉬운로 바뀝니다. 예전에 윤용인 작가의 칼럼 "참 감성적 인간, 픽이나"[215]를 읽고 한국 사회가 공감 능력이 없는 게 안타까웠는데 『임계장 이야기』를 읽고 나니 그 이유가 더 선명하게 보입니다. 읽는 내내 분노와 한숨, 깊은 아쉬움과 삶의 얼룩이 묻어났습니다.

노후를 잘 준비한 사람은 손자 손녀를 보는 재미가, 텃밭을 일구는 재미가 쏠쏠할 것입니다. 하지만 어떤 이는 생존을 위해 싸우고 있습니다. 주인공 같은 사람입니다. 그는 자신이 아니라 가족의 생존을 위해서 자신에게 주어진 일을 어떻게든 해내려고 합니다. 『임계장 이야기』는 '나'라는 한 사람의 노동일지이지만 그 '나'는 170만이나 되는 또 다른 임계장의 삶을 보여줍니다. 한마디로 난쏘공 같은 삶입니다.

난쏘공 가족은 열심히 살았지만, 생활이라는 전쟁에선 날마다 지기만 했습니다. 그런 사람이 여전한 탓일까, 난쏘공 초판 1쇄가 나온 시점이 1978년 6월, 무려 45년 전인데 지금도 읽힙니다. 2017년에는 300쇄를 찍었습니다. 이런 기록이 무엇을 말할까요? 난쏘공에서 제기한 문제들이 여전하다는 뜻입니다. 『임계장 이야기』도 같은 걸 보여줍니다.

문학이나 영화는 사회의 성숙도를 반영하는 거울입니다. 소설 속 난쟁이 가족은 서울 낙원구 행복동에 삽니다. 한데 쇠망치를 든 철거반원들이 냇가에서 자갈을 져 나르고 폐목재를 엮어 가며 애써 지은 집을 쳐부숩니다. 담에 구멍이 뚫리더니 곧 내려앉으며 뿌연 시멘트 먼지가 피어올랐습니다. 그런 가운데 가족은 말없이 식사를 계속했습니다. 늘 생활에 지기만 했던 난쟁이 가족의 마지막 자존심이었습니다.

난쟁이 가족처럼 저자 역시 생활에서 지기만 합니다. 하지만 그가 잘 버텨 준 덕분에 저도 버틸 힘이 생겼습니다. 가난하다고 해도 잘못 산 건 아닙니다. 잘못한 게 없어도 인생이 힘들 수 있습니다. 누가 뭐래도 내가 나에게 당당하면 잘 산 인생입니다. 혼자라고 생각하면 약해져 사람들한테 휘둘리기 쉽습니다. 하지만 한 사람이 삐끗해도 다른 사람이 잘 버텨 주면 절대 같이 자빠지지 않습니다. 그래서 우리는 함께 서는 법을 배워야 합니다.

현실은 부조리하다

저자가 여느 때처럼 음식물 쓰레기통을 수돗가에서 씻고 있을 때 어떤 남자의 호통 소리가 들려왔습니다.

"어이, 경비! 이 새끼, 너 전에 공기업에 근무했었다며? 거기서 국민 세금을 마구 쓰던 습관을 아직도 못 고쳤군! 주민들 피 같은 돈 들어가는 공동 수돗물을 펑펑 써? 이 새끼, 당장 잘라야 할 놈이네. 너 오늘 아주 제대로 걸렸어."98쪽

경비원이 된 후 처음으로 경험한 갑질이었습니다. 당하고 보니 모욕감에 죽고 싶었습니다. 동료 경비원은 그를 '김갑두'라고 불렀습니다. 갑질의 두목이라는 뜻이었습니다. 그 김갑두가 그날 오후에 초소로 와서 사과 한 알을 내밀었습니다. 사과는 껍질이 쭈글쭈글하고 일부는 상해 있었습니다. 버려야 할 사과를 먹으라고 내민 것입니다. 저자가 일하던 아파트에서 10년 넘게 일한 선배가 어느 날 저자를 찾아와서 이렇게 말했습니다.

"자네는 경비원도 사람이라고 생각하지? 그 생각이 잘못된 것이라네. 사람이라면 어떻게 이런 폐기물 더미에서 숨을 쉴 수 있겠는가? 사람이라면 어떻게 이런 초소에서 잘 수 있겠어? 사람이라면 어떻게 석면 가루가 날리는 지하실에서 밥을 먹을 수 있겠는가? 자네가 사람으로 대접받을 생각으로 이 아파트에 왔다면 내일이라도 떠나게. 아파트 경비원이 '사람'이라고 생각하며 경비원은 할 수가 없어."122쪽

지방 광역시가 비정규직 지원센터를 만들어서 아파트 경비원 근무 실태를 파악하기 시작했습니다. 경비원들은 기뻤고 가슴이 벅찼습니다. 간담회에 구청 직원, 지원센터 관계자, 구의원들이 모였습니다. 경비원들이 씻고 먹고 잘 수 있는 시설 기준을 정하는 조례를 제정해 달라고 시의원에게 부탁하자, 의원은 표정이 굳

어지더니 자리를 옮겨 갔습니다. 그 이유를 다른 시의원이 귓속말로 말해 주었습니다.

"아이고, 선생님, 아파트에 사는 사람이 얼마나 많은데 어떤 간 큰 구청장이나 시의원이 그런 조례를 만들려고 하겠어요? 당장 유권자의 절반이 넘는 아파트 주민들이 반발할 것이고 그리되면 다음 선거는 포기해야죠."130쪽

삶이 주는 구원의 손길

〈씨스터 액트〉1992라는 1990년대 미국 코미디 영화가 있습니다. 수녀원을 지켜 주던 철망을 뜯어내는 장면이 나옵니다. 수녀원이 좀 거친 동네 한복판에 있어선지 철망을 세워 출입을 통제했습니다. 그런데 카지노 삼류 가수 돌로리스가 우연히 조폭의 살인사건 증인이 되면서 그곳에 왔습니다. 조폭의 추적을 피해 수녀로 위장해 숨어든 수녀원에선 얼떨결에 성가대 지휘를 맡게 되었습니다.

수녀들은 철망이 있어서 안전하다고 느꼈지만, 안전하다는 착각 속에 자신들이 갇혀 있다는 걸 몰랐습니다. 돌로리스는 이를 간파했습니다. 어렵게 설득하여 철망을 뜯어내자 동네 사람들이 교회로 들어왔고 예배와 찬양에 관심을 보였습니다. 철망을 뜯어내는 일을 저는 '자기인식'이라고 부르고 싶습니다. 이걸 하게 되면 익숙한 것을 낯설게 보기 시작합니다. 그런데 문제는 성장판이 열리면 성장통도 겪는다는 것입니다.

딸의 결혼, 아들의 로스쿨 진학과 주택자금 대출 상환이란 변수가 없었다면 저자가 임계장이 되는 일은 없었을 것입니다. 어쩔 수 없이 계약직 일을 하면서 비정규직의 허약한 지위를 알게 되었습니다. 개인적으로는 안타까운 일이지만 문학이라는 그림으로 보면 그게 삶이 주는 구원의 손길인지도 모릅니다. 몰랐던 세상을 알게 되는 것, 그것이 문학일 것입니다.

소크라테스가 '너 자신을 알라'고 했던 말이 자기인식입니다. 임계장 이야기는 저자가 처음으로 경험한 자기인식일 것입니다. 이걸 새로운 정보로 가르치는 법은 없습니다. 언제나 새로운 관점을 통해서 가르칩니다. 저자는 일터에서 불합리한 일을 경험할 때마다 노동일지에 기록했습니다. 기록한다는 것은 옳고 그름의 분별력이 생겼다는 뜻입니다. 그저 앉아서 한탄만 하는 것과 기록하는 것은 전혀 다른 것입니다.

임계장이 되지 않았다면 어떻게 되었을까요? 아마도 평안한 삶을 살다가 때가 되면 아름답게 퇴장했을 것입니다. 어느 쪽이 더 행복일까는 저마다 다를 테지만 저는 그가 임계장이 되었기에 더 성숙해졌다고 생각합니다. 그리고 그 덕분에 저 역시 인간다움이 뭔지를, 주변에서 보는 삶의 풍경이 무엇을 말하는지를 다시금 배웁니다. 내가 얼마나 인간다울 수 있을지는 아무도 모르는 거라는 걸 문학은 확인해 줍니다.

『눈먼 자들의 도시』를 보면 실명이 코로나19처럼 전염되자 인간다움이 순식간에 허물어졌습니다. 다들 못 본다고 생각되자 아무 데서나 침을 뱉고 배설을 합니다. 드물긴 하지만 악에서도 선이 나옵니다. 하지만 작가는 선에서도 악이 나올 수 있다고 가정합니다.[216] 저는 그런 가정을 『임계장 이야기』에도 적용해 봅니다. 우리 사회도 소설 속 눈먼 사람들과 다를 게 없었습니다. 차이가 있다면 우리는 볼 수 있다는 것뿐입니다.

힘들수록 '나'를 잘 살펴야 합니다. 자신을 명확히 아는 건 변화를 위한 시작점에 선 것과 같기에[217] 문학은 언제나 '나'를 들여다봅니다. 내가 어떻게 느끼고 무슨 생각을 하는지 살핍니다. 내가 바로 서면 내가 걷는 인생길만큼 세상이 좋아지기 때문입니다. 이게 문학이 꿈을 꾸는 방식이고, 그리스도인이 살아온 삶의 태도이며, 하나님의 사람들이 세상을 바꾸는 방식입니다.

분노가 서사로 터지는 순간

저자 조정진은 은퇴 후에도 배차원, 아파트 경비원, 주차관리원, 터미널 보안요원으로 네 번의 직종을 경험합니다. 그도 부조리를 경험하면서 놀라고 화가 났겠지만, 독자들도 비슷할 것입니다. 주변을 조금만 돌아보면 재활용품을 수거하는 노인부터 길거리에서 좌판하는 사람까지 보일 것입니다.

난쏘공에서 아버지 직업은 다섯 가지입니다. 채권 매매, 칼 갈기, 고층건물 유리 닦기, 펌프 설치하기, 수도 고치기. 자식들의 삶도 비슷합니다. 첫째는 인쇄소 일을 배웠고, 둘째는 철공소 조수로 시작해 가구공장에서 일했습니다. 막내딸은 빵집에서 일했습니다. 세상은 공부한 사람과 못한 사람으로 나누어져 있었고, 사회는 학교에서 배운 것과는 정반대로 움직였습니다. 이런 일이 19세기 영국에서도 있었습니다.

찰스 디킨스는 『두 도시 이야기』라는 책에서 우리는 천국을 향해 가고자 했지만 실제론 엉뚱한 방향으로 걸어갔다고 이야기합니다.[218] 디킨스도 '어떻게 살 것인가'를 고민했음이 분명합니다. 문학은 이런 고민을 하게 하지만 우리는 문학의 존재를 눈치채지 못합니다. 그건 아마 일상을 읽지 못하기 때문일 것입니다. 일상을 읽는다면 분명히 고민할 것이기 때문입니다. 저는 『임계장 이야기』를 읽을 때도, 윤용인의 칼럼을 읽을 때도 이걸 느낍니다.

윤용인은 작가이자 1인 기업가입니다. 그가 한번은 입찰공고가 나서 제안서를 들고 발주처로 갔습니다. 그날 그는 마지막 발표자였습니다. 대기실은 따로 없었습니다. 물도 제공되지 않았습니다. 경쟁자들끼리 어색하게 앉아 세 시간이나 기다리는 일이 지옥같이 느껴졌습니다. 발주처가 입찰자를 배려하는 마음이 없었기 때문입니다. 어쩌면 당연할 수 있습니다. 발주처 사람들이 볼 때 입찰은 누가 시켜서 한 것이 아니니까요.

일상의 고민부터 비즈니스 전략 그리고 사회의 적폐까지 문학이 개입하지 않는 영역은 없습니다. 영화 〈기생충〉이나 〈미나리〉가 놀라운 것은 그 안에 단단한 스토리텔링이 있기 때문입니다. 〈기생충〉은 수직으로 그려진 계급 우화를 보여주지만, 문제는 계급이 굳어지고 대물림된다는 데 있습니다. 이걸 깨려면 고민해야 합니다. 난쏘공에서의 회사 사람들과 『아연 소년들』에서의 지휘관이 똑같습니다. 다음은 난쏘공의 문장입니다.

회사 사람들은 우리가 생각하는 것을 싫어했다.[219]

이번엔『아연 소년들』입니다.

여기서는 반드시 두 가지를 할 수 있어야 한다. 빨리 걷기와 정확히 조준해서 쏘기. 생각은 내가 한다.[220]

고민하지 않으면 어떻게 될까요? 진짜 중요한 것에 침묵하게 됩니다. 하지만 진짜 중요한 것에 침묵하게 되면 어떻게 될까요? 불의는 그런 침묵을 먹고 삽니다.『임계장 이야기』는『난장이가 쏘아올린 작은 공』,『아연 소년들』,『전쟁은 여자의 얼굴을 하지 않았다』와 함께 분노를 서사로 토해 냅니다. 이 책을 읽게 되면 누구든 화가 날 것입니다. 저는 그 화가 한순간의 분노로 그치지 않길 소망합니다.

숨을 쉬고 싶을 때

구해 달라는 여성의 다급한 비명이 들렸습니다. 여러 사람이 그걸 들었지만 신고한 사람이 없었고 결국 여성은 사망했습니다. 이 사건은 대중의 분노를 촉발했지만 동시에 학자들의 주목을 받았습니다 이것을 '제노비스 신드롬'이라고 부른다[221]. 왜 보면서도 신고하지 않았을까요? 불특정한 다수에 포함되어 있는 한, 안전한 삶에 머무는 한, 움직이지 않습니다. 귀찮고 성가시고 불편하기 때문입니다. 하지만 그게 선한 사마리아인이 한 일이었습니다.

선한 사마리아인이라 하니 아주 오래전 일이 생각납니다. 1990

216

년대 초 신림동에 살 때 하루는 목사님 댁에 갔다가 교단 신문에 실린 기사를 보게 되었습니다. 시골 교회에 60세가 넘은 심방 전도사가 있었습니다. 어느 날 그 교회는 재정이 부족했는지 전도사를 내보냈습니다. 교회 재정이 뻔했으니 전도사는 말이 없었습니다. 그런데 한 달쯤 후 그분이 돌아가셨는데 사망 원인은 아사餓死였습니다. 부엌 어디에도 밥을 한 흔적이 없었습니다.

전도사는 사임을 했으나 어디 가서 손을 내밀 만한 곳이 없었습니다. 쌀독에 쌀이 떨어졌고 결국 금식하다가 돌아가셨습니다. 대책 없이 내보낸 교회의 사려 깊지 못한 결정이 원인이지만 '강요된 청빈'은 지금도 계속되고 있습니다.[222] 개척교회를 시작한 목회자나 나이가 찬 부목사의 경우엔 자존감을 지키며 살기 힘든 시대가 되었습니다. 오웰의 소설 『숨 쉬러 나가다』를 읽는데 저는 가난한 목회자가 생각났습니다.

청빈한 신앙의 삶은 아름답습니다. 문제는 이 짐이 개척교회나 시골교회, 혹은 후원을 받기 힘든 사역들예컨대 대안학교나 다문화을 감당하는 사람들에게 지워진다는 것입니다. 어쩌다 알게 된 현실을 외면하지 못해 도와주다 붙잡히게 되는데 그 짐을 혼자 감당할 때가 많습니다. 적극적으로 알려 후원이라도 받으면 좋은데 요령이 없습니다. 그게 꼭 남의 아픔이나 슬픔을 팔아 돈벌이를 하는 것 같이 느껴지기 때문입니다.

소설은 80여 년 전 영국에 살던 한 가장, 조지 볼링의 삶을 보여줍니다. 나이는 45세이고 보험 일을 합니다. 좋은 아빠이자 남편이지만 사는 게 벅찼습니다. 집에는 욕실이 따로 없었습니다. 위생 시설도 열악해서 날이 더우면 심한 악취가 났고, 난방 없는 겨울철 아침엔 얼어붙은 세면대를 깨야 했습니다. 그 시절 조지 불링 같은 사람들은 어떻게 힘든 삶을 견뎌 냈을까 궁금했는데, 작가는 '바로 안정됐다는 느낌이었다'라고 설명합니다.[223]

독자가 된다는 것은 개연성을 아는 것입니다. 소설 속 인물에게 일어난 일이 자신에게도 일어날 수 있다는 것을 알게 되는 것입니다. 소설 속 조지의 모습은 임계장의 모습이기도 하고 또 현재를 살아가는 우리의 모습입니다. 시대는 달라도 살아가는 삶은 비슷합니다. 소설에서 조지는 소심한 일탈을 합니다. 아내 몰래 비상금을 모아 일주일간 고향에 다녀옵니다. 하지만 설렘을 안고 간 고향은 자신이 사는 동네와 별반 다르지 않았습니다.

거위 무리 속 권력

『임계장 이야기』는 퇴직 후 삶이 원치 않는 방향으로 흘러갈 때 일어나는 이야기입니다. 개인사이지만 공적인 이야기입니다. 개인사와 역사는 씨줄과 날줄처럼 서로 엮이며 시대라는 무늬를 만들어냅니다. 역사에서 개인이 빠지는 법이 없고 개인의 삶에서도 역사가 빠지는 법이 없습니다. 박완서는 개인사와 역사가 맞물려 어떻게 '나'라는 인생을 만들어 내는지를 소설로 보여줍니다. 신기한 건 이게 동물들 세계에도 보인다는 점입니다.

〈고네기와 가족〉이라는 유튜브 채널이 있습니다. 저는 가끔 이 채널에 들러서 작은 숲속 농장에서 키우는 거위, 고양이, 염소와 닭을 보곤 합니다. 양계장 폐계가 자유로운 마당에서 행복해지는 모습이 인상적이었습니다. 그러다 왕좌를 빼앗긴 우두머리 거위의 삶을 다룬 동영상을 보게 되었습니다.[224] 거위들은 정문에서 시간을 보내며 이곳을 지나가는 사람들에게 소리를 지르는 게 일과였습니다. 이는 집을 지키는 행위입니다.

그런데 최근에 리더가 바뀌었습니다. 새 리더는 '그레이'입니다. 이 녀석은 좀 난폭합니다. 이 녀석에게 쫓겨난 리더는 '짱'이고 짱의 추종자로 '토리'가 있습니다. 짱이 리더이던 시절 짱은 무리를 다그치지 않았습니다. 그래서 거위들은 짱을 좋아하고 잘 따랐습니다. 하지만 짱은 왕좌를 빼앗겼습니다. 그동안 짱에게 충성했던 거위들은 힘의 주인이 바뀌자 변절했습니다. 오직 토리 하나만 짱 곁에 남았습니다. 토리는 분명 의리가 있는 거위입니다.

짱은 풀이 죽어 있습니다. 토리도 마찬가지입니다. 밥이 있지만 그레이 눈치를 보느라 못 먹고 지나갑니다. 그런 모습도 짠한데 두 거위는 모습까지 지저분합니다. 거의 노숙자 수준입니다. 반면 그레이와 다른 거위들은 몸이 깨끗합니다. 거위들의 사회에서 물은 권력입니다. 물은 갈증 해소뿐 아니라 몸을 씻기 위해 꼭 필요합니다. 허나 물은 권력자만이 마음대로 사용할 수 있습니다. 짱과 토리가 더러운 건 그레이가 있을 땐 물을 사용하지 못했기 때문입니다.

그레이와 추종자들은 물을 마음껏 사용합니다. 그래서 몸이 깨끗합니다. 영상을 더 보니, 그레이가 거위 '소프트'와 강제로 짝짓기를 하고 있습니다. 뒤늦게 토리가 짝짓기를 시도하지만, 소프트가 거부합니다. 이때 '핑크'가 물을 먹으러 옵니다. 그도 그레이의 추종자입니다. 짱과 토리가 자리를 비켜 줍니다. 짱은 서열이 제일 낮은 핑크조차 피해야 합니다. 짱은 수시로 그레이의 위치를 확인할 만큼 불안감을 느낍니다.

거위들의 모습을 보다 보니 『서부전선 이상없다』에서 작가가 쓴 장면이 떠오릅니다.[225] 한 병사가 전쟁터에서 권력을 설명합니다. 개에게 감자를 먹는 훈련을 시키다가 고기 한 점을 주니 물려고 달려들더랍니다. 사람도 조그만 권력이라도 주어지면 덥석 물고 늘어질 것입니다. 군대도 보니 늘 누가 다른 사람에게 권력을 행사하고, 계급으로 아랫사람을 누르고, 훈련으로 사람을 쪼아 댑니다.

나는 그때만 생각하면 분통이 터진다

임계장, 거위 짱, 『서부전선 이상없다』 속 인물 모두 아픔이 있습니다. 이런 아픔을 박완서 작가는 스무 살 때 겪습니다.[226] 6·25 전쟁이 일어난 것입니다. 다들 서울을 버리고 피난을 갔는데 박완서 가족은 두 번이나 서울에 남았습니다. 첫 번째는 '시민들은 안심하고 생업에 종사하라'는 방송을 믿은 탓이고, 두 번째는 오빠가 죽어 가고 있었기 때문입니다. 하지만 그 잔류로 인해 부역자 처벌에 걸려 모진 고생을 합니다.

숙부와 숙모는 수복 후 연행되어 즉결 처분을 받았습니다. 공산군에게 술을 빚어 주었다는 이유 때문입니다. 국민에게 안심하라고 속이고 도망친 도강파는 9·29 수복 후 무자비한 복수를 했습니다. 그건 어쩌면 자기 잘못을 뻔히 아니, 그것을 어떻게든 덮으려는 자격지심 때문일 것입니다. 진짜 빨갱이들은 공산군을 따라 월북했는데 서울에 남은 애먼 사람들이 끌려가 고초를 당했고 박완서도 예외가 아니었습니다.

전쟁의 가장 큰 고통은 배고픔이었습니다. 춥고 먹을 것 하나 없는 서울에서 어떻게든 살길을 찾아야 했습니다. 위화가 『인생』[227]이나 『허삼관 매혈기』[228]에서 보여주듯이 삶은 견뎌 내야 하는 것인지도 모릅니다. 이웃을 보니 부부가 양식을 구하러 시골로 갔다가 도중에 남편이 총에 맞아 죽었습니다. 아내는 혼자서 양식을 구해 와 밥을 해 자식들을 먹여야 했습니다. 그러나 박완서 가족은 그렇지 못했습니다.

공산당이 서울을 점령했을 때 밥도 제대로 먹지 못했는데 억지로 방소 예술단의 공연을 보아야 했습니다. 양식 대신 예술을 들이대며 즐기기를 강요하는 그들이 무서웠다고 박완서는 말합니다. 상처가 깊어서일까, 전쟁이 끝나고 행복한 가정을 이뤘어도 마음의 상처는 치유되지 않았습니다. 40세에 쓴 데뷔작 『나목』[229]을 시작으로 소설들이 봇물 터지듯 쏟아져 나왔습니다. 박완서에게 소설은 상처를 치유하는 마법 같은 힘이었습니다.

미시사와 거시사

구약을 읽을 때 룻기가 왜 성서에 들어갔을까, 생각한 적이 있습니다. 그 앞에 나오는 여호수아서나 사사기와는 좀 결이 달랐기 때문입니다. 욥기를 읽을 때도 그런 생각을 했습니다. 욥이란 사람을 너무 세밀하게 들여다본다고 느꼈기 때문입니다. 룻기를 읽으면 사사 시대를 살아간 사람들의 삶이 손에 잡힐 듯 느껴집니다. 그것이 미시사가 하는 일입니다. 제도, 왕조, 전쟁을 다루는 거시사에서 느끼지 못하는 한 사람의 삶을 들여다봅니다.

우리가 성경공부에서 본 내용은 거의 다 거시사입니다. 미시사는 정치적 사건이나 몇몇 리더에 집중하여 구체적인 인간이 빠진 역사를 반성합니다. 그래서 개인의 삶을 클로즈업해서 봅니다. 역사는 거시사와 미시사가 서로를 보완하여 전개되는 것이 맞을 것 같습니다. 그래서 청교도 역사를 제대로 읽으려면 소설『주홍 글자』나 '반쪽 신자'[230] 안에 함께 들어가야 합니다. 그래야 진짜 청교도의 역사가 됩니다.

한국 교회는 청교도의 신앙에 관심이 많습니다. 그들의 경건함과 탁월함에 늘 감탄합니다. 그들은 정말 신실했고 탁월했습니다. 하지만 역사라는 게 완벽한 형태로만 진행되는 건 아닙니다. 그들 가운데도 반쪽 신자가 있었습니다. 사람 사는 데는 어디든 똑같은 것 같습니다. 빛이 있으면 그늘이 있고 거룩한 만큼 속된 것도 있습니다. 그래서 균형 잡힌 시각을 갖는 게 중요합니다. 미시사는 위태로운 인생을 산 한 사람에게 주목합니다.

역사라는 것이 완벽한 형태로 대물림되는 건 아닙니다. 앞으로 몇 백 년 후 우리의 후손이 우리가 사는 21세기 초를 들여다보고 싶다면 어디를 뒤질까요? 아마 유튜브를 제일 먼저 뒤질 것이고 영화나 드라마도 살펴볼 것입니다. 하지만 구체적이고 내밀한 얘기를 듣고 싶다면 문학책을 살필 것입니다. 속마음을 적어 놓은 곳은 문학밖에 없으니까요. 그래서『주홍 글자』를 읽어야만 하는 것입니다.

설교나 기도회 때 하는 논의들이 있습니다. 멋지고 아름답지만 '외화내빈'인가 아닌가 하는 것입니다. 왜냐하면 현실의 삶으로 들어가지 못하고 겉돌기 때문입니다. 설교자가 설교하지만, 설교를 위한 설교일 때가 많습니다. 원론만 얘기하고 무엇을 구체적으로 실천해야 하는지 보여주지 못합니다. 또 어떤 경우엔 번영신학의 영향으로 헛된 희망을 불어넣거나 아니면 반대로 이번 생에선 일단 꿈을 접고 천국이란 다음 생을 선점하도록 오도합니다.

문학은 개인사를 다룹니다. 하지만 작가는 개인사를 역사라는 거대한 내러티브 속에 배열하고 해석합니다. 식자들만 기록을 남긴 게 아닙니다. 아주 평범한 우리 주변의 사람들도 많은 기록을 남겼습니다. 이게 무슨 말인지를 수집품 몇 개로도 설명할 수 있습니다. 박건호 수집가가 있습니다.[231] 그의 수집물 중엔 북한군 포로가 부모에게 보낸 편지도 있고, 어떤 사람이 철도공사장에서 공사한 내용을 기록한 것도 있습니다. 23세 청년이 1933년에 쓴 것입니다.

수집품 중에는 태극기가 있습니다. 그런데 일장기를 재활용한 태극기입니다. 해방이 되니 급하게 일장기를 가져와서 태극기를 만든 것입니다. 그런데 잘 보면 태극기 위쪽은 공을 들여서 그렸는데 아래쪽은 대충 그렸습니다. 태극기를 차분하게 그릴 마음의 여유가 없었던 것입니다. 이 태극기 하나만 봐도 해방 직후 상황의 열기와 환희를 엿볼 수 있습니다. 재활용 태극기 하나로 시대와 그 시대를 살다 간 인생을 그려 내는 사람이 작가입니다.

미시사는 성경을 읽을 때도 요긴합니다. 복음서를 보면 예수님이 만난 사람들—38년 된 병자, 사마리아 여인, 혈우병 여인, 나병 환자, 세리, 어부 등—의 모습이 나옵니다. 이들은 공동체의 주변부로 밀려나 있거나 아예 보이지 않는 존재입니다. 예수님은 이들을 인생이라는 이야기 안으로 끌어들임으로써 소망을 주십니다. 그들에겐 인간다운 삶을 살 수 있도록 하고 독자인 우리에겐 좋은 삶을 고민하게 하십니다.

역사가 나의 삶을 망쳐 놓을 때

언젠가 한국 방송에서 아프리카 지역으로 취재하러 간 적이 있습니다. 하도 오래전이라 나라 이름도 기억나지 않습니다. 기억나는 건 한 장면입니다. 한 건물에서 여자가 청소하고 있었습니다. 한 남자가 그 여자를 가리키며 전쟁 전에는 교수였다고 말해 주었습니다. 바로 그 짧은 순간 한국 기자와 여자의 눈빛이 마주쳤습니다. 둘은 대화를 나누지 않았지만, 그 여자의 눈빛이 아주 오래도록 마음에 남았습니다. 그리고 우연히 그런 눈빛을 다시 보게 되었습니다.

일제강점기인 1932년 4월 23일 한 여인이 자택에서 별세했습니다.[232] 나이는 겨우 스물일곱. 부고 기사는 한 줄이지만 그다음 날 동아일보에 실렸습니다. 여인은 서대문 밖 거리에서 콩나물을 팔던 사람인데 신문에 부고 기사가 난다는 건 의외입니다. 여기엔 사연이 있었습니다. 여인의 이름은 최영숙이고 1905년 여주 출생입니다. 그녀는 이화학당과 중국 회문 여학교에서 수학했고,

1926년 유럽으로 유학을 떠난 인재였습니다.

그는 22세 때 하얼빈에서 유럽-아시아 연결 열차를 타고 스웨덴으로 갔습니다. 동양인 최초로 스톡홀름 대학에서 정치경제학을 전공했습니다. 5년 뒤 조선 최초의 경제학사가 되어 귀국했지만, 현실은 냉정했습니다. 5개 국어를 구사한 당대 최고의 엘리트 여성이었지만 취직할 자리가 없었습니다. 일제강점기라 조선인의 취직은 험난했습니다. 어느 곳에서도 취업할 수 없었습니다. 1932년 무직자 비율이 42.7퍼센트였습니다.

잡지 『삼천리』1932년 5월호에 실린 기사에 따르면 최영숙이 할 수 있는 일은 작은 점포에서 콩나물, 미나리, 감자, 배추를 파는 일뿐이었습니다. 귀국한 지 5개월 후인 1932년 4월 23일 그 아까운 인재가 영양실조에 걸려 세상을 떠났습니다. 그가 쓴 마지막 편지에 이런 문구가 있었다고 합니다. "돈, 돈, 나는 이제야 돈의 철학을 알았다." 그녀가 생전에 했다는 말이 가슴을 울립니다. 최영숙의 말입니다.

> 남녀평등권이 실현된 그들의 생활 … 외국 여성들의 행복하고 자유스러운 사회활동이 참으로 부럽습니다.[233]

최영숙의 인생은 제3세계에선 현재 진행형입니다. 소설에서 찾는다면 할레드 호세이니의 『천 개의 찬란한 태양』[234], 파리누쉬 사니이의 『나의 몫』[235]이나 아티크 라히미의 『인내의 돌』[236]이 되고, 현실에서 찾는다면 『나는 말랄라』[237], 『이단자』[238], 『사막의 꽃』[239], 『왕 여인의 죽음』[240]이 될 것입니다. 어느 책을 읽든 최영숙 같은 여인들이 적지 않았음을 알게 되지만 그래도 그들을 기억하는 작가가 있다는 게 위로가 됩니다.

박완서의 『그 많던 싱아는 누가 다 먹었을까』를 읽으면 기억이 주는 위로를 느끼게 됩니다. 자신의 어린 시절[1930년대에서 1950년대까지]을 회고하며 쓴 소설인데 그 표현이 생생해서 작가를 눈앞에서 보는 것 같습니다. 작가가 엄마를 기억하며 쓴 묘사들이 인상 깊습니다. 엄마는 기생 바느질을 하면서도 체면을 따졌습니다. 딸은 이런 엄마의 약점을 누구보다 잘 알고 있습니다. 하나만 예를 들어봅니다.

> "너는 공부를 많이 해서 신여성이 돼야 한다." 오로지 이게 엄마의 신조였다. 나는 신여성이 뭔지 이해하지 못했다. 엄마도 마찬가지였을 것이다. 신여성이란 말은 개화기 때부터 생긴 말이지만 엄마에겐 그때까지도 해독되지 못한, 그러나 매혹적인 그 무엇이었다.[241]

소설 『파친코』가 있습니다. 박완서 작가와 시대가 일부 겹칩니다. 한국계 미국작가 이민진이 썼는데 첫 문장이 인상적입니다. "역사는 우리를 망쳤지만 그래도 상관없다."[242] 이 소설은 나라를 빼앗긴 백성들이 타국에서 겪는 고단한 삶을 들려주고 있습니다. 『파친코』나『그 많던 싱아는 누가 다 먹었을까』를 보면 개인의 삶을 시대의 역사와 떼어 놓고 볼 수 없다는 게 보입니다. 두 작품 모두 엇비슷한 아픔을 기억하며 위로합니다.

가끔은 문장을 눈으로 읽고 마음으로 다시 읽을 때가 있습니다. 책 속에서 마음에 와닿는 문장을 만났기 때문입니다. 다음 책들을 읽으면 같은 경험을 할 수 있습니다. 단언컨대 삶에 통찰을 주는 문장을 만날 것입니다. 읽다 보면 작가의 무심한 말이 감동을 줍니다. 저의 경우 조세희와 피에르 르메트르를 읽을 때 그랬습니다. 뻔한 이야기를 뻔하지 않게 하는 게 뛰어난 작가입니다. 피에르 르메트르의 『실업자』를 보면 알 수 있습니다.

이야기는 간단합니다. 주인공 알랭은 60대이고 실직 상태입니다. 무슨 일이라도 해야 하지만 쉽지 않습니다. 운 좋게 대기업 최종 면접까지 가게 되었는데 최종 면접이 특이합니다. 가상인질극이 최종 면접입니다. 회사는 가상 인질극을 통해 누가 진짜 회사에 충성하는지를 가려내려고 하는데, 열 받은 알랭이 그만 진짜 인질극을 벌이면서 진짜 이야기가 시작됩니다. 다음 이야기를 예측할 수 없을 정도로 흥미진진합니다.

『난장이가 쏘아올린 작은 공』조세희, 이성과힘, 2000

『실업자』피에르 르메트르, 다산책방, 2013

8장

살면서 만나는 단 한 번의 확실한 감정

젊을 땐 사랑이 전부입니다. 하지만 그 사랑만 보고 살기엔 인생에 변수도 많고, 그래서 내 뜻대로 되는 게 그리 많지 않다는 것을 그때는 알지 못합니다. 결혼으로 부부가 되었어도 진실한 부부가 되기 위해서는 평생의 노력이 필요할 수 있다는 걸 그때는 모릅니다. 살다 보면 내가 미울 때도 있고, 상대가 미울 때도 있고, 하나님이 원망스러울 때도 있습니다. 하지만 미움도 안으면 따뜻하다는 것을 그때는 알지 못합니다.

작가의 눈으로 보는 세상이 현실보다 더 좋을 때가 있습니다. 『매디슨 카운티의 다리』[243]가 그렇습니다. 누군가를 만나 사랑에 빠집니다. 이미 결혼해서 자녀를 두었지만 끌리는 감정이 수습이 안 됩니다. 그렇게 나흘간 꿈같은 시간을 보냈습니다. 분명히 일탈이고 외도인데 이 감정이 아름답게 느껴지는 건 왜일까요. 이 소설엔 아름다운 무언가가 있습니다. 읽고 나면 솔로몬이 술람미 여인에게 이끌렸던 그 사랑의 감정이 뭔지 이해가 됩니다.

하루하루 열심히 살다가도 문득 '나는 나를 알고 있을까?'란 생각이 들 때가 있습니다. 당연히 '알지'라고 답을 하고 싶지만 그게 안 될 것입니다. 소설 속 인물들인 프란체스카 존슨과 로버트 킨 케이드가 그랬습니다. 자신을 알려면 자신의 감정을 읽어야 하는 데, 여기서부터 브레이크가 걸렸습니다. 사랑에 빠지면 자기 자신 에게도 속내를 털어놓지 못합니다. 프란체스카가 그랬습니다.

　저에게 사랑은 스물일곱 살에 찾아왔지만, 프란체스카에게는 마흔다섯 살 때 찾아왔습니다. 그때 로버트는 쉰두 살이었습니다. 둘을 보면서 사랑에는 나이가 없다는 걸 실감합니다. 남자는 사진 작가였습니다. 체구는 크지 않았지만 단단했습니다. 9년 전 이혼 을 했고 그 후론 아주 가끔 사랑했지만 홀로 지내는 것에 익숙해 있습니다. 남자는 조금이라도 끌리는 여자를 만나면 다루기 힘든 감정을 느끼는데, 이번은 그 정도가 달랐습니다.

　저는 『매디슨 카운티의 다리』를 영화로 먼저 알았고 그 뒤 소설 을 찾아 읽었습니다. 동화 『터크 애버래스팅』도 영화로 먼저 알았 고 그 뒤 소설[244]을 찾아 읽었습니다. 영상을 먼저 보면 시각적 잔 상이 남아 이야기에 몰입하는 데 방해가 됩니다. 제가 영화를 보 지 않았다면 상상의 눈으로 읽는 사랑 이야기가 훨씬 더 애틋했 을 것입니다. 그게 아쉽긴 하지만 읽는 순간 다시 마음에 불을 지 피는 문장들이 있습니다.

　　애매함으로 둘러싸인 이 우주에서, 이런 확실한 감정은 단 한 번
　　만 오는 거요. 몇 번을 다시 살더라도, 다시는 오지 않을 거요.
　149~150쪽

길이 앞으로만 가는 게 아니듯 사랑도 비슷할 것입니다. 프란체

스카나 로버트에겐 꿈이 없었습니다. 꿈이 없으니 설렘도 없었습니다. 그러니 삶에 이야기가 없습니다. 인생이란 자신만의 이야기를 써 가는 시간일 텐데 일흔 살이 되었을 때 우리는 어떤 이야기를 쓰게 될까요? 그것을 이 소설이 잘 보여줍니다. 이들이 함께한 시간은 겨우 나흘이지만, 그 나흘이 긴 인생을 견디게 하는 발판이 되었다는 게 아이러니합니다.

모든 감정이 한순간에 터지는 순간, 0.2초

프란체스카는 그를 본 지 몇 초 사이에 끌렸습니다. 한 학술논문을 보니 끌림을 판단하는 시간은 불과 0.2초라고 합니다.[245] 그 짧은 순간 뇌 속에서 일어나는 화학 작용으로 우리는 사랑에 관한 결정을 내립니다. 아이오와주 시골에서 전업주부로 사는 그녀도 설레기 시작하자 섬세해집니다. 그녀가 느낀 감정은 『폭풍의 언덕』에서 여주인공 캐서린이 느낀 감정과 비슷합니다. 캐서린은 사랑의 느낌을 이렇게 표현합니다.

나는 그가 서 있는 땅도 사랑하고, 그가 숨 쉬는 공기도 사랑하고, 그가 만지는 모든 것, 그가 말하는 모든 말을 다 사랑해. 그의 모든 표정, 그의 모든 행동, 그의 전부를 사랑해.[246]

아담이 하와를 처음 보았을 때의 느낌이 궁금합니다. 분명 끌리는 뭔가가 있었을 것입니다. 프란체스카의 시선에서 실마리가 보입니다. 그녀는 햇볕에 탄 피부가 땀에 젖어 번들거리는 모습과 근사한 입술이 좋고 그의 눈빛도 좋습니다. 그녀의 시선은 그의 손등에 난 잔털, 청바지를 입은 엉덩이, 오른쪽 주머니의 손수건도 놓치지 않습니다. 그가 사진은 찍는 게 아니라 만드는 거라고 한 말도 좋고, 그가 자신을 바라보는 눈길도 좋습니다.

프란체스카나 로버트의 시선, 그리고 이 둘을 바라보는 작가의 시선을 따라가다 보면 느껴집니다. 술람미 여인을 바라보는 솔로몬의 모습이 이렇지 않았을까 하고요. 제가 볼 땐 닮았습니다. 프란체스카는 그가 방충망을 얌전하게 닫는 것도 마음에 듭니다. 이게 뭐 대단한 걸까 싶지만 끌리면 아주 사소한 것에도 감동합니다. 콩깍지가 씐 게 분명하지만 그건 그녀 자신도 몰랐던 그녀 안에 있던 '또 다른 그녀'의 모습입니다.

하나님이 인간에게 준 사랑이란 감정은 놀랍습니다. 그 사람에게 끌린 0.2초의 순간은 우리가 평생 찾고 상상했던 모든 감정이 한순간에 터지는 느낌일 것입니다. 이런 느낌을 아가서 곳곳에서 묘사하는데 작가는 그런 느낌을 "한 번도 가 본 적 없는 고향으로 향하고 있다"[134]쪽라고 표현합니다. 프란체스카는 하나님께 자신의 혼란스러운 마음을 몇 번씩 고백하는데, 아가서는 그 느낌을 이렇게 묘사하고 있습니다.

내 사랑하는 자는 내게 속하였고 나는 그에게 속하였도다[아가서 2:16].

운명 같은 사랑에 빠지면 자신이 걸어온 모든 길은 사랑하는 이를 만나기 위한 여정으로 바뀝니다. 솔로몬이 그랬습니다. 솔로몬은 자신을 사랑하는 사람의 소유로 선언합니다. 다른 이의 소유가 되기를 원하는 이는 없을 것입니다. 그런데 사랑에 빠지니 달라집니다. 프란체스카도 솔로몬과 비슷한 말을 합니다. 자신은 이제 당신의 포로라고 고백합니다. 이 말을 들은 로버트는 이렇게 말합니다.

> 적어도 난 당신을 소유하고 싶지는 않아요. 우리 둘은 우리가 '우리'라고 새로 만들어 낸 다른 존재의 안에 있다고 생각해요. …… 우리 둘 다 스스로를 잃고 다른 존재를, 우리 두 사람이 서로 얽혀 들어 하나로만 존재하는 그 무엇인가를 창조해 낸 거요. 맙소사, 우린 사랑에 빠졌소.146쪽

여기서부터가 관건입니다. 『매디슨 카운티의 다리』가 나흘간의 일탈을 다루지만 아름다운 데는 이유가 있습니다. 두 사람 모두 성장을 하고, 서로에게 강하게 끌리지만 절제하기 때문입니다. 호감을 느끼고 아름답게 시작했어도 외도의 끝이 추한 건 그 사랑이 성적인 욕구 충족에 머물기 때문입니다. 그 경우 호감이 집착으로 집착이 소유로 이어지고, 상대를 소유하고자 할수록 사랑은 더 멀어집니다. 이걸 성경도 보여줍니다.

성경에서 암논은 이복 누이 다말을 좋아합니다. 한데 겁탈한 뒤 버립니다사무엘하 13:1~19. 성적 욕구가 채워지자 사랑이라고 여겼던 감정이 단번에 추해졌습니다. 이런 일은 막장 드라마에서 종종 다뤄지고 『안나 카레니나』에서도 비슷한 전개가 있습니다. 안나는

왜 자살했을까요? 그의 자살은 '증오로 인한 자기 학대'[247]에 가깝습니다. 사랑을 소유하고 싶은데 그게 안 되니 미워하게 되고 이게 자기 파괴적인 결과로 이어진 것입니다.

『매디슨 카운티의 다리』는 문학적으로 뛰어난 소설이 아닙니다. 외도를 미화한다는 오해의 소지도 있습니다. 하지만 작가의 시선을 따라가다 보면 느끼는 게 있습니다. 끌림은 선한 감정이지만 그 감정이 아름답게도 혹은 추하게도 변할 수 있다는 걸요. 나흘간의 일탈은 못 이룬 사랑입니다. 소설 끝에 함께 떠날까 말까를 고민하는 대목이 나옵니다. 함께 떠났다면 불륜으로 끝났을 것입니다. 그리고 사랑도 지키지 못했을 것입니다.

사랑은 깊디깊은 외로움에 뿌리를 내린다

당신 생각을 켜 놓은 채 잠이 들었습니다.[248]

외우기도 좋고 마음에도 남는 함민복의 한 줄 시입니다. 시 제목은 '가을'이지만 프란체스카의 마음 같습니다. 그가 온 지 하루 만에 그녀는 로버트를 좋아하게 되었습니다. 그를 보자 남녀를 끌어당기는 생리학적 변화가 일어났고 프란체스카는 그 변화가 주는 힘을 느꼈습니다. 그건 세포 속에서 통제할 수 없는 뭔가가 터지는 것 같았습니다. 작가는 프란체스카가 겪는 변화를 예이츠의 시 '방황하는 잉거스의 노래' 한 구절로 표현합니다.

나는 개암나무 숲에 갔었네. 내 머릿속에 불이 났기에.[249] 96쪽

프란체스카는 젊은 시절 고교에서 영어를 가르쳤고 아이가 생기며 전업주부가 되었습니다. 그녀가 나누는 대화를 보면 그녀가 문학적인 대화에 굶주려 있는 게 느껴집니다. '자기 생각과 꿈과 일상을 나눌 누군가를 찾고 있었구나'라는 게 느껴집니다. 그녀는 로버트와 처음 만나 저녁 식사를 하고 헤어지고 나니 아쉬운 마음이 들었습니다. 그 아쉬움에 로즈먼 다리로 달려가 그곳에 메모를 남깁니다.

'흰 나방들이 날갯짓할 때' 다시 저녁 식사를 하고 싶으시면, 오늘 밤, 일이 끝난 후 들르세요. 언제라도 좋아요.[250] 101쪽

'흰 나방들이 날갯짓할 때'란 표현도 예이츠 시에 나옵니다. 시제목에서 잉거스는 아일랜드 전설에 나오는 사랑의 신입니다. 소설에 보면 둘이 산책할 때 "그녀가 간 곳을 찾아가/ 입 맞추고 손 잡으리/ 얼룩진 긴 숲을 함께 걸으며/ 시간이 다하도록/ 달의 은빛 사과/ 해의 금빛 사과를 따리" 같은 표현이 일부 나옵니다. 이런 산책 장면이 『주홍 글자』에도 나옵니다.[251] 호손은 모녀가 숲을 산책하는 장면을 꼼꼼하게 묘사합니다.

모녀는 어쩌다 보니 이 숲길을 지나는 행인의 눈에도 띄지 않을 만큼 깊은 숲속으로 들어가고 말았다. 그들은 이끼가 무성한 곳에 앉았다. …… 그들이 앉아 있던 곳은 작은 골짜기였는데, 양

편으로 부드럽게 솟아오른 둑 위에는 낙엽이 수북하게 쌓여 있었고, 그 한가운데로 시냇물이 흐르고 있었으며, 시냇물에는 낙엽이 가라앉아 있었다. 그 위에 걸쳐 있는 나무에서 이따금 가지들이 축 늘어져서 물의 흐름을 가로막아 군데군데 소용돌이와 깊은 웅덩이를 만들어 놓았다. …… 거대한 나무들과 둥근 화강암은 이 작은 개울의 신비를 감추는 데 여념이 없는 것 같았다.[252]

소설에서 작가가 세밀히 묘사하는 이유가 있습니다. 그 묘사를 통해서 인물의 내면을 들여다볼 수 있기 때문입니다. 『주홍 글자』에서 어머니 헤스터와 딸 펄 모녀는 이끼가 무성한 곳에 가 앉습니다. 시냇물에는 낙엽이 가라앉아 있고, 늘어진 나뭇가지가 물의 흐름을 막아서 군데군데 소용돌이가 생겨났습니다. 물에 반사되는 빛, 검은 여울, 잿빛 이끼로 덮인 바위는 비밀을 감추고 있는 듯합니다. 이런 감정을 로버트는 릴케의 시로 표현합니다.

고대의 탑 주변을 …… 나는 천년 동안 돌고 있네.139쪽

작가는 통속적인 주제를 순수하고 아름답게 그려 냈습니다. 물론 소설에는 잘 나와 있지 않지만, 영화에서 두 자녀는 어머니의 일탈에 크게 당황했습니다. 사랑이라는 감정은 달콤하지만, 또 씁쓸하기도 합니다. 어느 쪽이든 사랑은 깊디깊은 외로움에 뿌리를 내리며 자란다는 생각이 듭니다. 그래도 읽으며 힘이 되는 건, 우리의 인생에서 '사랑은 두 사람이 같은 마음으로 사랑할 때 가장

빛난다'[253]는 것을 알려 주기 때문입니다.

"선을 넘지 않는 게 좋지 않겠어?"

프란체스카는 남편을 사랑했습니다. 아이들도 물론 사랑합니다. 아무 불만이 없었습니다. 그런데 프란체스카는 남편이 출장을 갔을 때 로버트를 만났습니다. 잘생긴 사진작가입니다. 로버트와 함께 있는 시간이 너무 즐겁습니다. 그것은 자신이 생각해도 이상했습니다. 남편이 아닌 남성의 키스를 받은 것만으로 프란체스카는 흥분했습니다. 저녁 식사 약속을 한 날 읍내에 나가 옷을 사고 공들여 고칩니다. 그 마음을 한 문장으로 정리하면 이럴 것입니다.

내가 눈을 돌릴 때 나를 보는 그의 눈빛이 좋아.[254]

영화 〈비포 선라이즈〉 속 대사이지만 프란체스카는 마음속으론 이런 생각을 했을 것입니다. 소설 곳곳에서 프란체스카는 이런 눈빛을 즐깁니다. 외도의 기회는 어디에나 널려 있지만 외도가 한 순간에 일어나는 일은 절대 없습니다.[255] 아주 오랫동안 마음속에 잠재되어 있다가 우연한 사건을 계기로 불꽃이 튀는 순간 걷잡을 수 없이 빠지는 것, 그게 외도입니다. 예를 들어보겠습니다. 남편과 조금 다툰 날 저녁, 미혜 씨에게 늦은 밤 카톡이 왔습니다.

선배 오늘 힘들어 보이던데 점심 같이 먹어요.

회사 후배 A였습니다. A는 미혜에게 유독 살갑고 친절했습니다. 그래서 둘은 가까워졌습니다. 그렇게 한 달쯤 지났을 때 미혜는 잠든 남편 옆에 누워 후배의 카톡을 읽으며 낄낄거리는 자신이 무섭게 느껴졌습니다. "내가 지금 뭘 하고 있는 거지……"256) 상황은 다르지만 이게 우리의 모습입니다. 미혜 씨는 "선은 넘지 않는 게 좋지 않겠어"라며 후배와의 감정을 깔끔하게 정리했지만 우리 중 많은 사람이 그렇게 하지 못합니다.

삶을 단순하게 만들지 않는 대화

누군가를 만나 첫눈에 반합니다. 안 보면 죽을 것 같아 결혼하고 자식을 낳지만 그렇게 시작한 결혼 생활이 사랑이 멈추는 계기가 되기도 합니다. 사랑이 거래가 아닌 이상 둘 중 한 사람이 변하면 관계는 깨집니다. 그리고 보통은 더 예민한 쪽이나 더 사랑한 쪽이 상처를 받습니다. 젊을 때는 상대의 관심사가 내 관심사가 되지만 시간은 많은 걸 바꾸기도 합니다. 작가는 이렇게 설명합니다.

> 리처드는 그들의 결혼 생활에 어떤 식으로든 변화가 오는 것을 두려워했다. 변화를 가져오는 것이라면, 어떤 것도 이야기하고 싶어 하지 않았다. 섹스에 대해서는 더더욱 그랬다. 에로티시즘은 위험한 것이었고, 그의 사고방식으로는 못마땅한 것이었다.
> 118쪽

리처드는 프란체스카의 남편입니다. 그의 태도는 위험 신호입니다. 결국, 프란체스카는 혼자 있는 쪽을 선택합니다. 저녁이면 욕조에 뜨거운 물을 채우고 오랫동안 목욕했습니다. 그 공간만큼은 온전히 자신이 자기다울 수 있는 유일한 곳이었습니다. 우리가 살아가는 세상은 불완전합니다. 사랑도 마찬가지입니다. 그 어떤 행위도 그 자체로 좋거나 나쁘지 않습니다. 그게 어떤 맥락 속에 놓여 있느냐에 따라 좋게도 나쁘게도 느껴집니다.

음식과 사랑과 운동만큼 중요한 게 대화입니다. 하루가 끝나면 가족 구성원들이 이야깃거리를 가지고 귀가합니다. 현실적인 대화도 나누겠지만 가끔은 교양 있는 대화도 필요합니다. 가족의 식사는 그런 대화를 나누는 시간입니다. 한데 존슨네 집에선 함께 앉아 음식을 먹지만 대화가 없습니다. 대화의 빈자리를 TV가 채웁니다. 우리는 삶이 너무 복잡해지지 않도록 해야겠지만 동시에 단순해지지도 않도록 해야 합니다.

같이 읽으면 좋은 책

『채털리 부인의 사랑』에선 문장을 눈여겨보길 바랍니다. 명문장이 많습니다. 영화와는 다릅니다. 『주홍 글자』에선 묘사를 살펴보길 바라고, 『안나 카레니나』를 선택하면 책이 두꺼워 읽기 힘들어도 건지는 게 많을 것입니다. 내면을 들여다보기 때문입니다. 그리고 『가시나무새』를 읽으면 읽는 내내 영혼앓이를 하게 될 것입니다. 『트리갭의 샘물』은 순수한 사랑의 결정판입니다. 『폭풍의 언덕』은 사랑의 집착을 보여줍니다.

『폭풍의 언덕』에밀리 브론테, 민음사, 2005

『트리갭의 샘물』나탈리 배비트, 대교출판, 2008

『채털리 부인의 사랑』데이비드 허버트 로렌스, 살림, 2006

『주홍 글자』너새니얼 호손, 열린책들, 2012

『가시나무새』콜린 맥컬로, 문학사상사, 1997

『안나 카레니나』레프 톨스토이, 민음사, 2012

9장

삶에는 고양이 필요하다

치열하게 살고 싶지만, 쉽지 않습니다. 생각으론 뭐든 할 것 같아도 얼마나 버티고 얼마나 멀리 갈 수 있는지는 모르는 겁니다. 이런 불확실함을 견디지 못하는 사람이 점을 치러 갑니다. 내 인생임에도 다른 사람이 판단하는 인생을 삽니다. 이런 실수를 막으려면 삶에도 교양이 필요합니다. 교양은 학식이 아닙니다. 삶의 지혜입니다. 진짜를 아는 사람은 자신이 어디로 가는지, 왜 가는지 압니다. 『순례 주택』은 이런 이야기를 합니다.

우리는 앞으로만 내달립니다. 성공으로 가는 길은 앞으로만 나 있다고 여기기 때문입니다. 『순례 주택』에서 1군 가족, 수림의 가족이 이렇게 살아갑니다. 반면 세신사 출신인 김순례 씨는 삶의 여정에서 뒤처지는 사람들을 챙겨 가며 살고 있습니다. 주인공 오수림은 중3이지만 김순례 씨를 보면서 배웁니다. 어른이 된다는 건 '자기 힘으로 살아 보려고 애쓰는 사람'[53쪽]이라는 것과 우리는 각자 자신에게 걸맞은 나이를 갖는다는 걸요.

바둑을 두면 알지만 사람들은 묘수를 좋아합니다. 불리한 상황에서 묘수가 나오면 상황을 반전시킬 수 있습니다. 이세돌이 알파고를 상대로 이겼을 때 둔 한 수가 묘수였습니다. 이런 묘수는 삶에서도 필요하지만 쉽사리 찾지 못합니다. 묘수는 상식을 넘어선 곳에 있기 때문입니다. 묘수는 남보다 반보半步 앞서갑니다. 이 한 끗 차이가 승부를 가르고 삶의 풍경을 바꿉니다. 하지만 우리는 위기가 오면 묘수를 발휘하기보다는 허둥대기 바쁩니다.

오수림 가족이 이를 뒤늦게 배웁니다. 엄마의 별명은 '솔직히 아줌마'입니다. 방송 인터뷰에서 부모로서 아파트촌 자녀가 빌라촌 애들과 어울리는 게 걱정이 된다고 발언해서 공분을 샀습니다[28쪽]. 그런 가족이 빌라촌 순례 주택에 들어와 살게 되었습니다. 그 모습을 막내딸 오수림은 '땅에 닿은 느낌'[51쪽]이라고 표현하는데, 맞는 것 같습니다. 순례 씨의 은혜를 배울 기회를 얻은 것입니다.

문학이 뭐 특별한 것을 가르쳐 줄까 싶지만, 문학에는 보물 같은 생각들이 많습니다. 신경림의 시 '나무 1'[257]이나 차윤정, 전승훈의 『신갈나무 투쟁기』[258]를 읽으면 압니다. 너무 잘나고 큰 나무보다 한 군데쯤 부러진 나무가 더 실하고 단단한 열매를 맺는다는 걸요. 나무처럼 살면 내 생각을 믿을 수 있습니다. 그게 철이 든 것입니다. 『순례 주택』은 철이 든다는 게 뭔지를 보여줍니다. 참 따뜻하고 아름다운 방식으로 말입니다.

막상 돈이 없으면 쪼잔해진다

『순례 주택』은 부동산을 둘러싼 이야기입니다. 오수림 부모는 원더 그랜디움 아파트에 삽니다. 주변에선 제일 좋은 아파트입니다.

그들은 그곳에 사는 것에 자부심을 느낍니다. 그래서 아파트가 빌라촌과 섞여 있는 것을 싫어합니다. 순례 씨 아들은 아버지 돈을 상속받자 바로 캐나다로 이민 가 슈퍼마켓을 운영했습니다. 그게 28년 전입니다. 순례 씨만 빼고 다들 부동산에 목매고 살고 있는데 순례 씨가 『빨간 머리 앤』[259]을 좋아하는 게 신기합니다[97쪽].

읽고 쓰는 것만으로 좋은 사람이 될 수 있을까요? 저는 가능하다고 생각합니다. 순례 씨도 그렇게 살고 저도 그렇게 살고 있기 때문입니다. 하지만 이건 삶의 기준이 좋은 사람일 때입니다. 이 삶의 기준이 경제적 자유라면 이 질문은 전혀 효력이 없습니다. 다수는 어떻게 살 것인가를 고민하지 않습니다. 그럴 마음의 여유가 없습니다. 예수께 "진리가 무엇인가?"[요한복음 24:54]라고 물었던 빌라도 같습니다. 그는 불의는 참아도 불이익은 참지 못했습니다.

왜 아브라함은 좋은 목초지를 먼저 선택할 기회를 양보했을까요? 먼저 선택해야 이득을 볼 게 뻔합니다. 이건 누구나 아는 상식입니다. 하지만 아브라함은 상식을 따르지 않았습니다. 아브라함에게 경제관념이 없어서 그랬을까요? 다들 움켜쥐려고 애쓰는데 순례 씨는 베풀고 삽니다[10, 36, 84쪽]. 어떻게 그렇게 살 수 있는지 궁금합니다. 저는 이 문제를 문학의 시선으로 풀어 보고 싶었습니다. 더불어 시를 읽으며 시인도 이런 고민을 한다는 걸 알게 되었습니다.

임동윤 시인이 쓴 시 '바람의 벌판'이 있습니다. 저는 시인의 상상력에 감탄했습니다. 벌판에는 여린 풀이 가득합니다. 눈치 빠른 풀들은 부드럽게 잘 휘어져야 살아남을 수 있다는 걸 터득하고 있습니다. 벌판은 낙원 같습니다. 누구나 자유롭게 삽니다. 물론 교미의 계절에는 온 동네가 소란스러운 게 좀 흠입니다. 하지만 그것만 빼면 다 좋습니다. 가진 게 없어도 다 자기 자리가 있습니다. 그 모습을 시인은 이렇게 그려 냅니다.

> 벌판은 주인이 없어 나에게도 자리를 내어 준다
> 달맞이꽃은 달빛으로 피어나고
> 강아지풀과 바랭이는 투명한 밤이슬을 먹고 자란다
> 이곳에서는 모두 단층집을 짓고 산다
> 도둑이 없어 울타리도 없는 사방으로 열려 있는 집
> 간혹, 눈 붉힌 바람이 집을 흔들다가도 잠시
> 비스듬히 누운 풀들은 다시 일어서서 무성해진다[260]

이 시를 읽다 우리 삶을 보면 답답합니다. 요즘 아파트 가격이 장난 아닙니다. 집이 없는 사람은 똥줄이 탑니다. 돈이 인생의 전부는 아니지만, 막상 돈이 없으니 쪼잔해집니다. 이런 기분이 들 때부터가 중요합니다. 이때 시선을 돈에 고정하면 남을 위한 배려는 사라집니다. '힘들어도 그건 그 사람 몫이지'라고 생각할 때 꽃들이 보일까요? 안 보일 것입니다. 그것이 가져올 회한을 조은 시인이 '언젠가는'에서 이렇게 말합니다.

> 수많은 시간을 오지 않을 버스를 기다리며
> 꽃들이 햇살을 어떻게 받는지
> 꽃들이 어둠을 어떻게 익히는지
> 외면한 채 한 곳을 바라보며

고작 버스나 기다렸다는 기억에
목이 멜 것이다[261]

　버스가 나의 인생에선 무엇일까요? 언젠가 생의 끝자락에 설때 나는 부자로 살지 못한 것을 후회하게 될까요? 정답은 여러분도 알고 있습니다. 나태주의 시 '게으름 연습'[262]에 재미난 장면이 나옵니다. 텃밭을 돌보지 않은 사이 각시풀, 쇠비름, 참비름, 강아지풀 사이에 채송화가 폈습니다. 그걸 보고 시인은 말합니다. "꽃들이 오히려 잡풀들 사이에 끼어/ 잡풀 행세를 하려드는군." 정말 그랬으면 싶습니다. 제 눈엔 꽃들이 건물주로 보였기에.

『순례 주택』

　주인공은 오수림입니다. 중3이고 원더 그랜디움 아파트에서 엄마, 아빠, 언니와 삽니다. 수림이는 자신을 제외한 식구들을 1군이라고 부릅니다. 수림은 엄마의 우울증으로 따로 자랐습니다. 할아버지 품이지만 실제론 김순례 씨 품에서 자랐습니다. 엄마, 아빠는 할아버지 집에 얹혀 살았습니다. 한데 이 아파트가 경매로 넘어가면서 진짜 이야기가 시작됩니다. 『순례 주택』은 대한민국의 현실을 보여줍니다. 집의 가격이나 브랜드로 사람을 구별하는……

순례 씨의 의지

처음에는 순례라는 이름이 참 촌스럽다고 느꼈습니다. 하지만 지금은 그 이름만큼 예쁜 이름도 없다고 생각합니다. 김순례 씨[75세]는 건물주입니다. 스물에 결혼하고 서른다섯에 이혼했습니다. 아들이 하나 있는데 이민을 갔습니다. 이혼 후 연애를 몇 번 했지만, 재혼은 하지 않았습니다. 이혼 후 세신사로 일하며 양옥집을 하나 샀습니다. 그 집 근처에 지하철역이 생기면서 시세가 배로 뛰고 도로 확장으로 보상금을 받아서 순례 주택을 지었습니다.

옥탑방

401호 14평 영선 씨(나이와 직업 비밀)	402호 25평 김순례(75세) + 오수림
301호 허성우(44세) 대학 강사 청소 담당	302호 홍길동(이군자, 66세) 씨 부부 순례 씨 전 직장 동료
201호 고 박승갑(75세) 오수림 외할아버지	202호 조은영 원장 살림집 진하(수림 친구)
조은영 원장 미용실	주차장

이 이미지는 순례 주택의 구성도입니다. 여느 빌라와 다를 바 없지만 한 가지가 다릅니다. 이곳은 공동체입니다. 서로 간에 인

간적인 정情이 있습니다. 서로 챙겨 주며 살고 있습니다. 이렇게 된 데는 순례 씨의 의지가 컸습니다. 순례 씨는 이름을 순례順禮 대신 순례巡禮로 바꾸었습니다[13쪽]. 순례자의 마음으로 살고 싶어서입니다. 그 때문인지 돈에 관한 생각이 남다릅니다. 이렇게 말합니다.

> 내가 번 게 내 돈이 아니야. 내가 벌어서 내가 쓴 것만 내 돈이지. 내일 죽을지도 모르는데, 못 쓰고 죽으면 어떡하지?[36쪽]

그래서 돈이 생기면 씁니다. 한 달에 한 번씩 이웃들에게 씁니다. 그 이유를 수림만 알고 있습니다. 임대료도 싸게 받습니다. 덕분에 미용실 원장 조은영 씨는 절망을 딛고 일어설 수 있었습니다. 이웃들은 그가 전생에 나라를 구했다고 생각합니다. 14평 투룸 임대료가 고시원 월세 정도입니다[84쪽]. 보증금이 있지만 없으면 안 받습니다. 그렇다고 월세를 더 받지 않습니다. 그러니 대기자가 많습니다. 거북분식 사장님은 5년째 대기 중입니다.

순례 주택 사람들은 서민입니다. 하지만 다들 열심히 삽니다. 순례 주택을 보면서 초대교회의 공동체사도행전 4:32~37도 가능할 것 같다는 생각이 들었습니다. 순례 씨 덕분에 기반이 없는 사람들이 자리를 잡아 갑니다. 우리 곁에 순례 씨 같은 사람이 있다면 골목 상권이 어떻게 달라질지 궁금해집니다. 그리고 수림 엄마 같이 자랑할 게 비싼 아파트밖에 없는 인생처럼 초라한 게 있을까 생각합니다.

순례 주택의 주인공들은 좋은 어른들입니다. 순례 씨, 길동 씨

부부, 박사님, 미용실 원장님, 2학년 담임 쌤 등. 이들은 모두 다른 사람을 도우면서 자기 힘으로 살아 보려고 애씁니다. 이들을 보면 김애란의 단편 「풍경의 쓸모」에 나오는 곽 교수의 삶과 그가 한 말 "어른이 별건가. 지가 좋아하지 않는 인간하고도 잘 지내는 게 어른이지"[263]와 대조됩니다. 어느 쪽이 진실한 삶인가는 여러분이 더 잘 알 것입니다.

많은 돈 vs 깨끗한 돈

내가 직접 겪은 일이 아니어도 속상할 때가 있습니다. 전남편이 갑자기 죽자 순례 씨 아들[55세]이 아버지의 유산을 받겠다고 했습니다. 대신 아들은 어머니 순례 씨의 순례 주택 상속을 포기했습니다. 17억을 포기한 것입니다. 순례 씨는 아들에게 사람들 겁박하며 번 돈이니 기부하라고 했지만, 아들은 듣지 않았습니다. 고리대금업자 아들로 살았던 이 나라가 싫다며 캐나다 이민을 떠났습니다. 그런 아들에게 순례 씨가 말했습니다.

이 나쁜 자식아. 돈도 두고 떠나. 그래야 진짜 떠나는 거지.[196쪽]

참 슬픈 순간입니다. 55년 전 순례 씨가 결혼할 때 전남편은 읍내 시계점 주인이었습니다. 그런데 장사가 잘되어 돈을 벌자 고리대금업을 시작했습니다. 십 년이 지났을 땐 꾼이 되었습니다. 이자를 못 내면 멱살을 잡고 때리며 겁박했습니다. 그런 손으로 자신을 안고 아들을 만지는 게 순례 씨는 끔찍했습니다. 그래서 이혼했습니다[195~6쪽]. 이걸 아들은 알았지만, 아버지의 유산을 선택했습니다. 아버지 유산이 엄마가 가진 17억의 몇 배는 되었기 때문입니다.

아들이 한 선택은 롯의 선택[창세기 13:1~13]이나 부자 청년[마태복음 19:16~22]의 선택과 맞닿아 있습니다. 아들의 선택이 안타깝지만 만약 제가 그 아들이었다면 상속을 받아 전액을 기부할 수 있을까 생각해 봅니다. 저는 전액 기부를 장담하지 못하겠습니다. 그게 부끄럽습니다. 제 안에도 두 마음이 있는 것입니다. 깨끗한 돈보다 많은 돈을 선택하는 마음으로 인해 우리는 롯이 되기도 하고 부자 청년이 되기도 합니다.

팍팍한 삶에 어떻게 쉼표를 찍는가

요즘은 70대도 청춘입니다. 이제는 누구나 자기만의 콘텐츠만 있으면 유튜버가 될 수 있습니다. 그걸 유튜버 박막례나 밀라논나를 보면서 느낍니다. 동시에 영화 〈미나리〉로 뜬 윤여정 씨를 보면서도 느낍니다. 이런 자기 주도적인 삶을 『순례 주택』 속 김순례 씨가 삽니다. 그는 이혼 후 세신사 일을 하며 아들을 키웠습니다. 그때는 사는 게 힘들었습니다. 하지만 지금은 은퇴한 뒤 순례 주택을 무대로 전성기를 누리고 있습니다.

전성기 하니 생각나는 게 있습니다. 저는 인생의 전성기가 20대라고 생각했었습니다. 하지만 이제는 아닙니다. 지금은 죽을 때까지가 전성기라고 여깁니다. 생각이 바뀐 계기가 있습니다. 우연히 보게 된 방송에서 금보라 씨가 후배에게 한 조언을 듣고 난 후부터입니다. 후배는 배우 신이입니다. 여우조연상도 두 번이나 받았지만 1978년생이었습니다. 젊고 재능 있는 후배들이 치고 올라오니 설 자리가 줄었습니다. 위축된 후배에게 금보라가 말합니다.

> 나는 오늘도 전성기야. 인생의 전성기란 네가 숨 쉬고 있는 그 순간이 전성기야. 네가 살아 있는 게 전성기야. 작품 많이 찍고 광고 많이 하는 게 아니라 무덤에 들어갈 때까지가 전성기야.[264]

금보라는 명쾌한 답을 주는 사람으로 유명합니다. 김순례 씨도 마찬가지입니다. 세신사로 살면서 10년 만에 자기 집도 장만했습니다. 그만큼 치열하게 살았기에 자기만의 주관이 있습니다. 가난하게 사는 건 싫지만 더럽게 돈을 버는 것도 싫어합니다. 남편과 이혼한 것도 그 때문입니다. 고리대금업을 하는 게 싫었습니다. 아들이 자신의 반대에도 전남편의 유산을 받자, 자기 집은 국경없는의사회에 기증하기로 공증을 섰습니다[197쪽].

이 소설은 청소년 소설이지만 어른이 읽어야 한다고 생각합니다. 꼭 『어린 왕자』를 읽었을 때처럼 자신을 돌아보게 만들기 때문입니다. 그리스도인 작가라서 그런지 팍팍한 삶에 어떻게 쉼표를 찍는지 잘 아는 것 같습니다. 작가는 하나님의 사랑이 소나기처럼 쏟아져도 그것을 받는 그릇은 자신이 준비해야 하며, 그 그릇의 차이가 삶의 무늬를 얼마나 다르게 그려 가는가를 순례 주택에 사는 사람들의 삶으로 보여줍니다.

개가 있습니다. 큰 개도 있고 작은 개도 있습니다. 둘 중 어느 개가 사납게 짖을까요? 작은 개입니다. 작을수록 위축되기 쉽고 그 두려움을 사납게 짖는 것으로 표현합니다. 사납게 짖는다는 것은 두렵기 때문입니다. 혼자 힘으로 강한 상대와 맞서기 때문입니다. 고수일수록 조용합니다. 자신의 내공을 알고 있기 때문입니다. 내 마음속에 뭔가 사나운 짖음이 있다면 그건 내가 하나님이 아니라 나를 의지하고 있다는 뜻입니다.

개도 친해져야 꼬리를 흔들며 다가옵니다. 시간은 진정성을 확인하는 잣대입니다. 젊을 땐 세월의 한 토막만 봅니다. 세월이 흐르면 인생이란 긴 토막을 보게 됩니다. 그때 하나님이 나와 함께 하신 것을 알게 됩니다. 젊었을 땐 지름길로만 가는 것이 멋진 인생인 줄 알았습니다. 시간이 흐르고 나서 내가 원치 않았거나 다시는 겪고 싶지 않은 일을 통해 내가 변화된 것을 보면 깜짝 놀랍니다.

관점이 변하면 삶이 변합니다. 하나님은 내가 이룬 성과물에 따라 사랑하시는 게 아니라 '나 자체'를 사랑하신다는 것을 알게 되면 긴장한 어깨가 풀어지기 마련입니다. 이 단순한 사실 하나만 이해해도 내 마음속 공간이 넓어집니다. 내 생각, 내 경험, 내 판단으로 가득했던 마음이 비워지면 '나'란 인생을 덮고 있던 나뭇잎들이 떨어져 나갑니다. 그 텅 빈 가지 사이로 이웃의 삶이 보이면 순례 주택의 이야기가 새롭게 이해될 것입니다.

모두가 가난하던 시절엔 사랑이 넘쳤습니다. 콩 한 쪽도 나누어 먹었습니다. 그러다가 그중 하나가 잘살기 시작하면 틈이 벌어집니다. 형제자매도 마찬가지입니다. 형제라도 다 같이 잘살거나 다 같이 못살아야 우애가 있습니다. 교회도 가난하던 시절이 있었습니다. 1960년대 70년대입니다. 그 시절엔 교단이 달라도 우애가 있었습니다. 다 같이 개척교회로 시작했는데 그중 하나둘이 큰 교회로 성장하자 교단 사이에 보이지 않는 경쟁이 시작되었습니다.

이게 교회에도 영향을 미쳤습니다. 누가 헌금해서 복을 받았다 하면 자신도 하고, 누가 한 시간 기도한다면 자신은 두 시간 합니다. 선한 것이지만 그 동기를 확인해야 합니다. 예전엔 성령을 받으려면 소나무 뿌리를 뽑으라고 했습니다. 그만큼 간절했습니다. 하지만 그것이 삶으로 이어지지 못하자 헌금, 주일성수, 새벽기도 등으로 신앙에 서열을 매기기 시작했습니다. 좋은 교회를 교인 수, 재정과 건물로 평가하면서 교회가 급속도로 약해졌습니다.

지금 은퇴한 목회자들 중엔 소나무 뿌리를 뽑았던 분이 많습니다. 다들 배를 곯아 보았기에 간절했습니다. 신앙생활은 장거리 마라톤임에도 100미터 단거리 경주인 듯 그렇게 치열하게 살았습니다. 그러다 하나둘씩 교회가 성장하자 자신의 경험이 누구나 따라야 할 절대적 기준이 되었습니다. 기업의 사례에서 보듯 성공의 가장 큰 장애물은 과거에 이룬 성공일 경우가 많습니다. 그 신실하던 교회가 사유화되었습니다.

신앙생활의 핵심은 성공이 아닙니다. 사역을 잘하고도 하나님 나라에 들어가지 못한 사람들이 있습니다. 마태복음 7장에 나오는 '주여, 주여' 하는 사람들입니다. 신앙의 성공은 주님을 사랑하는 것이지만 이게 종종 경제적 부나 업적으로 뒤바뀌곤 합니다.

죽고 못 살아서 결혼해도 상대의 허물이 보이는 권태기가 옵니다. 이걸 이길 방법은 하나밖에 없습니다. 한쪽 눈을 감고 살거나 져야 하는 싸움에서 지는 것입니다.

신앙생활의 관건은 듣는 싸움입니다. 누구의 말을 들을 것인가의 싸움입니다. 이 싸움을 맨 처음 시작한 사람은 아담과 하와입니다. 하나님이 분명히 선악과를 먹지 말라고 경고했는데 그들은 결국 뱀의 말을 들었습니다. 이게 남의 일 같고 바보 같아 보여도 우리도 같은 실수를 합니다. 가짜 뉴스에 속는 신앙인이 유독 많다는 사실이 이를 증명합니다.

관광객은 요구하고 순례자는 감사한다

갑질은 신조어지만 누구나 그 의미를 다 압니다.[265] 힘 있다고 돈이 많다고 약자를 무례히 대하고 때론 겁박하며 내 뜻대로 상대를 움직이게 하는 게 갑질입니다. 개인이 갑질을 하기도 하고 기업의 소유주가 하기도 합니다. 이전에는 을이 참았습니다. 하지만 이제 더는 참지 않습니다. SNS나 유튜브 같은 미디어 덕분에 약자도 목소리를 낼 수 있기 때문입니다. 이젠 약자도 힘의 균형을 자기 나름대로 찾아갑니다. 『순례 주택』도 이를 보여줍니다.

화자인 수림은 자신을 2군 후보라고 여깁니다. 그리고 엄마와 아빠와 언니를 1군이라고 부릅니다. 1군과 2군이 핏줄로 이어졌지만, 수림은 아파트에 있을 때보다 순례 주택에 있을 때 마음이 편합니다. 순례 주택은 거북마을에 있습니다. 아파트촌 아이들은 거북마을의 빌라에 사는 아이들을 '빌거지'라고 놀립니다. 무슨 문제가 있었는지 저녁 뉴스에도 보도가 되었습니다. 모자이크 처리된 어른이 화면에 등장해서 말합니다.

> 솔직히 말해서, 빌라촌 애들이 관리가 잘 안 되는 건 사실이잖아요. 부모 입장에서 솔직히 말해서, 빌라촌 애들과 어울리는 게 걱정됩니다.28쪽

인터뷰의 주인공은 수림의 엄마입니다. '솔직히 말해서'라는 말버릇 때문에 들켰습니다. 그런 엄마의 마음이 아픕니다. 자기 거로 여겼던 아파트가 경매로 넘어갔기 때문입니다. 39평이나 되니 아플 만합니다. 하지만 수림은 엄마보다 외할아버지가 더 안타깝습니다. 환기도 잘 안 되는 주택에서 십 년을 사시다 돌아가셨습니다. 17년간 딸에게 보낸 생활비도 4억 2,370만 원이나 됩니다 46.79쪽. 안타까운 건 죽기 전 사기를 당하셨다는 것입니다.

이 모든 걸 오수림은 알고 있습니다. 초등학교 고학년이 되면서 자신이 아파트에서 누리는 것들, 산이 보이는 넓고 환한 집, 내 방, 좋은 음식, 학원 같은 것들이 외할아버지가 힘들게 일해서 번 덕분인 걸 어렴풋이 알게 되었습니다. 그리고 아빠가 고모들에게 의지해서 사는 것도 알게 되었습니다52쪽. 그러니 외할아버지의 지친 모습을 보는 게 불편합니다. 수림이 참다못해 엄마에게 뼈 때리는 말을 하고 맙니다.

> 엄마, …… 다른 걸로는 마음이 안 아파? …… 사랑하는 아빠가,

이렇게 환기도 안 되는 집에서 십 년을 산 게? 그러게 왜 할아버지 집을 점거했어. 할아버지는 바람도 잘 통하는 아파트에서 하룻밤도 못 자고 죽었잖아. 자기 집인데.127~8쪽

할아버지가 살았고 수림이 자란 순례 주택의 건물주 순례 씨는 '감사'라는 말을 달고 삽니다. 1군들에선 거의 들은 적이 없는 말입니다. 순례 씨는 "관광객은 요구하고 순례자는 감사한다"99쪽는 말도 했습니다. 순례 주택에선 서로 음식을 나누고 정을 나눕니다. 먹을 게 생기면 가져다 먹으라고 옥탑방에 갖다 둡니다. 하지만 부모가 사는 아파트촌 주민들은 거북마을 사람들을 깔보았습니다. 빌라촌이랑 섞여서 아파트값이 더디 오른다고요.

부동산과 현대 교인들의 탐욕[266]

문재인 정부가 시작될 때 부동산은 끝났다는 전문가의 예측이 나왔지만, 시장은 반대로 움직였습니다. 서울 강남에서 아파트 가격이 천정부지로 솟구쳤습니다. 그리스도인이 보이지 않는 하나님 나라에 투자할 때 일반 사람들은 눈에 보이는 부동산, 주식, 비트코인에 투자합니다. 이게 더 설득력 있어 보입니다. 그러다 보니 설교가 갈수록 어려워집니다. 하나님 나라의 가치를 붙들고 사는 사람이 확연히 줄었기 때문입니다.

구약시대 때 우상숭배를 질타한 선한 왕도 산당을 없애지 못했습니다. 솔로몬의 성전이 세워진 뒤에도 사람들은 산당을 찾아갔

습니다. 스타벅스 CEO였던 하워드 슐츠가 가끔 시애틀의 1호점을 찾아가는 것과 같습니다. 뭔가 힘에 부치면 슐츠는 1호점을 찾아가 초심을 다지며 재충전합니다. 성공이 주는 기를 받고 싶기 때문입니다. 문제는 목회자도 성도도 이런 걸 부러워한다는 것입니다.

부동산 가격이 폭등하면서 교인들도 부동산 투자에 관심을 둡니다. 성경에서 땅은 하나님 것이라고 선언했지만^{레위기 25:23} 그걸 귀담아듣는 이는 없습니다. 이제 투기는 능력입니다. 부동산 투기가 불평등의 원인이 되지만 그건 패배자의 몫입니다. 다들 사회가 만든 불로소득을 누가 먹느냐에만 눈독을 들이고 있습니다. 이게 전기차, 배터리, 인공지능, 메타버스 같은 이슈로 이어지고 있습니다. 어느 시대건 발 빠른 사람이 잘삽니다.

아무리 정의를 말하고 성경의 가르침을 설교하지만, 이제 건물주가 승자인 세상이 되었습니다. 시대가 바뀐 건 알지만 투자를 부추기는 사회적 분위기가 마음에 걸립니다. 투자와 투기는 한 끗 차이지만 욕심이 잉태하면 죄가 됩니다. 물론 그걸 누가 신경 쓰면서 살고 있을까 싶긴 합니다. 이제 아파트는 집이 아니라 사회적 신분에 가깝습니다. 저는 이게 가져올 여파가 두렵습니다. 선한 왕도 산당을 허물지 못한 게 마음에 걸립니다.

LH 사태^{한국토지주택공사 직원 부동산 투기 사건}에서 원인은 소수의 일탈입니다. 다수는 방향을 제대로 잡고 있습니다. 하지만 소수의 일탈로 좋은 제도가 삐걱거리고 시스템에 균열이 생기니 다수가 흔들립니다. 오늘날의 한국을 보면 노블레스 오블리주가 통용되지 않습니다. 정치인이든 교수든 무엇이 옳은지를 아는 순간에 그것을 행하지 않는다면 자리가 주는 권위의 힘은 바로 약해집니다. 교회도 다르지 않습니다.

위험이 다가올 때 센서는 위험을 감지합니다. 저는 여러분 모두 위험을 감지하는 신앙이라는 센서를 몸에 꼭 부착하길 바랍니다. 그런 센서가 집단으로 꺼지는 시기가 성경에는 여러 번 있었습니다. 특히 이사야, 아모스나 말라기 같은 예언서를 읽으면 더 생생하게 느껴집니다. 역사는 반복되고 인간은 같은 실수를 되풀이합니다. 양귀자가 소설 『모순』에서 서사로 풀어내는 그 실수가 지금도 일어나고 있습니다.

자기 생각에 갇힌 사회

자기 자리에서 하나님 나라의 가치를 붙들고 사는 사람이 진정한 그리스도인입니다. 그리스도인은 사익보다 공익을 먼저 생각해야 하지만 쉽지 않습니다. 내가 이득을 취하지 않으면 다른 누군가가 가져가기 때문입니다. 한국 출판사가 외국 책을 번역 출간하려면 저작권료를 많이 냅니다. 한국 출판사끼리 경쟁하여 가격을 올려 놓기 때문입니다. 결국엔 돈이 많은 출판사가 이깁니다. 심하게 말하면 출판도 돈 놓고 돈 먹기입니다.

이런 야바위판이 생기는 것은 판단의 기준이 없기 때문입니다. 사회가 결과 지향적으로 흘러가니 과정이야 어떻든 결과만 만들어 내면 유능한 것입니다. 그래서 인기 있는 외국 저자의 책은 번역자가 책마다 다릅니다. 출판사마다 번역을 다시 했기 때문입니다. 그러니 번역자의 노하우가 쌓이거나 오류가 줄어들지 않습니다. 다들 나만 생각하기 때문에 일어나는 일입니다. 이런 모습이 성도들의 삶이나 한국 교회에도 나타나고 있습니다.

최근 몇 년 사이 부동산 가격이 폭등하면서 교인들도 부동산에 관심을 두게 되었습니다. 이런 관심이 나비효과를 일으킵니다. 서울 아파트 매매 시장에서 주류는 40대와 50대였습니다. 이 대열에 30대가 끼었습니다. 이 대열에 끼지 못한 20대는 주식이나 비트코인 쪽으로 눈길을 돌렸습니다. 60, 70대가 한 세대 전에 아파트 분양이란 좁은 문을 비집고 들어간 덕분에 중산층이 되었는데, 20대도 그걸 노리는 듯합니다.

뭐든 타이밍입니다. 덤비면 속고 재면 놓칩니다. 유튜버는 부자는 태어나는 것이 아니라 만들어지고, 살기 좋은 집보다는 팔기 좋은 집을 사라고 조언합니다. 집값이 워낙 빠르게 솟구치니 불안합니다. 지금 안 사면 평생 내 집을 살 수 없을 것 같습니다. 자신만 뒤처진다는 두려움도 있습니다. 이런 생각을 다수가 갖다 보니 중산층의 개념도 다릅니다. 설문 조사에서 한국의 직장인이 생각하는 중산층의 기준은 다섯 가지였습니다.

아파트 30평 이상 부채 없이 소유. 월 급여 500만 원 이상. 2,000cc급 중형 자동차 소유. 1억 원 이상의 예금 잔고 보유. 1년에 1회 이상 해외여행.

미국의 공립학교에서 조사한 중산층 기준은 네 가지였습니다. 자신의 주장에 떳떳하고, 사회적 약자를 도울 줄 알고, 부정과 불법에 저항하고, 정기적으로 받아 보는 비평 잡지가 있는 사람들이었습니다. 프랑스 퐁피두Pompidou, 1911~1974 전 대통령이 생각하는 중산층의 기준은 다섯 가지입니다.

외국어를 하나 이상할 것. 스포츠 1개 이상 즐기기. 악기를 다룰 줄 알기. 남들과 다른 맛의 요리를 만들 줄 알기. 약자를 도우며 봉사활동을 꾸준히 하기.

한국에서 중산층 기준은 경제적 안정입니다. 반면 미국이나 프랑스는 정신적 성숙입니다. 이런 차이는 간단한 설문 조사로도 확인됩니다. 외환위기 때 성장기를 보낸 IMF 세대의 경우 78.5퍼센트가 돈이 인생에서 중요한 목표라고 생각합니다. 지금 MZ세대는 그 비율이 훨씬 높습니다. 제가 수업 시간에 개인적으로 질문했을 때 절대다수가 인생에서 돈이 가장 중요하다고 답을 했습니다. 교회 청년도 다르지 않을 것입니다.

이해는 갑니다. 안정감은 인간의 본능입니다. 그런 안정감을 확실하게 주는 게 주택입니다. 자기 소유의 주택을 갖는 건 일차적으론 생활이 안정되었다는 뜻이고 이차적으로는 그 주택을 기반으로 중산층에 이르게 되는 경제적 기반도 닦았다는 것을 뜻합니다. 이제 아파트는 단순히 거주지가 아닙니다. 사회적 신분입니다. 그래서 좀 더 넓고 좀 더 좋은 지역에 있는 아파트로 옮기는 것은 신분이 올라간다는 뜻입니다.

예수님은 낮은 데로 내려가셨지만 우리는 높은 데로 올라가고 있습니다. 야곱은 하나님 나라로 올라가는 꿈을 꾸었지만 그 사다리가 점점 부의 사다리처럼 보입니다. 많은 이들이 부의 사다리를 뺏길까 불안해합니다. 부동산은 타이밍이란 걸 학습하다 보니 단체 행동을 합니다. 대중이 특정한 생각에 동조하는 순간 집단적 변화가 나타납니다. 어디서부터 잘못된 것일까요.

다수가 한 방향으로 움직일 때 위험합니다. 윈스턴 처칠이 이런 말을 했습니다. "꿈은 이루어지기 전까지는 꿈꾸는 사람을 가혹하게 다룬다." 팔복의 삶이 보여주듯 하나님 나라의 가치 기준을 따라 사는 삶은 고달픕니다. 주님이 누구든지 네 오른편 뺨을 치거든 왼편도 돌려 대라^{마태복음 5:39}고 하셨기에 우리에겐 합리적 판단이 필요합니다. 하지만 그게 쉽지 않으니 대개는 자신의 직감을 따릅니다. 이게 지금 일어나고 있는 일입니다.

부동산은 인간의 욕망을 담고 있는 풍선

성경은 가난하게 살아야 한다고만 가르치지 않습니다. 성경은 물질적인 문제를 해결하되 자신의 문제만 해결하지 말고 이웃의 문제도 해결하라고 가르칩니다. 이것이 공의를 실천하는 것인데 여기서 브레이크가 걸립니다. 내일을 위한 준비와 내 욕심을 채우고 싶은 욕망을 구분하는 게 쉽지 않기 때문입니다. 그래서 말씀을 자기 삶에 비추어보는 자기 점검이 필요한데 이것도 쉽지 않습니다. 우선 삶이 바쁘기 때문입니다.

우리는 실제보다 신앙생활을 잘한다고 착각합니다. 신앙에 대한 점검, 삶에 대한 점검이 필요하지만, 대부분은 자신의 현재 삶을 대수롭지 않게 여깁니다. 성경도 안 읽지만, 시야를 넓혀 주는 인문학도 안 읽기 때문입니다. 생각의 자극을 받는 게 없으니 생각이 유연하지 않습니다. 대개는 경험을 기반으로 판단하고 결정합니다. 그러니 늘 자신의 마음속 욕심을 따라 결정할 때가 많습니다. 그 결정을 자신이 얻은 경제적 이득으로 합리화합니다.

하지만 예수님은 너희가 빛이고 소금이라고 가르쳤습니다. 1세기에 소금은 엄청나게 비쌌습니다. 로마제국은 병사들 월급을 소금으로 주기도 했습니다. 영어 단어 'salary'^{월급}는 'salt'^{소금}에서 왔습니다. 하지만 그 소금이 제 역할을 하려면 녹아야 합니다. 자기희생이 필요한 것입니다. 이런 자기희생이 소명으로 느껴질 땐 문제가 없습니다. 하지만 그게 나만 손해를 보는 것처럼 느껴지면 억울해집니다. 다수가 여기에 동참하면 위기가 옵니다. 지금이 그렇습니다.

> 너희가, 더 차지할 곳이 없을 때까지, 집에 집을 더하고, 밭에 밭을 늘려 나가, 땅 한가운데서 홀로 살려고 하였으니, 너희에게 재앙이 닥친다!^{이사야 5:8, 새번역}

부동산은 재테크의 꽃이지만 이사야가 경고하듯이 우리 시대가 그가 살던 주전 7세기와 별반 다르지 않습니다. 사람이 문제입니다. 이사야의 시대나 지금이나 부동산은 인간의 욕망을 담고 있는 풍선 같습니다. 풍선은 내가 가진 욕망의 크기만큼 부풀어 오릅니다. 어떤 이는 크게 불고 어떤 이는 작게 불 것입니다. 선을 지키면 문제없지만, 그 선을 넘으면 반드시 터지기 마련입니다. 하지만 우리 중 그 선을 정확하게 아는 사람은 없습니다.

소설『아몬드』는 한 소년의 홀로서기를 보여줍니다. 윤재는 감정 표현 불능증을 앓고 있습니다. 편도체 이상으로 생기는 것인데 감정을 잘 못 느낍니다. 엄마는 자식이 세상에 녹아드는 법을 가르칩니다. 열여섯 번째 생일날 엄마와 할머니를 눈앞에서 잃으면서 윤재의 홀로서기가 시작됩니다. 윤재는 두렵지만 삶에 부딪쳐 보기로 하는데 그 모습이 참 아름답습니다. 언제나 그랬듯 삶이 내게 오는 만큼 또 내가 느낄 수 있는 딱 그만큼을요.

『시선으로부터』는 여성 심시선을 보여줍니다. 우리나라가 가장 힘들었을 때 주체적이고 독립적인 삶을 산 여성입니다. 작가는 심시선이 자손들에게 남긴 삶이 뭔지를 보여줍니다. 그 모습이『순례 주택』의 김순례 씨를 닮았고, 현실 속 박막례, 밀라논나, 윤여정과도 닮았습니다. 소설이건 실제건 다들 기세가 좋습니다. 시선의 자녀들은 그녀를 '추악한 시대 속에서 아름다움을 발견한 사람'이라고 칭찬합니다.

『자기 앞의 생』은 홀로서기를 시작한 열네 살 소년이 전하는 슬프고도 아름다운 이야기입니다. 콩쿠르상을 받았고 영화로도 만들어졌습니다. 주인공은 모모입니다. 이 소설의 매력은 모모의 시점과 생각을 따라가는 과정입니다. 모모는 일찍 철이 들 수밖에 없는 환경에서 자랐습니다. 자신에게 엄마가 없고 또 엄마가 있어야 한다는 것도 몰랐기에, 그에게 로자는 엄마와 같습니다. 로자는 창녀 출신으로 나이 들어 일을 못 하자 고아들을 돌보는 일을 합니다.

교육은 사람을 목수로 만드는 것이 아니라 목수를 사람으로 만드는 일입니다. 하지만 이게 뒤집혔다는 생각이 듭니다. 교회도 다르지 않을 것입니다. 교육과 신앙에는 겹치는 부분이 있습니다. 부족한 나를 온전한 나로 만드는 일입니다. 한데 누군가는 새치기하고 부정한 짓을 합니다. 실망스럽지만 누군가는 인간의 선함을 지키며 살아야 합니다. 그렇게 살기 위해서는 돈과 지위보다 더 높은 것을 목표로 삼아야 합니다. 그게 인간의 선함입니다.

『아몬드』손원평, 창비, 2017

『시선으로부터』정세랑, 문학동네, 2020

『자기 앞의 생』로맹 가리, 문학동네, 2020

문학이 내게 가르쳐 준 것

문학이 내게 가르쳐 준 게 있습니다.

진심은 우리 영혼에 울림을 주고
가슴으로 느낀 것만 내 삶에 남게 되며,
상상력의 힘이 없으면 하나님을 외워서 알게 되고
익숙한 것만 붙들고 살게 된다는 걸.

커피믹스 타듯 인생도 쉬웠으면 하지만 그런 일은 절대 없고
땀 흘려야만 한 끼 밥을 먹을 수 있으며,
세상은 있는 그대로가 아니라 우리가 이해한 만큼 보이고
어디를 가든 나보다 한발 먼저 다녀간 사람이 있다는 걸.

우리의 참모습은 능력이 아니라 선택을 통해 나타나고
행복은 늘 작고 사소한 것 속에 있으며,
지키고 싶은 게 많을수록 나 자신부터 지켜야 하고
자신을 이해한 사람만이 주도적으로 삶을 살아간다는 걸.

아무리 작은 행동이라도 서로에게 영향을 주게 되어 있고
내 삶의 열매는 다른 사람의 나무에서 맺히며,
한 군데쯤 부러졌거나 볼품없이 자란 인생 속에
더 튼실하고 맛있는 열매가 맺힌다는 걸.

인생과 신앙을 일치시키며 사는 자가 얼마나 될까요,
다들 인생 따로 신앙 따로, 대부분 그렇게 삽니다.
하지만 문학을 읽으면 알게 됩니다.
그 책을 우연히 만났지만 그건 우연이 아니라는 걸.

나에게는 나만 할 수 있는 일이 있고
삶이 늘 좋을 수는 없지만 늘 나쁘기만 한 것도 아니며,
삶이 우연 같아도 실은 스스로 선택해서 여기까지 온 것이고
들꽃은 어디서나 피지만 아무렇게나 살아가지 않는다는 걸.

이 모든 것을 문학이 가르쳐 주었습니다.

프롤로그

1) 기형도. 『입 속의 검은 잎』(문학과지성 시인선 80). 문학과지성사, 1989, pp.54~5.

2) 김은국. 『순교자』(세계문학전집 41). 도정일 역. 문학동네, 2010. 원제는 The Martyred이다. 순교자란 뜻의 단어 Martyr가 있음에도 작가는 제목을 수동태로 썼다. 본인의 의도와 상관없이 순교자가 된다는 뜻이다.

3) 엔도 슈사쿠. 『침묵』. 공문혜 역. 홍성사, 2003.

4) 알렉상드르 뒤마. 『삼총사 1&2』, 김석희 역. 시공사, 2011. 『삼총사』는 1844년 발표되었다. 2022년 기준으로 무려 178년 전이다. 그런데도 소설에서 묘사하는 사람들의 삶과 욕망이 오늘날과 별반 다르지 않다. 좋은 소설은 삶의 진실을 담아낸다는 걸 새삼 느낀다.

5) 알렉상드르 뒤마. 『몬테크리스토 백작』(전 5권). 오증자 역. 민음사, 2002. 다들 이 책을 한 권짜리 동화책으로 읽었을 것이다. 하지만 완역본은 총 5권이고 쪽수는 2,200페이지나 된다. 2,400페이지인 『레 미제라블』과 별 차이가 없다. 완역본은 부지런히 읽어도 족히 2주는 걸리지만 축약본에서 느낄 수 없는 맛이 있다. 이 책의 교훈은 권선징악이다. 악한 자는 벌을 받고 선한 이는 보상을 받는다. 세상이 이렇게 선명했으면 하는 마음 간절하다. 소설의 마지막 문장이 인상 깊다. "기다려라, 그리고 희망을 가져라."

6) 아이작 아시모프. 『파운데이션』. 김옥수 역. 황금가지, 2013. 파운데이션 시

리즈는 모두 7권의 소설로 구성되어 있고, 『파운데이션』은 그중 첫 권이다. 파운데이션 시리즈는 일론 머스크가 스페이스X를 설립하는 데 영감을 준 책으로 알려져 있다.

7) 1976년, 아서 클라크는 AT&T와 MIT 공대 주선으로 열린 콘퍼런스에서 미래를 전망한 적이 있다. 그중 세 가지를 예로 든다. 첫째, 유선전화와 재래식 우편이 주된 통신 수단이었던 시절, 클라크는 "스포츠, 정치 등 당신이 관심 있는 어떤 정보든 기계에게 말하면 기계는 정보의 도서관에서 당신이 원하는 정보를 찾아내서 알려 줄 것입니다"라고 말했다. 그가 상상한 검색하는 기계는 구글 같은 검색 엔진의 원형이다. 둘째, 클라크는 "친구들에게 많은 정보를 보낼 수 있는 장치가 나올 것입니다. 상대방이 장치를 통해 우리를 볼 수도 있고 우리도 그들을 볼 수 있을 것입니다. 그림이 들어 있는 정보도 교환이 가능할 것입니다"라고 전망했다. 이것은 스마트폰이다. 셋째, 클라크는 "미래의 사람들은 기계를 이용해서 친구들에게 메시지를 보내는 게 가능할 것입니다. 그들이 어디에 있든 메시지를 읽을 수 있을 것입니다"라고 예상했는데 이것은 이메일이다.

8) 아서 클라크, 『2001 스페이스 오디세이』(환상문학전집 17). 김승욱 역. 황금가지, 2004.

9) 데이비드 버코비치. 『모든 것의 기원: 예일대 최고의 과학강의』. 박병철 역. 책세상, 2017.

10) 나호열의 시 '안아주기' 중에서. 그의 시 중 '사랑의 온도'도 인상 깊고, '우리동네 마을버스 1119번'은 새롭다. 그가 마을버스 종점인 4·19 묘지 근처에서 살았었기 때문이다.

11) 너새니얼 호손. 『주홍 글자』(세계문학전집 159). 김욱동 역. 민음사, 2007.

12) 랜다 헤인즈 『작은 신의 아이들』. 카나리아, 1991. 절판.

13) 존 스타인벡. 『분노의 포도 1&2』(세계문학전집 174, 175). 김승욱 역. 민음사, 2008.

14) 영화 〈일라이〉(2010)에 이런 대사가 나온다. "몇 년씩 책을 갖고 다니며 매일 읽었는데도 정작 거기서 배운 대로 사는 건 소홀히 했어." 주인공 일라이(Eli) 역을 맡은 덴젤 워싱턴의 대사이다. 여기서 책은 성경책이다. 일

라이는 세상에 딱 한 권 남은 성경책을 갖고 있다. 어느 날 그 책을 서쪽으로 가져가라는 신의 목소리를 듣고 떠났고 영화는 그 여정을 그린다. 종교적 색채를 띠고 있지만 영화가 전하려는 메시지는 분명하다. 희망이 없고 불법이 난무하는 세상에서 가장 필요한 것은 '올바른 지식과 가치관'이라는 것이다.

15) 너새니얼 호손. 『큰 바위 얼굴: 호손 단편선』(세계의 클래식 12). 이종인 역. 가지않은길, 2013.

16) 오르한 파묵. 『소설과 소설가』. 이난아 역. 민음사, 2012. 이 책은 오르한 파묵이 2008년 가을 하버드대학에서 한 강연록이다. 파묵은 소설을 통해 인생을 배우고 개척한 자신의 문학 여정을 소개한다. 스티븐 킹의 『유혹하는 글쓰기』(김영사, 2017), 김연수의 산문 『소설가의 일』(문학동네, 2014)과 함께 읽으면 좋다.

1장

17) 일본 태생의 귀화 한국인이며 셰프의 딸이다. 해외에서 성장해서 시야가 넓다. 연희동 자택에서 요리교실 '구르메 레브쿠헨'을 운영한다. 지중해 요리 전문가이며 『히데코의 연희동 요리교실』 등을 썼다.

18) "일본으로 시집가는 딸을 위해 아빠가 추천하는 요리책 히데코의 일본 요리교실." 나오nao 블로그. 2020년 6월 17일 수정, https://blog.naver.com/keita_hitomi/222004134145

19) 박찬일. 『백년식당』. 중앙 M&B, 2014, 겉표지에 적힌 글.

20) 김애란. 『달려라, 아비』. 창비, 2005, p.9.

21) Berns G.S, Brain K, Prietula M.J, Pye B.E. "Short- and long-term effects of a novel on connectivity in the brain." Brain Connectivity. 3.6 (2013): 590~600. 이와 비슷한 내용이 뇌과학자 조지프 르두(Joseph LeDoux)의 『시냅스와 자아』(동녘사이언스, 2005) 142쪽과 심리학자 대니얼 골먼(Daniel Goleman)의 『SQ 사회 지능』(웅진지식하우스, 2006) 71쪽에 나온다. NCBI(National Center for Biotechnology Information)에 들어가서 검색하면 관련 논문들의 리스트를 볼 수 있다. www.ncbi.nlm.nih.gov 참고.

22) 이하의 내용 중 일부는 다음의 글에서 가져왔다. 이정일. "시가 주는 위로." 『뱁티스트』. 173 (2021 11/12): 108~112.

23) Diana Loomans가 쓴 시의 제목은 "If I had my child to raise over again"이다. 인용된 시행은 다음과 같다. "If I had my child to raise over again,/ I'd build self-esteem first, and the house later."

24) 시바타 도요. 『약해지지 마』. 채숙향 역. 지식여행, 2010, p.14.

25) 천양희 시인의 시 '밥' 중 일부. 정진아 엮음. 『맛있는 시』. 나무생각, 2019, p.150. ; 시 '밥'은 원래 천양희 시집 『그리움은 돌아갈 자리가 없다』(작가정신, 1998)에 처음 수록되었다.

26) 가즈오 이시구로의 『나를 보내지 마』(민음사, 2009)를 읽어 보라. 소설도 똑같은 이야기를 한다. 소설 전체를 읽기를 바라지만 시간이 없다면 21장 (337~350쪽)만이라도 읽기를 바란다. 마담이 클론들의 작품을 오래전부터 수집해 갔는데 그 이유를 밝히는 장면이 나온다. 마담이 말한다. "너희의 작품이 너희의 '영혼'을 드러내기 때문이라고!"(347쪽). 이 내용은 22장 (351~377쪽)에서 다시 한 번 강조된다(357, 360쪽). 가즈오 이시구로의 소설(Never Let Me Go)은 영어로 읽으면 더 매력적이다. 정말 글을 부드럽고 섬세하게 쓰는 작가이다.

27) 새뮤얼 리처드슨. 『파멜라』(대산세계문학총서 79&80). 장은명 역. 문학과지성사, 2008.

28) 스테프니 메이어. 『트와일라잇』(전 4권). 변용란 역. 북폴리오, 2008, 2009.

29) Alvin Kernan. The Death of Literature. Yale University Press, 1990. 조지 스타이너(George Steiner), 프랭크 커모드(Frank Kermode), 존 바스 (John Barth)를 비롯한 많은 평론가와 작가들이 비슷한 이야기를 했고 지금도 하고 있다. 문학이 무엇인지 이해하고 이를 지켜내려고 애썼던 르네 웰렉(Rene Wellek)도 생각난다. 그가 쓴 The Attack on Literature and Other Essays 가 킨들판(2018)으로 다시 출간되었다. 1970년대 쓴 글이지만 여전히 힘이 넘친다.

30) 칼럼니스트 비 윌슨(Bee Wilson)이 이런 고민을 한다. 비 윌슨. 『식사에 대한 예절』. 어크로스, 2020, pp.9~10, 12.

31) "The water met its master and blushed."

32) 김애란.『두근두근 내 인생』. 창비, 2011. 이 소설의 프롤로그를 읽으면 울컥할 것이다. 그리고 읽다 보면 "네가 나의 슬픔이라 기쁘다, 나는." "자라서 꼭 누군가의 슬픔이 되렴." "마음이 아플 땐 반드시 아이처럼 울어라" 같은 문장을 만난다. p.50에 나오는데 이 짧은 문장들이 주는 울림을 읽으면 알게 된다. 영어판도 있다. Kim, Ae-Ran. My Brilliant Life. Translated by Choi-young Kim. Tom Doherty Associates, 2021.

33) 김애란.『비행운』. 문학과지성사, 2012. 작가의 소설집이다. 제목의 뜻은 비행기가 지나간 자리에 남는 구름이다. 좋은 작가가 그렇듯 밑줄 칠 문장들이 무척 많다. 읽고 나면 가볍게 읽었던 문장이 어느 순간 불쑥 고개를 드는 경험을 하게 될 것이다. 필자의 경우엔 "너는 자라 내가 되겠지 …… 겨우 내가 되겠지"(297쪽)라는 문장이 그랬다. 이십대 때에는 잘하든 못하든 그게 다 과정처럼 보인다. 하지만 서른을 넘고 나니 모든 게 결과로 보여 초조했다. 그래서일까 읽을 땐 몰랐지만, 필자의 내면 어디선가 이 문장에 배어 있는 불안한 흔들림을 늦게나마 감지한 것 같았다.

34) 시 '흰둥이 생각' 중 일부. 손택수.『나무의 수사학』. 실천문학사, 2010, p.28.

35) 컷툰은 네이버 웹툰에서 시험하고 있는 모바일 전용 웹툰 게재방식이다. 웹툰을 스크롤 형식으로 내려서 열람하지 않고 컷 하나하나를 넘기면서 볼 수 있다. 이런 점은 스마트툰과 같지만, 컷툰의 경우는 말풍선이 순차적으로 나타나거나, 컷이 나오는 방향이 달라지는 것 같은 시각적 특수효과는 없다. 만화처럼 컷을 옆으로 밀어서 보는 게 전부이다. 컷을 뒤로 넘기는 것이 편하고 컷마다 댓글이 있어서 독자들은 컷툰을 스마트툰보다 훨씬 만족스러워한다. (나무위키)

36) 김소연.『마음사전』. 마음산책, 2008, p.182.

37) "No one is free, even the birds are chained to the sky."

38) 작가이자 철학자였던 사르트르(Jean-Paul Sartre)도 "사람이 변하려면 우발적 마주침이 있어야 한다"고 강조했다. 로마의 시인 루크레티우스(Lucretius)도 우연한 마주침과 같은 의미를 서사시『사물의 본성에 관하

여』에서 썼다. 시에서 우연한 마주침을 다룬 부분을 정리하면 이렇게 된다. "어떤 물방울이 비스듬히 방향을 바꾼다. 바로 그 찰나적인 순간의 비켜남이 예기치 않은 충돌을 일으킨다. 이 충돌이 또 다른 충돌로 이어지면서 사건이 생긴다. 이 사건으로 인해 변하지 않을 것 같던 운명이 깨진다." 루크레티우스. 『사물의 본성에 관하여』. 강대진 역. 아카넷, 2012.

39) 필자가 브런치에 '글쓰는 사우스포'라는 필명으로 게재한 글, "새들은 나는 게 재미있을까: 생각의 자극이 창의력을 이끌어 내는 과정"에서 가져왔다.

40) 이 책의 한국어 번역판이 있다. 짐 콜린스. 『좋은 기업을 넘어 위대한 기업으로』(20주년 뉴에디션). 이무열 역. 김영사, 2021.

41) 『Good to Great』(HarperBusiness, 2001)에서 흥미로웠던 예는 2장에서 위대한 리더들을 묘사한 부분이다. 위대한 리더들은 자신에 대해서 말하지 않았다. 언제나 회사를 말하거나 함께 일하는 동료들을 언급했다. 그리고 그들이 즐겨 쓰는 단어들이 특이하다. quiet, humble, modest, reserved, shy, gracious(27쪽). 조용하고 겸손한 단어들이다. 참고로 45대 미국 대선에서 두 후보(트럼프와 힐러리)가 자주 썼던 단어가 있다. 힐러리가 가장 많이 쓴 단어는 systematic(체계적인)이었고, 트럼프가 가장 많이 쓴 단어는 eminent(걸출한)이었다(2016년 3월 6일 온라인에 공개된 dictionary.com의 통계). 두 대선 후보와 달리 위대한 리더들은 눈에 띄는 리더상을 꿈꾸지 않았고 조용히 놀라운 결과를 이끌었다(28쪽). 4장에 보면 처칠 일화도 나온다. 그는 카리스마가 있는 지도자여서 국방부가 불리한 전황을 누락시킬까 염려했다. 그래서 아무도 모르게 민간인을 수장으로 한 별도의 독립부서를 세워서 이들을 통해 현장 소식을 가감 없이 들었다(73쪽). 그가 중요한 결정을 내릴 때 현장에서 들은 생생한 정보가 큰 도움이 되었음이 분명하다.

42) 이게 하나님의 저울에 달아보는 것이다(다니엘 5:27).

43) 예쁘고 빛나는 사람이 되려면 '나만이 아는 뭔가'가 필요하다. 이경규의 〈양심 냉장고〉에서 인적 드문 새벽 시간 횡단보도 정지선에 서서 신호를 지킨 사람처럼 말이다. 수십 대의 차가 지나갔지만, 신호를 무시했다. 보는 사람이 없었기 때문이다. 아무도 없을 때, 남들이 알아주지 않을 때,

내가 하는 행동이 나를 좋은 삶에서 위대한 삶으로 이끌어 간다. 그게 찰스 피니의 동역자 다니엘 내쉬(Daniel Nash, 1775~1831)다. 요한 웨슬레(1703~1791)가 영국에서 부흥운동을 일으킬 때 미국에서 대각성 운동이 있었다. 그것도 세 번 있었다. 1차 대각성 운동(1735~1755)의 주역은 조나단 에드워즈(Jonathan Edwards)였고, 2차(1790~1840)는 찰스 피니(Charles Finney), 3차(1850~1900)는 D. L. 무디(Moody)였다. 피니의 집회 몇 주 전 내쉬가 미리 집회가 열릴 도시로 가서 금식하며 중보기도를 했다. 그게 꼭 산고를 겪는 여인 같았다고 한다.

44) 이 책의 한국어 번역본이 있다. 밥 포스터. 『불타는 세계비전』. 네비게이토 출판사, 2008(개정 12쇄).

45) Robert D. Foster. The Navigator. Navpress, 1983, p.87.

46) Jim Collins. Good to Great. 앞의 책, p.1.

47) 『신곡』은 단테가 어두운 숲에서 길을 잃고 우두커니 서 있는 자신을 발견하는 장면으로 시작한다. 단테 알리기에리. 『신곡: 지옥편』. 박상진 역. 민음사, 2007, p.7. 단테가 숲에서 길을 잃은 이유가 있다. 먼저 표범 때문이다. 표범은 욕망을 상징한다. 단테가 겁이 나서 뒤로 물러서는데 이번엔 사자가 나타났다. 사자는 권력을 상징한다. 두려워서 다시 뒷걸음질하는데 이번엔 암늑대가 나타났다. 암늑대는 재물에 대한 욕심을 뜻한다. 『신곡』은 지루하지만 흥미로운 대목을 해설서와 함께 읽으면 유익하다.

48) "That is what learning is. You suddenly understand something you've understood all your life, but in a new way." 이 문장 속엔 배움에 대한 철학이 들어 있다. 배움에 대한 정의가 여럿 있지만 필자는 도리스 레싱의 정의를 가장 사랑한다. 레싱은 2007년 노벨문학상을 받은 영국 작가인데 소설 『네 개의 문이 있는 도시』(The Four-Gated City, 1969)에서 이렇게 썼다. 이 책의 한국어 번역본은 아직 없다.

49) 디글Diggle. "돈은 내가 썼는데 칭찬은 네가?" 진기주에 커피차 보낸 삼성 동기들의 현실 반응(유퀴즈온더블록. YouTube video, 25:03. Posted by YouTube, 2021년 5월 5일).

50) 익명의 심사위원이 작가 지망생을 '작자'라고 언급한 것도 충격이지만,

"이 작자는 기지도 못하면서 날려 든다"라는 평 앞에 "개나 소나 문학한다고 덤비는 현실이 슬프다"라고 한탄한 것도 충격이다.

51) 김금희. 『경애의 마음』. 창비, 2018. 작가는 마음을 아주 섬세하게 어루만진다. 그래선지 몰라도 많은 분들이 인생 책으로 꼽는다.

52) 이 정체성을 정말 유연하고 깊이 있게 설명한 책으론 아민 말루프의 『사람 잡는 정체성』(이론과실천, 2006)을 추천한다. 저자는 아랍어를 말하지만 글은 프랑스어로 쓰고, 레바논 출신이지만 그리스도인이다. 잘 쓴 책이고 통찰이 있는 책이다. 저자는 92쪽에서 근대화를 설명하면서 "근대화된다는 것은 자기 자신의 일부를 끊임없이 포기하는 일"이라고 썼다. 그리고 그 "근대화는 쓰라림, 모욕, 배반의 감정을 수반하지 않고선 진행되지 않는다" 라고 썼다. 이것을 읽었을 때 아랍과 터키, 그리고 한국 사회가 왜 과거에 그리고 지금도 혼란과 저항을 겪는지를 조금 이해하게 되었다.

53) 아이작 아시모프. 『파운데이션』(전 7권). 김옥수 역. 황금가지, 2013.

54) 쥘 베른. 『해저 2만 리』(비룡소 클래식 25). 비룡소, 2011. 아이들이 SF에 빠지게 되는 코스가 있는데 베른이 아마 그 첫 시작일 것이다.

55) 쥘 베른. 『달나라 탐험』(쥘 베른 컬렉션 6). 열림원, 2009.

56) 아담이 한 첫 번째 일은 동물들에게 이름을 지어 준 것이다(창세기 2:20). 이름은 아담이 무슨 일을 했는가가 아니라 어떤 생각으로 그 일을 했는가를 보여주는 증거가 된다.

57) 헤르만 헤세. 『데미안』(세계문학전집 44). 전영애 역. 민음사, 2000.

58) 정여울 외. 『상실의 시대』. 마이크임팩트북스, 2016, p.77에서 재인용. 정여울. 『헤세』(클래식 클라우드 022). arte, 2020도 매우 유익하다. 헤세를 이해할 때 두 책이 다 유익하다.

59) 무라타 사야카. 『편의점 인간』. 살림, 2016. 이 소설로 작가는 2016년 일본 최고의 문학상인 아쿠타가와상을 받았다.

60) 김영하 작가가 언급한 삼각김밥은 편의점의 대표 아이템이다. 높이 9.5센티미터, 무게 110그램. 김이 눅눅해지는 것을 방지하기 위해 얇은 비닐이 씌어 있다. 저렴하고 간편한 한 끼다. 데우는 데 20초 걸린다. 1천 원 내외고 컵라면과 함께 먹기도 한다. 한국에서 편의점이 처음 등장한 것은

1989년, 서울 송파구 방이동에 문을 연 가게였다. 당시 상품은 2천 가지였지만 24시간 영업이라는 신개념을 내세웠다. 이런 편의점이 2020년 기준 4만 개가 넘었다. 취급하는 품목도 3천 개를 훌쩍 넘었다.

61) 이 단편은 소설집 『달려라, 아비』(창비, 2005)에 들어 있다. 김애란. 『달려라, 아비』. p.222.

62) 마사 누스바움. 『시적 정의』. 박용준 역. 궁리, 2013, pp.110~111, 163, 260. ; 문유석. 『개인주의자 선언』. 문학동네, 2015.

63) 앨리스 먼로. 『디어 라이프』(세계문학전집 113). 정연희 역. 문학동네, 2013, p.308. 이 작품의 원제는 Dear Life이고 작가는 2013년 노벨문학상을 받았다. 서사의 힘이 정말 탁월하다.

2장

64) 파스칼 메르시어. 『리스본행 야간열차』. 전은경 역. 들녘, 2007, pp.28, 60.

65) 김근주 교수도 『나를 넘어서는 성경읽기』(성서유니온, 2017)에서 이런 점을 강조하고 있다.

66) '오래된 기도'라는 시가 있다. 이문재 시인이 썼다. 기도를 바라보는 시인의 눈이 독특하다. 가만히 눈을 감기만 해도, 음식을 오래 씹기만 해도, 갓난아기와 눈을 마주치기만 해도, 시인은 그게 기도하는 것이라고 말한다. 시인에게 기도는 간구하는 게 아니다. 자신을 위해 더는 바라는 게 없을 때 그게 진짜 기도의 시작이고, 그것이 기도의 본래 모습이라고 시인은 말한다. 도종환 시인은 이런 기도를 연필깎기에 비유한다(연필깎기). 그는 기도가 되지 않는 날은 연필을 깎는다. 깎다 보면 아주 고요해진 순간을 만나는데 그때 기도가 시작된다. 김시천 시인은 '아이들을 위한 기도'에서 "열을 가르치려는 욕심보다/ 하나를 바르게 가르치는 소박함을" 알게 해달라고 기도한다.

67) 동네 어르신들 얼굴이 막연하게 떠오른다. 친구 신언태의 할머니는 구멍가게를 하셨는데, 100원어치를 사면 100원어치를 더 얹어 주셨다. 언태는 생일 초대를 처음 해준 친구다. 걔가 반장이고 필자는 부반장을 했는데 반 맨 앞줄에서 필자와 함께 서길 원해서 다른 반 친구들이 너네는 반장이 두

명이냐고 묻곤 했다. 으아 형도 생각난다. 이름은 모르고 친구들은 으아라고 불렀다. 친구 형인데 어려서 부모님이 한약을 잘못 먹어서 바보가 되었다. 할 수 있는 유일한 말이 '으아'여서 그렇게 불렀다. 아랫집 살던 승봉이 형이 생각난다. 짜장면 가게를 하다 손을 다친 안승봉 형. 동생 승만이도. 옆집 살던 누나(심순영 권사)는 교회 특강을 갔다가 50년 만에 만났다. 간호장교였는데 지금은 수필을 쓴다. 동네가 재개발로 다 뿔뿔이 흩어졌는데 다들 잘 살고 있는지 궁금하다. 우리 집에 핀 장미꽃을 보러 온 권인애도 생각난다. 동네 끝 언덕에 가면 높은 방송국 철탑이 있었고 길 너머로 대전 형무소가 절반쯤 내려다보였다. 그 시절 신영복 선생이 그곳에 있었다는 걸 『감옥으로부터의 사색』을 읽고 알았다. 대전 목동 15번지 희미한 가로등 불 밑에서 밤늦게까지 오징어 게임과 자치기를 하며 놀곤 했는데, 어느 날 한 친구가 교회에 가자고 했다. 이유를 물으니 빵을 준단다. 빵 때문에 가긴 싫다고 했다. 그날 저녁 자려는데 귀에서 천둥이 치듯 '하나님'이라는 소리가 울렸다. 그 소리가 계속 울려서 캄캄한 방에서 무릎을 꿇고 한 기도가 생각난다. "하나님, 친구가 하나님이 있다는데, 만일 진짜 있다면, 내일 아침 눈을 떴을 때 내 혀가 풀려서 '학교에 다녀오겠습니다'라고 인사를 할 수 있게 해주세요." 하지만 필자의 첫 기도는 응답을 받지 못했다. 응답을 받지 못한 이유를 알게 된 것은 25년쯤 뒤이다.

68) 함민복의 시 '그날 나는 슬픔도 배불렀다' 중 일부. 함민복. 『우울씨의 일일』(문학동네 포에지 6, 개정판). 문학동네, 2020, p.55.

69) 시 '밥해주러 간다' 일부. 유안진. 『걸어서 에덴까지』(문예중앙시선 17). 문예중앙, 2012, p.124. 유안진의 시와 비슷한 시가 있다. 이웃나라 일본에 이바라기 노리코(茨木のり子, 1926~2006)라는 시인이 쓴 '답'이다. 윤동주의 시를 무척 사랑한 시인이다. '답'에 보면 이런 대목이 나온다. 열네 살짜리 아이가 할머니에게 이제껏 제일 행복한 때가 언제였는지 물었다. 지나온 세월을 더듬을 줄 알았는데 할머니는 이렇게 대답하셨다. "아이들을 화로에 둘러앉혀 놓고 떡을 구워 줬을 때." 이바라기 노리코 책은 『이바라기 노리코의 한글로의 여행』과 『내가 가장 예뻤을 때』가 가장 먼저 나왔지만 절판되었다. 하지만 2019년에 4권의 책이 나왔다. 『이바라기 노리코 시집』

(스타북스), 『처음 가는 마을』(봄날의책, 2019.), 『여자의 말』(달아실, 2019.), 『시의 마음을 읽다』(에세, 2019.).

70) 이정하. 『사랑하지 않아야 할 사람을 사랑하고 있다면』. 자음과모음, 2005, p.104. "참사랑의 모습"은 시가 아니라 산문이지만 다수의 블로그와 카페, 인스타그램에선 이정하 시인의 산문을 시로 잘못 소개하고 있다.

71) 제인 오스틴. 『오만과 편견』(세계문학전집 154). 류경희 역. 문학동네, 2017.

72) 서유미. 『홀딩, 턴』. 위즈덤하우스, 2018, p.229.

73) 박완서. 『그 많던 싱아는 누가 다 먹었을까』. 웅진지식하우스, 2005, p.289. 박완서 작가는 소설 곳곳에서 삶의 통찰이 담긴 문장을 남겨 놓았다. 이 문장도 생각난다. "선한 사람 악한 사람이 따로 있는 게 아니라, 사는 동안에 수없는 선악의 갈림길에 있을 뿐이라고 생각한다."(p.109)

74) 최은영의 단편 「언니, 나의 작은, 순애 언니」에 나오는 문장이다. 최은영. 『쇼코의 미소』. 문학동네, 2016, p.115. 영어판도 있다. Choi Eunyoung. Shoko's Smile. Translated by Sung Ryu. Penguin Books, 2021.

75) 풀러신학교 심리학 교수인 아치볼트 하트(Archibald D. Hart)의 말이다. 그는 심리치료 전문가이다. 그가 쓴 심리학 책은 한국에 10권 이상 번역되어 있다. 그중에 『숨겨진 감정의 회복』, 『여자의 성』, 『숨겨진 중독』이 있다.

76) 양귀자. 『원미동 사람들』. 쓰다, 2012. 초판 출간은 1987년.

77) 알제리 작가 부알렘 상살은 어떻게 근본주의자가 되는지 그 과정을 소설로 보여준다. 부알렘 상살. 『2084: 세상의 종말』. 강주헌 역. 아르테, 2017.

78) 가즈오 이시구로. 『남아 있는 나날』. 송은경 역. 민음사, 2021. 원제는 The Remains of the Day이다.

79) 조셉 콘래드. 『비밀요원』(대산세계문학총서 53). 왕은철 역. 문학과지성사, 2006. 원제는 The Secret Agent이다. 콘래드는 정말 놀라운 작가이다. 폴란드 출신이고 20대가 되어서 영어를 배웠다. 후에 영국으로 귀화하며 『암흑의 핵심』(or 『어둠의 속』) 또는 『비밀요원』 같은 소설을 제2외국어인 영어로 썼다. 그것도 탁월하게.

80) 니코스 카잔차키스. 『그리스인 조르바』. 유재원 역. 문학과지성사, 2018.

평생 그리스학을 전공한 언어학자인 역자가 그리스어 원전을 갖고 번역하였다.

81) 콜리지가 사용한 '시적 믿음'(poetic faith)이란 표현은 세상에서 문학이 갖는 역할을 보여준다. 콜리지 이후에 영국의 문학평론가 매슈 아놀드(Matthew Arnold, 1822~1888)나 시인 T.S. 엘리엇(Thomas Stearns Eliot, 1888~1965)은 세속적인 세상에서 문학은 종교와 같은 역할을 한다고 생각했다.

82) SBS 예능 〈꽃놀이패〉 8회 방송(2016년 10월 24일)에서 안정환이 잠들기 전 누워서 유병재에게 한 말.

83) 최은영. 『내게 무해한 사람』. 문학동네, 2018, p.179. 최은영의 단편 「모래로 지은 집」에 나오는 모래의 말이다. 이 단편엔 세 명의 인물이 등장한다. 모래, 공무, 나비. 화자는 나비이다. 단편은 셋의 내면의 모습을 번갈아 가면서 묘사하는데, 이들은 서로에게 자기애적인 집착을 한다. 그 집착이 커서 서로가 서로에게 자기(self)의 연장처럼 보인다. 엄밀한 의미에서 최은영의 소설에선 진정한 의미에서 타인이 없다.

84) 최은영. 같은 책. p.282. 최은영의 단편 「아치디에서」에 나오는 말이다. 동생이 주인공 하민에게 보낸 문자이다. 이 단편은 스물다섯에 자신을 찾아왔던 사랑을 회고하는 브라질 청년 랄도의 이야기다.

85) 김정운은 『바닷가 작업실에서는 전혀 다른 시간이 흐른다』(21세기북스, 2019)에서 이런 이야기를 하고 있다. 그는 실존은 공간으로 확인된다고 강조한다. 공간이야말로 내가 누구인지를 보여주는 아이덴티티라는 뜻이다. 그것을 슈필라움(spielraum)이라는 독일어를 갖고 설명한다. 슈필라움은 내가 하루 종일 혼자 있어도 전혀 지겹지 않은 공간이고 내가 삶의 가능성을 꿈꾸는 공간이다(12쪽).

3장

86) 존 로날드 로웰 톨킨. 『반지의 제왕』(전 4권). arte, 2021.
87) C. S. 루이스. 『나니아 연대기』. 시공주니어, 2005.
88) J. K. 롤링. 『해리포터 시리즈』(전 10권). 문학수첩, 2019.

89) 조지 R.R. 마틴.『왕좌의 게임』(전 2권, 얼음과 불의 노래 1). 은행나무, 2016.

90) 이정하.『사랑해서 외로웠다』. 자음과모음, 2005, p.83. 그리움을 다룬 이 구절은 많은 블로그, 카페, 인스타그램에선 신경숙의『외딴방』에 나오는 구절로 잘못 전파되고 있다. 이 시행은 위기철 작가의『고슴도치』속 문장과 뒤섞여 인용되기도 한다. 자주 혼용되는 위기철의 문장은 이것이다. "추억은 밍크코트나 골프세트처럼 값비싼 물건에 배는 것이 아니라, 병따개나 냄비 받침 같은 자질구레한 물건에 배는 법이다. 자질구레한 까닭에 자질구레한 장소에서 아무 때나 불쑥불쑥 튀어나와 가슴을 쓰리게 하는 것이다"(78쪽). 위기철.『고슴도치』. 청년사, 2010(개정판 18쇄).

91) 스타니스와프 렘.『솔라리스』. 집사재, 2003, p.36. 스타니스와프 렘(1921~2006)은 SF 문학의 거장이고 폴란드 작가이다.『솔라리스』는 그의 대표작이다. 이 소설에서 심리학자가 미래의 행성을 탐사하려고 우주정거장에 갔다가 10년 전 사망한 연인을 만나면서 사건에 휘말려 들어간다. 최근에 나온 렘의 책이 있다.『스타니스와프 렘』(세계문학 단편선 40, 현대문학, 2021)이다.

92) 김인육.『사랑의 물리학』(개정판). 문학세계사, 2016, p.77.

93) 은희경의 장편소설『소년을 위로해줘』(문학동네, 2010)에 나온다.

94) "베트남 길가에서 아저씨가 파시는 오렌지 전부 다 사서 퇴근시켜 드리기!" YouTube video, 10:15. Posted by "코이티비KOITV," 2020년 1월 7일.

95) "베트남 아저씨를 통해 번 수익으로 새 오토바이를 선물해 드렸습니다. 아저씨가 보인 반응은?" YouTube Video, 10:40. "코이티비" 2020년 1월 21일 업로드. 인용된 베트남 아저씨의 말은 9분 04초부터 나온다.

96) 황현산.『밤이 선생이다』. 난다, 2016, p.12. 인용한 칼럼은 2009년 쓴 것이고 제목은 "과거도 착취당한다"이다.

97)『서부전선 이상없다』(열린책들, 2009)에서 차덴(Tjaden)이 "도대체 왜 전쟁이란 게 있는 거지?"라고 물었을 때 카친스키(Katczinsky)가 한 대답, "전쟁으로 분명 득을 보는 사람이 있는 거지"(216쪽)이다.

98) 레마르크.『서부전선 이상없다』. p.269.

99) 레마르크는 『서부전선 이상없다』에서 희망을 주는 문장을 하나 썼다. "하나의 명령으로 이 조용한 사람들이 우리의 적이 되었다. 하나의 명령으로 이들이 우리의 친구로 변할 수도 있으리라"(204~5쪽).

100) 구의역 스크린도어 사망사건이 2016년 5월 28일 있었다. 서울 지하철 내선순환 승강장에서 스크린도어를 혼자 수리하던 외주업체 직원(간접고용 비정규직)이 출발하던 전동열차에 치여 사망했다. 당시 19세였다. 월급을 겨우 144만 원 받았는데 일이 많아서 컵라면도 못 먹을 정도였다. 사망사건 이후 2인1조 점검이라는 안전수칙이 생겨났다.

101) 고시원 귀신 역은 배우 박세완.

102) 오규원. 『가끔은 주목받는 생이고 싶다』(문학과지성 시인선 60). 문학과지성사, 1994, p.51. 아주 오래전 시가 뭔지 궁금했지만 그걸 알려 주는 책이 없어 답답했다. 그때 오규원 시인의 책 『현대시작법』(문학과지성사, 1990)과 영어 책 Modern Poems (Norton, 1976)가 도움이 되었다. 후에 나온 Sound and Sense (Wadsworth, 2008)도 꽤 도움이 되었다.

103) 박영희. 『즐거운 세탁』(애지시선 012). 애지, 2007, p.39.

104) 마르쿠스 베른센. 『삶을 위한 수업』. 오연호 기획 편역. 오마이북, 2020, p.96. 저자(Markus Bernsen)는 두 아이와 함께 한국에서 3년간 살면서 한국 교육의 장단점을 체험했다. 오마이뉴스 오연호 대표는 2013년부터 덴마크의 사회와 교육을 탐구하고 있다. 필 주커먼이 『신 없는 사회』(마음산책, 2012)에서 합리적인 개인주의자들이 만든 현실 속 유토피아를 다룬 바 있는데, 이런 책을 읽게 되면 왜 하나님을 알고 진리를 안다는 우리가 저들보다 더 얕은 사고를 하게 되었는지 반성하게 된다.

105) 이와 비슷한 말을 헨리 데이빗 소로도 했다. "우리는 먼저 인간이어야 하고, 그 다음에 국민이어야 한다고 나는 생각한다"(21쪽). 헨리 데이빗 소로우. 『시민의 불복종』. 강승영 역. 은행나무, 2017(개정2판 5쇄).

106) 헨리 데이비드 소로. 『시민의 불복종』. p.51.

107) 헨리 데이비드 소로. 『월든』. 강승영 역. 은행나무, 2011.

108) 여주인공의 말이다. "만약 그게 가능하지 않다면, 적어도 마지막까지, 이 경이로운 세계에 잠시나마 사는 게 허용되었다는 사실에 대해 고마움을,

무한하고 진심 어린 고마움을 느끼고 싶다"(72쪽). J.M. 쿳시. 『철의 시대』 (세계문학전집 181). 문학동네, 2019.

109) 심보선. 『눈앞에 없는 사람』(문학과지성 시인선 397). 문학과지성사, 2011, p.120.

110) Elisheva Irma Diaz. Wrestling For My Jewish Identity: An Eclipse With Reality. FriesenPress, 2017, p.6.

111) 인중을 영어로 philtrum이라고 쓴다. 인중은 미카엘 대천사가 태아를 조용히 시키느라 손가락을 태아 윗입술에 갖다 댄 자국이라고 한다. 그래서 천사의 손가락이 만들었다고 해서 made by angel's finger라고 말한다. 그리스 신화에선 큐피드의 활 모양이라고 해서 Cupid's bow라고도 부른다.

112) 우병녀의 시 '봄꽃.'

113) 정현종의 시 '사람이 풍경으로 피어나.'

114) 이기철의 시 '풀잎.'

115) 주영헌의 시 '계약직.'

116) 오르한 파묵. 『소설과 소설가』. 민음사, 2012, p.11.

117) 어니스트 헤밍웨이. 『노인과 바다』(세계문학전집 278). 김욱동 역. 민음사, 2012, p.104.

118) 다음 논문에서 저자는 이런 생각을 구체적으로 입증하고 있다. Roger P. Ebertz. "Beyond Worldview Analysis: Insights from Hans-Georg Gadamer on Christian Scholarship." Christian Scholar's Review. 36.1(2006): 13-28. 논문에서 저자는 학자가 그리스도인이라면 자신의 연구 분야에서 얻게 되는 발견을 기독교 진리와 조화시켜야 한다고 주장한다. 논문 저자는 세 가지를 제시한다. ① 모든 사고는 생각하는 사람의 세계관에서 이루어진다. ② 그리스도인이 아니어도 진정한 진리를 발견할 수 있다 ③ 기독교 지성은 진리의 합일이란 원칙에 근거한다(13쪽).

119) 정유정, 지승호. 『정유정, 이야기를 이야기하다』. 은행나무, 2018, p.97.

120) Kevin Freiberg, Jackie Freiberg. Nuts!. Bard Press, 1996, pp.246~249.

121) Karen Hudson-Edwards 외. "Solid-phase phosphorus speciation in Saharan Bodélé Depression dusts and source sediments." Chemical Geology 384 (2014): 16~26. 이 자료는 인터넷에 PDF 파일 형태로 떠 있다. 카렌 허드슨-에드워즈 교수는 논문 발표 당시엔 런던대 소속이었고 현재는 엑스터 대학교에 재직 중이다.

122) 윌리엄 블레이크의 시는 '순수의 전조'(Auguries of Innocence)이고, 로버트 프로스트의 시는 '봄의 물웅덩이들'(Spring Pools)이다. 블레이크는 "모래 한 알 속에서도 세상을 보며,/ 한 송이 들꽃 속에서도 천국을 본다"고 썼고, 프로스트는 "자연을 검푸르게 하고 여름 숲이 될 그 무엇이/ 그들의 간힌 싹마다 들어 있는 나무들"이라고 썼다.

123) 필자가 텍사스주 포트워스(Fortworth)에 위치한 사우스웨스턴 신학대학원(Southwestern Baptist Theological Seminary)을 다닐 때 가끔 TCU에 가서 공부했다. 신학교에서 차로 천천히 가도 15분이면 갈 수 있었고 도서관 시설도 훌륭했다. 특히 스터디 룸이 좋아서 신학생들이 자주 뭉쳐서 공부했던 기억이 난다. 릭 워렌 목사가 독학할 때 자주 앉았던 도서관 자리는 TCU에서 특별히 기념을 해두었다고 들었다.

124) 릭 워렌. 『목적이 이끄는 교회』. 디모데, 2008.; Rick Warren. The Purpose Driven Church. Zondervan, 1995. 필자는 그의 책을 읽으며 하나님의 백성이 준비되면 그곳이 어디든 하나님은 놀라운 부흥을 일으키신다는 생각이 들었다.

125) 황윤정. "[저자와의 만남] 새벽 4시 시작되는 소설가 김연수의 하루." 연합뉴스 2014년 11월 10일 온라인 기사 중에서. 스티븐 킹도 『유혹하는 글쓰기』(김영사, 2017)에서 글쓰는 생활을 설명하는데 김연수 작가의 하루와 거의 동일하다. 김연수, 정유정, 스티븐 킹 같은 작가들은 비슷한 방식으로 글을 쓴다.

126) 필자가 공부할 때 신학교 총장님은 페이지 패터슨(Paige Paterson)이었다. 후원금을 모집하는 건 총장 사모님(Mrs. Paterson)이 했다. 일 년 내내 기독교 CEO들을 찾아다니며 후원금을 모집해서 사모들을 위한 시간을 만들어 주었다. 이것을 시작한 계기는 총장님 부부도 신학교를 졸업할 때 너무 가

난해서 졸업식 날 입을 만한 옷이 없었던 기억 때문이다. 그래서 그때, 언젠가 기회가 오면 미래의 사모들이 자신과 같은 일을 겪지 않게 해달라고 기도했다고 총장 사모님이 말해 주었다. 필자의 기억으론 그렇다.

127) Dallas Theological Seminary. 미국 텍사스주 달라스에 있는 복음주의 초교파 신학교이다.

128) 시 '신생아실 노트'의 부분이다. 이연주. 『이연주 시선집』. 좌측의농간, 2016, p.83.

129) 역사가와 지리학자와 소설가는 서로 다른 영역에서 활동하지만, 이들은 상호보완적이다. 19세기 역사가 Lord Macaulay (Thomas Babington Macaulay, 1800~1859)가 말했다. "역사는 이성을 만나기 전 먼저 상상의 옷을 입어야 한다"고. "History has to be burned into the imagination before it can be received by the reason."

130) 로맹 가리. 『여자의 빛』. 김남주 역. 마음산책, 2019, p.119.

131) 김훈. 『바다의 기별』. 생각의나무, 2008, p.146. '신념에 가득한 사람'이라고 썼지만, 김훈이 실제로 쓴 말은 '머릿속이 질서 잡히고 체계가 잡혀 있는 사람들'이다.

132) 사회탐구 일타강사 이지영 쌤이 윤리와 사상 강의 중 한 말이다(2020년 1월 4일). 내가 감정을 통제할 수 있는 건 나 자신밖에 없으며, 이런 판단이 건강한 사람이 할 수 있는 판단이라는 걸 새삼 느낀다.

133) 공지영도 이 시행을 소설 『높고 푸른 사다리』(해냄, 2019) 제사(題詞)에서 인용한다.

134) 잘잘법. "주일에 꼭 교회를 가야 하나요?"에 나온다. 김학철 교수가 어떤 분의 칠순 잔치에 갔다가 본 일이다. 시작 부분에 나오고 10분 뒤에 다시 나온다.

135) 존 로날드 로웰 톨킨. 『호빗』. 이미애 역. arte, 2021, p.33.

4장

136) 임경선. 『자유로울 것』. 위즈덤하우스, 2017. 에세이집이다. 작가는 "행복이란 '얼마큼 행복한 일들이 내게 일어날까'라는 객관적인 조건의 문제

가 아니라 '얼마큼 내가 그것을 행복으로 느낄 수 있을까'라는 주관적인 마음의 상태로 결정된다"(16쪽)라고 썼다. 작가는 이 책의 "한 작가를 진심으로 좋아하는 일"(pp.131~138)에서 줌파 라이히를 언급한다.

137) "One must maintain a little bit of summer, even in the middle of winter."

138) "This bread I break was once the oat," 이 시(This Bread I Break)는 피상적으로 읽으면 자연을 노래한 것처럼 보이지만, 좀 더 들어가면 예수 그리스도의 모습을 보여준다. 우리를 위해 자기의 희생으로 구원의 길을 열어 놓으신 모습이 '빵' 속에 표현되어 있다.

139) 김진송. 『목수일기』. 웅진지식하우스, 2001. 김진송은 이 외에도 『서울에 딴스홀을 許하라』, 『상상목공소』, 『나무로 깎은 책벌레 이야기』 등을 썼고, 최근엔 소설집 『그가 홀로 집을 짓기 시작했을 때』(난다, 2020)를 펴냈다.

140) 김언수. 『설계자들』. 문학동네, 2019. 영어판도 있다. Un-Su Kim. The Plotters. Blackstone Publishing, 2019. 이 소설에 관한 리뷰 중 내가 가장 흥미롭게 읽은 리뷰는 Locus Magazine에서 쓴 한줄 평이다. "무라카미 하루키가 The Day of the Jackal(자칼의 날)을 다시 쓴 것 같다." 『자칼의 날』은 소설이다. 프레드릭 포사이드. 『자칼의 날』(동서 미스터리 북스 93). 석인해 역. 동서문화사, 2003. 『설계자들』의 뒤표지에 이런 문구가 있다. "언제나 핵심은 총을 쏜 자가 아니라 총을 쏜 자 뒤에 누가 있느냐는 것이다." 이 문구와 연결되는 작품들이 여럿 있지만 네 편을 추천한다. 이스마일 카다레의 『부서진 사월』(문학동네, 2006), 스베틀라나 알렉시예비치의 『전쟁은 여자의 얼굴을 하지 않았다』(문학동네, 2015)와 『아연 소년들』(문학동네, 2017), 에리히 마리아 레마르크의 『서부전선 이상없다』(열린책들, 2009). 이 작품들 중 어느 것을 골라서 읽든 삶은 '죽음 앞에 주어진 짧은 휴가'라는 생각을 하게 될 것이다.

141) 천명관. 『고래』(문학동네 한국문학전집 019). 문학동네, 2014. 소설가 천명관은 "문학을 계속 사랑하기 위해선 일단 밥벌이가 되어야 한다"고 말한다. 작가의 삶을 예쁘게 포장하지 않는 사이다 발언을 한다는 점에선 김훈을 닮았다. 필자는 천명관을 『나의 삼촌 브루스 리 1&2』(위즈덤하우스/예담,

2012)로 만났다. 이 소설도 놀라운데『고래』까지 만나고 나니 그와 같은 하늘 아래 산다는 게 참 행복하게 느껴진다.『고래』에서 보면 작가는 인간의 부조리한 행동을 귀납법적으로 설명한다. "우리는 우리가 하는 행동에 의해 우리가 된다"(238쪽). 개인적으론 그다음 페이지에 나오는 문장이 위로가 되었다. "우물이 아무리 깊어도 바닥은 있게 마련이다"(239쪽). 무심코 쓴 듯 보이지만 엄청난 내공이 있지 않고는 나올 수 없는 문장이다.

142) 김유태. "[매경이 만난 사람] 산문집 '연필로 쓰기' 출간한 김훈 작가." 매일경제신문의 2019년 4월 30일자 온라인 뉴스 기사 중.

143) 김훈은 2000년 한겨레21과의 인터뷰에서 위험한 발언을 했다. "남녀가 평등하다고 생각하지 않는다. 남성이 절대적으로 우월하고, 압도적으로 유능하다." "여자에겐 가부장적인 것이 가장 편안한 것." 이런 시선은 작품 속 묘사로도 이어져서 이상문학상 수상작인「화장」에서는 여자아이의 입 속을 여성의 질로 묘사했다. "당신의 아기의 분홍빛 입 속은 깊고 어둡고 젖어 있었는데, 당신의 산도는 당신의 아기의 입 속 같은 것인지요"(79쪽). 김훈은 매 작품에서 남성 중심적인 시각에서 여성의 신체를 바라보고 묘사하는데, 이것이 여성에 대한 그의 왜곡된 시선을 보여준다는 비판의 근거가 된다.

144) 시 '그릇'은 오세영의 시집『모순의 흙: 오세영 시선집』(고려원, 1985)에 수록된 연작시 스무 편 중 첫 번째 시이다. 1연에서 시인은 "깨진 그릇은/ 칼날이 된다"고 진술한다.

145) 김영하.『나는 나를 파괴할 권리가 있다』. 문학동네, 2010, p.64.

146) 박상륭.『죽음의 한 연구』(문지클래식 7). 문학과지성사, 2020.

147) 베르나르 베르베르.『죽음 1&2』. 전미연 역. 열린책들, 2019.

148) 김영하의 소설『나는 나를 파괴할 권리가 있다』는 제1회 문학동네 신인작가상 수상작이고 영어판도 있다. 분명히 같은 소설인데 영어로 읽으면 다른 소설을 읽는 느낌이 들어 새롭다. Young-Ha Kim. I have the right to destroy myself. Harcourt, 2007.

149) Douglas Petrovich. "Amenhotep II and the historicity of the Exodus-Pharaoh." The Master's Seminary Journal (TMS) 17.1 (Spring

2006): 81~100. 저자는 논문에서 출애굽기 1장 8절에서 언급한 이집트의 새 왕이 제11왕조 아멘호텝 2세라고 주장한다. 이 논문은 인터넷에 PDF 파일로 떠 있다.

150) James Hilton, Lost Horizon, Perennial, 2004. 1937년 영화로도 만들어졌는데 흑백영화이다.

151) 영화 〈터크 애버래스팅〉에서 앵거스 터크가 15세 소녀 위니 포스터에게 이렇게 말한다. "죽음을 두려워 말고, 미완성의 삶을 두려워해야 해."

152) 서울특별시 동대문구 용두동에 위치한 시립동부병원의 호스피스 병동을 몇 달간 방문한 적이 있다. 2014년이다. 위로와 복음을 전하기 위해서였다. 그곳에서 두 환자를 만났다. 한 환자는 집사였는데 암이 재발했다. 폐암이었다. 가래를 못 뱉어서 기침을 자주 했다. 하루는 갔는데 얼굴이 너무 환했다. 암이 재발했을 때 하나님께 두 가지를 기도했단다. 모르핀을 맞지 않게 해달라는 것과 죽기 전 천국을 보고 싶다는 것. 하나님이 두 기도 제목에 응답하였다. 통증이 없어 모르핀을 맞지 않았다. 그리고 필자가 방문한 바로 그날 새벽, 천국을 보았단다. 확신에 차 필자의 손을 붙잡고 기쁨을 주체 못했다. 그분은 일주일 뒤 소천했다. 바로 그분 반대쪽에 췌장암 환자가 있었다. 허리 통증이 심해서 눕지를 못했다. 그렇게 일주일 넘게 눕지 못하니 잠을 제대로 자지 못해 신경이 날카로웠다. 그래도 기도해 드리려고 갔더니 단호히 거부했다. 며칠 뒤 찾아갔을 때 텅 빈 침대를 보며 마음이 아팠다. 일산 국립암센터에서 만난 환자가 있다. 폐암 말기였다. 한 반 년쯤 찾아갔다. 먹지도 못하는 사람이 TV로 음식 프로를 보는 게 가슴 아팠다. 한번은 갔는데 아내가 내 팔을 툭 치며 기도해 주라고 했다. 그래서 기도를 시작했다. 필자가 눈을 감고 기도하면서도 놀랐다. 필자가 생각하지도 않은 말들이 내 입에서 줄줄 흘러나왔기 때문이다. 채 2분도 되지 않았는데 밝고 따뜻한 기운이 병실을 감싸는 느낌을 받았다. 그리고 잠시 뒤 갑자기 울음소리가 나서 눈을 떴다. 환자가 숨을 거둔 것이다. 내 기도를 들으며 한 영혼이 소천한 것이다. 필자도 기도하며 천국이 열리는 느낌을 받았기에 그날의 기도는 지금도 생각난다.

153) 필자가 참고한 영어판은 Jhumpa Lahiri, Interpreter of Maladies

(Mariner Books, 1999)이다. 줌파 라히리의 영어는 정말 매력적이다. 아룬다티 로이, 살만 루시디, 키란 데사이, 로힌턴 미스트리 같은 인도 작가들의 영어는 정말 독특하다. 내가 느낄 때 그 느낌이 꼭 오드리 헵번(Audrey Hepburn)의 영어를 듣는 것 같다. 헵번은 벨기에 브뤼셀에서 태어나서 프랑스어에서 오는 독특한 어감이 있다. 그게 영어를 말할 때 묻어나는데, 매력적이다. 인도 작가들의 글을 읽을 때 그런 느낌이 난다. 특히 아룬다티 로이는 굉장히 매력적이다.

154) 줌파 라히리.『축복받은 집』. 서창렬 역. 마음산책, 2013, p.43.

155) 앞의 책, p.44.

156) 앞의 책, p.44.

157) 김언수.『설계자들』. p.394.

5장

158) American College Testing. 미국 대학 입학 자격시험 중 하나이다. 영어, 수학, 독해와 과학으로 이루어져 있다. 비슷한 시험으로 SAT가 있다.

159) 손원평.『아몬드』. 창비, 2017, p.245.

160) 리처드 바크.『갈매기의 꿈』. 공경희 역. 나무옆의의자, 2018.

161) 성공회 신학자이자 기독교 윤리학자이다. 타임(TIME) 잡지가 2001년에 그를 '미국 최고의 신학자'(America's Best Theologian)로 뽑았다.

162) 스탠리 하우어워스.『한나의 아이』. IVP, 2017, p.501.

163) 한국 사회에도 편향된 시각 때문에 극단으로 치우친 그리스도인들이 있다. 이들이 갖는 심리를 이해할 때 도움이 되는 정신분석학 논문이 있다. 뉴욕시립대 역사 교수이자 정신분석 학자였던 월터 데이비스가 2006년에 쓴 논문이다. Walter A. Davis. "Bible Says: The Psychology of Christian Fundamentalism." Psychoanalytic Review 92.2 (April 2006): 267~300. 좀 긴 논문이긴 하지만 꼼꼼하게 읽으면 한국 교회에서 유별나게 자주 등장한 몇 가지 특징들—흠정역 성경에 대한 과도한 집착, 교단에 대한 자부심, 하나님의 음성을 직통계시로 듣는 것, 신유은사, 방언, 예언 등—을 이해하는 눈이 생긴다. 이 논문을 포함하여 근본주의에 대

한 월터 데이비스 교수의 생각을 좀 더 읽고 싶다면 그가 쓴 책을 참고해도 된다. Walter A. Davis. Death's Dream Kingdom: The American Psyche Since 9-11. Pluto Press, 2006. 이밖에도 찰스 스트로저 박사가 미국의 기독교 근본주의를 분석한 책도 있다. 제목은 『아포칼립스』이다. Charles Strozier. Apocalypse: On the Psychology of fundamentalism in America. Beacon Press, 1994. 저자가 5년간 뉴욕시에 위치한 교단이 다른 여러 교회 예배를 참석한 뒤 27명의 신자와 인터뷰를 진행하며 분석한 내용을 담았다. 그는 근본주의자에게 나타나는 네 가지 특징으로 성경의 무오류, 중생의 경험, 복음전파의 사명, 종말주의를 꼽았다. 이것은 필자도 당연하게 여기는 것이다. 문제는 이 네 가지를 적용하는 과정에서 나타나는 좁은 시각이다. 한국 교회의 근본주의에 대해서 이해하고 싶다면 배덕만 교수가 유튜브에 올려 놓은 영상이 매우 유익하다. 막말 목사 전광훈을 이해하려면 김근주 목사의 유튜브 인터뷰가 도움이 된다.

164) 바버라 킹솔버. 『포이즌우드 바이블』. 박아람 역. RHK, 2013.

165) 김학철 교수(연세대)의 말이다. 낸시랭의 신학 펀치 28회 "신앙이 좋다는 건 문자적으로 믿는 건가요?"(2014년 8월 13일). 32분 4초짜리 동영상 중 20분쯤에 나온다.

166) 스탠리 하우어워스. 『한나의 아이』. p.375.

167) 단테 알리기에리. 『신곡』(세계문학전집 150). 박상진 역. 민음사, 2007, p.7.

168) Dante Alighieri. The Divine Comedy (The John Ciardi Translation). Norton, 1970, p.3.

169) 루이제 린저. 『생의 한가운데』(문예세계문학선 5). 전혜린 역. 문예출판사, 1998. 루이제 린저. 『삶의 한가운데』(민음사세계문학전집 28). 박찬일 역. 민음사, 1999.

170) 중세 유럽의 무역과 금융의 중심지였으며 이탈리아 르네상스의 본고장이다. 오랫동안 메디치 가문이 다스렸다. (위키백과)

171) 김연수. 『스무 살』. 문학동네, 2015, p.9.

172) 마거릿 미첼. 『바람과 함께 사라지다』(세계문학 148, 149, 150). 안정효 역.

열린책들, 2010.

173) "As God is my witness, I'll never be hungry again."

174) 요한 볼프강 폰 괴테. 『파우스트』. 이인웅 역. 문학동네, 2006, p.365.

175) 앞의 책, p.50.

176) 세부적인 내용은 이정일. 『문학은 어떻게 신앙을 더 깊게 만드는가』. 예
책, 2020, pp.177~8 참고.

177) Mark Dowie. "How Ford Put Two Million Firetraps on Wheels."
Business and Society Review. 23 (1977), p.49.; Dennis A. Gloria.
"Pinto Fires and Personal Ethics: A Script Analysis of Missed
Opportunities." Journal of Business Ethics. 11.5/6 (1992), p.380.

178) 마커스 보그. 『기독교의 심장』. 한국기독교연구소, 2009, pp.49~71.
Marcus J. Borg. "Jesus and Buddhism: A Christian View." Buddhism-
Christian Studies. 19 (1999): 93~97.

179) 움베르토 에코. 『장미의 이름 (상)』. 이윤기 역. 열린책들, 2009, p.120.

180) 이 소설을 어느 번역자의 버전으로 읽든 딱 중간쯤에 나온다. 얇은 챕터
이다. 이 양파 한 뿌리가 갖는 의미에 대해선 다음을 참고하면 좋다. 석영
중 교수(고려대)의 강의가 "EBS 특별기획 통찰-도스토옙스키의 천국과 지
옥 양파 한 뿌리"라는 제목으로 YouTube에 올라와 있다. 도스토옙스키는
많이들 알지만 완독한 사람은 드물 것이다. 도스토옙스키는 인간의 내면으
로 깊이 들어간 작가이다. 작가는 소설에서 '더 이상 아무도 사랑할 수 없
는 고통'을 지옥으로 표현한다.

181) SBS에서 2021년 7월 15일 방송된 〈꼬리에 꼬리를 무는 그날 이야기 시
즌 2〉 "공포의 17시간: 2인조 카빈 강도 이야기". 이날 방송에는 개그맨 정
성호, 모델 이현이, 아나운서 김선재가 게스트로 출현했다.

182) 알프레드 베게너. 『대륙과 해양의 기원』. 나남출판, 2010. 원제는 The
Origin of Continents and Oceans이다.

183) 플루트 연주자 최나경의 이야기이다. 선생님의 이름은 줄리어스 베이커
(Julius Baker, 1915~2003)이다.

184) 조너선 스펜스 교수는 미국에서 가장 독자를 많이 가진 중국사 연구자

로 꼽힌다. 그가 쓴 책들, 『천안문』, 『왕 여인의 죽음』, 『현대 중국을 찾아서』 등은 역사책인데도 추리소설이나 르포 기사를 읽는 느낌을 준다. 역사책인데도 문학적인 묘사를 사용하기 때문이다. 그 대표적인 예가 『왕 여인의 죽음』(이산, 2002) 첫 문장이다. 이렇게 시작된다. "1668년 7월 25일 지진이 탄청 현을 덮쳤다. 달이 막 떠오르는 저녁 무렵이었다. 서북쪽 어디에선가 들려온 듯한 굉음 외에 조짐이라고는 전혀 없었다." 스펜스 교수는 한국 기자가 좋은 글을 쓰는 법을 물었을 때 이렇게 답했다. "역사 논문만 읽어서는 좋은 글을 쓸 수 없다. (그래서 나는) 시집과 소설을 즐겨 읽는다." 스펜스 교수와 비슷한 방식으로 글을 쓰는 학자로 티모시 브룩(Timothy Brook) 교수가 있다. 캐나다 브리티시컬럼비아대 교수이다. 역사 학자이고 중국 학자이다. 그 역시 스펜스 교수처럼 역사책을 추리소설처럼 쓴다. 『능지처참』, 『쾌락의 혼돈』, 『베르메르의 모자』 등이 우리말로 번역되어 있다.

185) 조정래. 『태백산맥』(전 10권, 등단 50주년 개정판). 해냄, 2020.

186) 조세희. 『난장이가 쏘아올린 작은 공』. 이성과힘, 2020(179쇄).

187) 아룬다티 로이. 『작은 것들의 신』. 박찬원 역. 문학동네, 2016, p.11.

188) 움베르토 에코. 『장미의 이름 (하)』. 이윤기 역. 열린책들, 2006, p.288.

189) 존 스타인벡. 『분노의 포도 2』(민음사 세계문학전집 175). 김승욱 역. 민음사, 2008, pp.254~5.

190) 움베르토 에코. 『장미의 이름 (하)』. p.900.

191) "In times of desperation, people will believe what they want to believe. And so, we gave them what they wanted to believe."

192) 포르투갈 작가 주제 사라마구(1998년 노벨문학상 수상)는 『눈먼 자들의 도시』에서 이렇게 썼다. "인간의 역사가 보여주듯이, 악에서도 선이 나오는 것은 드문 일이 아니다. 그러나 선에서도 악이 나올 수 있다는 것에 대해서는 이야기들을 잘 하지 않는다"(300쪽). 주제 사라마구. 『눈먼 자들의 도시』. 해냄, 1998/2002. 박완서 작가도 사라마구와 같은 말을 한다. "선한 사람 악한 사람이 따로 있는 게 아니라, 사는 동안에 수없는 선악의 갈림길에 있을 뿐이라고 생각하고 있다"(『그 많던 싱아는 누가 다 먹었을까』, 웅진닷컴, 2002, p.90).

193) 개역개정 성경에선 이 구절을 "몸은 그리스도의 것이니라"라고 번역
하지만 NIV(2011)는 "The reality is found in Christ"라고 번역하고,
ESV(2005)와 NASB(1998)는 "the substance belongs to Christ"라고 번
역한다.

194) 엔도 슈사쿠. 『침묵』. 공문혜 역. 홍성사, 2003, pp. 230, 287~8.

195) 유튜브에서 '일본의 미디어가 전하지 않는 주간한국뉴스'(日本のメディ
アが伝えない週刊韓国ニュース, http://bitly.kr/eBbsTpyELig) 채널을 운영하
고 있다.

196) 김경년. "혐한 때문에 코로나 대응 실패 …… 지금 일본엔 '제2의 패전
필요'." 오마이뉴스. 2020년 8월 16일.

197) Ariel Merari. Driven to Death: Psychological and Social Aspects of
Suicide Terrorism. Oxford UP., 2010.

198) 티머시 켈러 목사의 『거짓 신들의 세상』(베가북스, 2012)은 우상의 속성
과 우상이 얼마나 위장에 능숙한가를 말하고 있다. 필자는 이 책을 평생
읽어야 할 책으로 생각한다. 이 책을 읽을 때 울림이 있었다면 하비 콕스
의 『신이 된 시장』(문예출판사, 2018), 월터 브루그만의 『예언자적 상상력』
(복있는사람, 2009), 『대천덕 신부가 말하는 토지와 경제정의』(홍성사, 2003)
는 절로 이해가 될 것이다. 논문으론 이게 유익했다. David Cloutier. "The
Problem of Luxury in the Christian Life." Journal of the Society of
Christian Ethics. 32.1 (Spring/Summer 2012): 3~20. 이런 주제를 교회
밖 시선으로 읽을 때는 제임스 트위첼의 『욕망, 광고, 소비의 문화사』(청년
사, 2001), 『럭셔리 신드롬』(미래의창, 2003), 『Lead Us Into Temptation』
(Columbia UP., 1999), Pamela N. Danziger의 『Shopping』(Kaplan, 2006)
등이 유익했다.

199) 마르셀 서루. 『먼 북쪽』. 사월의책, 2014, p.123. 작가는 근본주의자를 조
금 다루는데 그게 12장에 잘 묘사되어 있다. 이런 모습은 두 소설, 모신 하
미드의 『주저하는 근본주의자』(민음사, 2012)와 야스미나 카드라의 『테러』
(문학세계사, 2007)에도 나타난다.

200) Shannon Dunn. "The Female Martyr and the Politics of Death: An

Examination of the Martyr Discourses of Vibia Perpetua and Wafa Idris." Journal of the American Academy of Religion. 78.1 (March 2010): 202~225. 이 논문 외에 테러에 관한 국제학술 논문은 겨우 서너 편 읽었는데도 가슴이 터질 듯이 아프다. 참고로 히잡에 대한 내용을 살펴본다. 테러와는 관련이 없지만 그것이 주는 상징성 때문이다. 히잡과 베일을 연구한 국제학술 논문은 꽤 많은데 안타까운 것은 베일을 쓴 여성은 정작 자기 자신이 억압받고 있다는 사실을 모른다는 것이다(Naidu, p.26). 기회가 된다면 다음 논문을 찾아서 읽어 보길 바란다. Maheshvari Naidu. "Seeing (through) the Gaze: Marking Religious and Cultural Differences onto Muslim Female Bodies." Journal for the Study of Religion. 22.2 (2009): 23~42.

201) 사이트 쿠틉(Sayyid Qutb)은 이슬람 급진주의자이다. 1966년 이집트에서 사형당했다. 그는 완벽한 이슬람 공동체를 복원시킬 수 있다고 주장했고, 그의 저작은 이슬람 전사들에게 엄청난 영향을 미쳤다. 학술논문이 아닌 정치적 이슬람을 다룬 Robert Spencer가 쓴 "Sina: Is Political Islam Fascism?" 같은 가벼운 글을 읽어도 이슬람의 정치적 행보에 자신도 모르게 긴장을 하게 된다. 신앙서적도 좋지만 『이단자』(아얀 히르시 알리), 『베일 속의 이슬람과 여성』(오은경) 같은 논픽션도 읽어 보길 권한다. 소설도 읽는다면 『악마의 시』(살만 루시디), 『복종』(미셸 우엘벡), 『북으로 가는 이주의 계절』(타예브 살리흐)도 살펴보면 좋을 듯싶다. 읽다 보면 시선이 한쪽으로 쏠리기 쉽다. 이슬람에 대한 비판의 시선을 갖고 있기 때문이다. 그래서 젠틀하게 균형을 맞추고 싶다고 느낀다면 『배제와 포용』(미로슬라브 볼프)이 도움이 될 것이다.

202) Nancy Murphy. "Do Humans Have Souls? Perspectives from Philosophy, Science, and Religion." Interpretations: A Journal of Bible and Theology. 67.1 (2013): 30~41, 특히 38쪽.

6장

203) 줌파 라히리. 『축복받은 집』. p.210.

204) 조누가. 『성서 속 성 심리』. 샘솟는기쁨, 2021. 저자가 썼듯이 성서는 성 범죄 같은 불편한 사실도 솔직하게 기록한다. 그 덕분에 우리는 나에 대해 그리고 우리에 대해 솔직해질 수 있다.

205) 로버트 루이스 스티븐슨. 『지킬 박사와 하이드 씨』(비룡소 클래식 33). 박 광규 역. 비룡소, 2013.

206) 이청준. 『벌레 이야기』(문학과지성사 이청준 전집 20). 문학과지성사, 2013.

207) Jacques Derrida. On Cosmopolitanism and Forgiveness. Routeldge, 2001. 프랑스 철학자 자크 데리다가 "용서는 용서할 수 없는 것을 용서하는 일이다"(p.32)라고 말했다. 그는 철학에서 해체의 개념을 처 음 제시한 인물인데, 나는 난삽한 문장과 개념으로 가득 찬 『그라마톨로 지』를 영어판으로 힘들게 읽었던 기억밖에 없다. 그런 그가 용서를 이렇게 쉽게 설명했다는 게 놀랍다. 용서에 대한 데리다의 발언은 스벤 브링크만 의 『철학이 필요한 순간』(다산북스, 2020) p.183에서도 인용하고 있다. 스벤 브링크만은 183~197쪽에서 용서를 다룬다.

208) 김영하. 『읽다』(개정판). 문학동네, 2018, p.102.

209) 이정일. "밥 한번 먹자고 할 때." 기윤실 「좋은나무」(2021년 4월 7일) 참 고. 문성해의 시 '밥이나 한번 먹자고 할 때'를 꼭 읽어 보길 바란다. 문성 해 시인의 시엔 삶이 녹아 있지만 일상을 읽어 내는 시선이 놀랍다. 새벽에 깨어 찐 고구마를 먹으며 고구마를 "이 빨갛고 뾰족한 끝이 먼 어둠을 뚫 고 횡단한 드릴이었다고"('조그만 예의' 부분) 묘사하거나 버섯을 보고 "장 마 지나간 뒤/ 땅이 하늘에게 거는 말풍선"('버섯' 일부)이라고 묘사하는 걸 볼 때면 필자도 모르게 행복한 미소가 지어진다.

210) American Psychiatric Association (APA). 미국에서 의학자, 정신과의 사 및 정신과 영역을 전문으로 하는 내과의사들로 구성된 학회이다.

211) Eric Altschuler, Ansar Haroun, Bing Ho, Amy Weimer. "Did Samson Have Antisocial Personality Disorder?" Archieves of General Psychiatry. 58.2 (2001): 202~203. 필자들은 전부 의사이고 학술지는 정 신의학 전문학술지이다. 삼손을 소시오패스라고 진단하는 주장에 대한 반 론도 있다. Ilan Kutz. "Samson, the Bible, and the DSM." Archieves of

General Psychiatry. 59.5 (2002): 565.

212) 빅터 프랭클. 『죽음의 수용소에서』(개정보급판). 청아출판사, 2020.

213) 프리모 레비. 『가라앉은 자와 구조된 자』. 이소영 역. 돌베개, 2014, p.44.

7장

214) 스베틀라나 알렉시예비치. 『전쟁은 여자의 얼굴을 하지 않았다』. 문학동
네, 2015. 2022년 2월 24일 러시아가 우크라이나를 침공했다. 현재 진행
중인 이 전쟁에서 어떤 일이 벌어지고 있는가는 알렉시예비치의 책을 읽
으면 손에 잡힐 듯이 훤하게 보일 것이다. 그의 책은 참전병사들의 고백을
실어 놓았기 때문이다.

215) 윤용인 작가의 글, "참 감성적 인간, 픽이나"는 문화웹진인 채널예스
(http://ch.yes24.com) 칼럼 섹션에 실려 있다. 우측 상단에 있는 검색창에
칼럼 제목을 입력하면 볼 수 있다.

216) 주제 사라마구. 『눈먼 자들의 도시』. 정영목 역. 해냄, 2009(개정 56쇄),
p.300.

217) 데이비드 폴리슨. 『악한 분노, 선한 분노』. 토기장이, 2019, p.28.

218) 찰스 디킨스. 『두 도시 이야기』(펭귄클래식 135). 이은정 역. 펭귄클래식코
리아, 2013, p.13.

219) 조세희. 『난장이가 쏘아올린 작은 공』. 이성과힘, 2020(179쇄), p.108.

220) 스베틀라나 알렉시예비치. 『아연 소년들』. 박은정 역. 문학동네, 2017,
p.54.

221) 1964년 3월 13일, 뉴욕시에서 키티 제노비스(Kitty Genovese)가 야근을
마치고 귀가 중 자기 집 근처에서 정신이상자를 만났다. 그때가 오전 3시
30분이었다. 그녀가 30분 이상 격렬하게 저항했기에 주변의 40가구가 그
소리를 들었다. 그런데 그 누구도 그녀를 구하려고 하거나 경찰에 신고하
지 않아, 그녀는 결국 칼에 찔려 살해당했다. 학자들은 이걸 방관자 효과
또는 제노비스 신드롬이라고 부른다. 주위에 사람들이 많을수록 위험에 처
한 사람을 돕지 않게 되는 현상을 설명하는 심리학 용어이다.

222) 정재영. 『강요된 청빈』. 이레서원, 2019.

223) 조지 오웰. 『숨 쉬러 나가다』. 이한중 역. 한겨레출판, 2011, pp.155~6.

224) 고네기와 가족(Gonegi & Fam.). "왕좌를 빼앗긴 우두머리 거위의 삶." YouTube video, 8:06. Posted by YouTube, 2021년 2월 15일.

225) 에리히 마리아 레마르크. 『서부전선 이상없다』. 홍성광 역. 열린책들, 2020. pp.52~54.

226) 박완서를 다룬 이 글의 주요 내용은 블로거 융이가 쓴 "한평생 6·25 전쟁의 상처를 안고 산 소설가 박완서의 토로: 서울시민학살사건"(2015년 8월 29일)을 참고하였다.

227) 위화. 『인생』. 백원담 역. 푸른숲, 2017.

228) 위화. 『허삼관 매혈기』. 최용만 역. 푸른숲, 2009.

229) 박완서. 『나목』(박완서 소설전집 결정판 1). 세계사, 2012.

230) 17세기 영국의 청교도 회중들은 화란(Holland)으로 이주했다. 이들에게 교회 멤버십은 신학적 이슈였다. 멤버가 되려면 회중 앞에서 회심한 경험을 간증해야 했고, 회중은 멤버가 될 자격이 있는가를 투표로 결정했다. 이들은 화란이 청교도 자녀를 키우기 합당한 곳이 못 된다는 생각이 들자 1630년대 초 미국으로 이주했다. 하지만 미국에서 한 세대가 지나자 회심을 간증하지 못하는 자녀들이 속출했다. 결국 교회는 부모 혹은 조부모의 회심에 근거하여 자녀들을 교회 멤버로 받아들였기에 이들을 '반쪽 신자'로 부르게 되었다. Mary M. Currie. "The Puritan Half-Way Covenants." Austin Seminary Bulletin. 95.3 (October 1979): 29~39. Katharine Gerbner. "Halfway Covenant: Chruch Membership, Extended Baptism, and Outreach in Cambridge, Massachusetts, 1656~1667." The New England Quarterly. 85.2 (June 2012): 281~301.

231) 박건호. 『컬렉터, 역사를 수집하다』. 휴머니스트, 2020.

232) 이하의 내용은 역사채널 ⓔ. 『역사 ⓔ 5』. 북하우스, 2016, pp.18~33를 참고하였다.

233) 앞의 책. p.23.

234) 할레드 호세이니. 『천 개의 찬란한 태양』. 왕은철 역. 현대문학, 2007.

235) 파리누쉬 사니이. 『나의 몫』. 허지은 역. 북레시피, 2017. 이란 여성 작가

가 쓴 소설이다. 작가는 원래 이것을 학술서로 쓰고 싶었지만 외압으로 관철되지 않았다. 그래서 그 메시지를 녹여서 소설에 담았다.

236) 아티크 라히미. 『인내의 돌』. 양희근 역. 현대문학, 2009.

237) 말랄라 유사프자이, 크리스티나 램. 『나는 말랄라』. 박찬원 역. 문학동네, 2014. 말랄라 유사프자이는 파키스탄의 여성 교육 운동가이다. 그녀는 탈레반에 맞서 자신의 신념을 펼치다 총에 맞아 죽다 살아났다. 말랄라는 2014년 노벨평화상을 받았는데 당시 만 17세였다. 그녀는 1997년생이다.

238) 아얀 히르시 알리. 『이단자』. 추선영 역. 알마, 2010. 저자의 다른 책으로 『이슬람에서 여자로 산다는 것』(알마, 2015)과 『나는 왜 이슬람 개혁을 말하는가』(책담, 2016)가 있다. 저자를 둘러싼 논의에서 아이러니한 것은, 저자는 소말리아에서 태어나 이슬람의 한계와 억압을 체험하고 개혁을 부르짖지만, 서구의 진보적인 학자들은 그녀를 비판하면서 이슬람을 옹호한다는 것이다.

239) 와리스 디리. 『사막의 꽃』. 이다희 역. 섬앤섬, 2015. 이 책은 소말리아의 소녀가 세계적인 슈퍼모델과 유엔 인권대사가 되기까지의 여정을 적고 있다.

240) 조너선 스펜스. 『왕 여인의 죽음』(이산의 책 22). 이재정 역. 이산, 2002.

241) 박완서. 『그 많던 싱아는 누가 다 먹었을까』. 웅진닷컴, 2002, pp.60~1.

242) 이민진. 『파친코』. 이미정 역. 문학사상, 2018, p.11. 박완서 작가의 문장도 인상 깊다. "인생을 내 마음대로 계획하기에는 시대라는 날줄이 너무나 험했다."(『그 많던 싱아는 누가 다 먹었을까』).

8장

243) 로버트 제임스 윌러. 『매디슨 카운티의 다리』. 공경희 역. 시공사, 1993/2002(개정판).

244) 나탈리 배비트. 『트리갭의 샘물』. 대교북스주니어, 2018. 우리말 번역서에선 원서(Tuck Everlasting)의 제목을 바꾸었다.

245) Stephanie Ortigue 외. "Neuroimaging of Love." The Journal of Sexual Medicine. 7,11 (November 01, 2010): 3541~3552. 이 논문에

관한 일반적인 정보는 다음을 참고했다. Syracuse University. "Falling in Love Only Takes About a Fifth of a Second, Research Reveals." Science Daily. October 25, 2010.

246) Emily Bronte. Wuthering Heights (A Norton Critical Edition, Revised). New York: W.W. Norton & Company, 1963, p.71. 필자는 『폭풍의 언덕』을 세 번 읽었다. 그중 한번이 입대 전 긴장된 마음을 풀려고 읽었는데, 그 기억이 새롭다. 영어문장은 이렇게 되어 있다. "I love the ground under his feet, and the air over his head, and everything he touches, and every word he says―I love all his looks, and all his actions, and him entirely, and altogether." 9장에 나온다. 민음사판의 김종길 역, 『폭풍의 언덕』에선 129쪽에 나온다.

247) '증오로 인한 자기 학대'라는 설명은 석영중 교수의 해석을 따른 것이다. 참고한 자료는 플라톤아카데미 TV의 유튜브 동영상 어떻게 살 것인가 8강 "톨스토이, 성장을 말하다"이다. 자기 학대에 대한 언급이 나오는 부분은 51분 10초짜리 동영상 중 25분 직후에 나온다.

248) 함민복. 『당신 생각을 켜놓은 채 잠이 듭니다』. 시인생각, 2013, p.13.

249) 시의 영어 제목은 'The Song of Wondering Aengus'이고 두 시행의 원문은 다음과 같다.

　　I went out to the hazel wood,

　　Because a fire was in my head,

250) "If you'd like supper again 'when white moths are on the wing' come by tonight after you're finished. Anytime is fine."

251) 너새니얼 호손. 『주홍 글자』. 김지원, 한혜경 역. 펭귄클래식코리아, 2009, pp.241~250. 16장 전체가 숲길 산책이다.

252) 너새니얼 호손. 『주홍 글자』. 김지원, 한혜경 역. 펭귄코리아클래식, 2012, pp.246~7.

253) 무무. 『사랑을 배우다』. 양성희 역. 책읽는수요일, 2012, p.8.

254) "I like to feel his eyes on me when I look away."

255) Bonnie Eaker Weil. Adultery: The Forgivable Sin. Hastings House,

1994, p.89. 오랫동안 부부 상담을 진행한 경험을 통해 터득한 것이라 내용이 적나라하고 직설적이다.

256) 김지윤(좋은연애연구소 소장)의 강의 중에서 기억에 남은 대목.

9장

257) 신경림의 '나무 1'과 비슷한 주제를 다룬 시로는 정호승의 시 '나무에 대하여'가 있다.

258) 차윤정, 전승훈.『신갈나무 투쟁기: 새로운 숲의 주인공을 통해 본 식물 이야기』(개정판). 지성사, 2009.

259) 루시 모드 몽고메리.『빨간 머리 앤』(인디고 아름다운 고전 시리즈 4). 김양미 역. 인디고, 2008.

260) 임동윤.『고요한 나무 밑』(소금북 시인선 2). 소금북, 2016, p.14. 이 좋은 시집을 우리나라 420여 도서관 중 다섯 곳에서만 소장하고 있다.

261) 조은.『생의 빛살』. p.88.

262) 나태주.『멀리서 빈다』. 시인생각, 2013.

263) 김애란.『바깥은 여름』. p.162.

264) 2020년 9월에 방송된 채널A 예능 프로그램 〈아이콘택트〉에서 금보라 씨가 한 말.

265) '갑질'은 2013년부터 인터넷에 등장했다. 우리는 어느 상황에서는 갑이 되고 어느 상황에서는 을이 되는데 이것을 이해할 때 다음 논문이 도움이 된다. 김찬호. "갑을관계의 감정사회학."『안과밖』. 38 (2015): 81~100.

266) 소제목 '성경과 탐욕'부터 '우리의 선택'까지 이어지는 글은 기존에 쓴 글이다. 이 글은 "성경과 탐욕: 부동산은 어떻게 신적인 존재가 되었는가?"라는 제목으로『묵상과 설교』(2021년 11/12월호), 337, 339~341쪽에 게재된 것이다.

색인

숫자

28 198, 205, 206

7년의 밤 13, 186, 188, 189, 191,
   198, 199, 202, 205,

2001 스페이스 오디세이 6, 270

ㄱ, ㄲ

가라앉은 자와 구조된 자 201, 205,
   206, 296

가시나무 새 240, 241

가끔은 주목받는 생이고 싶다 282

갈매기의 꿈 154, 289

감옥으로부터의 사색 278

강산무진 12, 122, 123, 125, 126,
   127, 132, 133, 135, 136, 137,
   149,

강요된 청빈 296

개인주의자 선언 50, 277

거짓 신들의 세상 293

걸어서 에덴까지 278

경애의 마음 46, 276

고래 124, 144, 145, 286, 287

고슴도치 281

고요한 나무 밑 300

그가 홀로 집을 짓기 시작했을 때
   286

그 많던 싱아는 누가 다 먹었을까
   61, 226, 227, 279, 292, 298

그리스인 조르바 73, 279

그리움은 돌아갈 자리가 없다 272

기독교의 심장 291

기억 전달자 182, 183

ㄴ

나는 나를 파괴할 권리가 있다 131,
   287

나는 왜 이슬람 개혁을 말하는가
   298

나니아 연대기 82, 120, 280

나를 넘어서는 성경읽기 277

나를 보내지 마 137, 144, 145, 272

나무로 깎은 책벌레 이야기 286

나무의 수사학 273

나목 221, 297

난장이가 쏘아올린 작은 공 170, 209, 216, 227, 292, 296

남아 있는 나날 73, 279

내가 가장 예뻤을 때 278

내게 무해한 사람 78, 79, 280

네 개의 문이 있는 도시 275

노인과 바다 101, 283

높고 푸른 사다리 285

눈먼 자들의 도시 176, 213, 292, 296

눈앞에 없는 사람 283

ㄷ

달나라 탐험 47, 276

달려라, 아비 21, 27, 51, 271, 277

당신 생각을 켜놓은 채 잠이 듭니다 299

대륙과 해양의 기원 291

대천덕 신부가 말하는 토지와 경제 정의 293

데미안 49, 170, 193, 276

도깨비 12, 84, 85, 86, 88, 118

두 도시 이야기 215, 296

두근두근 내 인생 27, 51, 273

드래곤 라자 119, 120

디어 라이프 51, 52, 277

ㄹ

럭셔리 신드롬 293

리스본행 야간열차 55, 78, 79, 277

레 미제라블 269

ㅁ

마음사전 273

맛있는 시 272

매디슨 카운티의 다리 13, 230, 231, 234, 235, 298

먼 북쪽 293

멀리서 빈다 300

메시지성경 55

모순 12, 54, 58, 59, 60, 61, 68, 69, 70, 72, 73, 75, 76, 260

모순의 흙 : 오세영 시선집 287

모든 것의 기원 : 예일대 최고의 과학강의 270

몬테크리스토 백작 5, 269

목사의 딸 182, 183

목적이 이끄는 교회 108, 284

묵상과 설교 300

ㅂ, ㅃ

바깥은 여름 12, 27, 28, 29, 36, 46, 48, 51, 300

바다의 기별 115, 285

바닷가 작업실에서는 전혀 다른 시간이 흐른다 280

바람과 함께 사라지다 159, 290

반지의 제왕 1 : 반지 원정대 82, 120, 280

밤이 선생이다 118, 281

배움의 발견 12, 122, 149, 167, 172, 176, 182

배제와 포용 294

백년식당 271

뱁티스트 272

벌레 이야기 195, 205, 206, 295

변신 40

베르메르의 모자 292

베일 속의 이슬람과 여성 294

보바리 부인 59

부서진 사월 286

복종 294

북으로 가는 이주의 계절 294

분노의 포도 7, 174, 270, 292,

불타는 세계비전 275

비밀 요원 73, 279

비행운 27, 51, 52, 273

빨간 머리 앤 246, 300

ㅅ

사람 잡는 정체성 276

사랑을 배우다 299

사랑의 물리학 281

사랑하지 않아야 할 사람을 사랑하고 있다면 279

사랑해서 외로웠다 281

사물의 본성에 관하여 273

사막의 꽃 226, 298

삼총사 1&2 5, 269

삶을 위한 수업 97, 282

삶의 한가운데 290

상상목공소 286

상실의 시대 276

생의 빛살 300

생의 한가운데 290

서부전선 이상 없다 92, 220, 281, 282, 286, 297

서울에 딴스홀을 허하라 286

설계자들 124, 143, 145, 286, 289

성서 속 성 심리 295

소년을 위로해줘 281

소설과 소설가 271, 283

소설가의 일 271

솔라리스 84, 281

쇼코의 미소 78, 79, 279

순교자 4, 70, 161, 164, 269

순례 주택 13, 244, 245, 248, 252, 256, 265

숨 쉬러 나가다 217, 297

숨겨진 감정의 회복 279

숨겨진 중독 279

스무 살 159, 290

시냅스와 자아 271
시민의 불복종 98, 282
시선으로부터 265, 266
시의 마음을 읽다 279
시적 정의 50, 277
시학 172
식사에 대한 예절 272
신 없는 사회 282
신갈나무 투쟁기 : 새로운 숲의 주인
　공을 통해 본 식물 이야기 245,
　300
신곡 44, 120, 161, 275, 290
신곡 : 지옥편 275
신이 된 시장 293
실업자 227

ㅇ
아몬드 265, 266, 289
아연 소년들 208, 215, 216, 286,
　296
아포칼립스 290
악한 분노, 선한 분노 296
악마의 시 294
안과 밖 300
안나 카레니나 59, 234, 240, 241
암흑의 핵심 279
약해지지 마 272
어린 왕자 98, 253
여자의 말 279

여자의 빛 285
여자의 성 279
역사ⓒ 5 297
예언자적 상상력 293
오만과 편견 25, 58, 79, 279
왕좌의 게임 82, 119, 120, 281
왕 여인의 죽음 226, 292, 298
외딴방 281
욕망, 광고, 소비의 문화사 293
우울씨의 일일 278
유혹하는 글쓰기 271
원미동 사람들 67, 279
월든 98, 282
위대한 개츠비 79
이바라기 노리코 시집 278
이단자 226, 294, 298
이연주 시선집 285
이슬람에서 여자로 산다는 것 298
인생 297
인내의 돌 226, 298
읽다 196, 295
잃어버린 지평선 138
임계장 이야기 13, 208, 209, 214,
　215, 216, 218

ㅈ
자기 앞의 생 265, 266
자유로울 것 285
자칼의 날 286

작은 것들의 신 171, 292

작은 신의 아이들 7, 270

장미의 이름 156, 161, 163, 172, 173, 175, 291, 292

전쟁은 여자의 얼굴을 하지 않았다 208, 216, 286, 296

정유정, 이야기를 이야기하다 283

제인 에어 25

종의 기원 198, 205, 206

좋은 기업을 넘어 위대한 기업으로 42, 274

주저하는 근본주의자 293

주홍 글자 7, 59, 164, 222, 223, 236, 237, 240, 241, 270, 299

즐거운 세탁 282

죽음 1&2 131, 287

죽음의 수용소에서 201, 206, 296

죽음의 한 연구 131, 287

지킬박사와 하이드 씨 193, 295

ㅊ

채털리 부인의 사랑 59, 240, 241

처음 가는 마을 279

천안문 292

철의 시대 98, 283

철학이 필요한 순간 295

축복받은 집(질병 통역사) 140, 289, 294

침묵 4, 70, 161, 164, 177, 269, 293

ㅋ

큰 바위 얼굴 : 호손 단편선 9, 271

컬렉터, 역사를 수집하다 297

쾌락의 혼돈 292

ㅌ

탈무드 100, 105

태백산맥 170, 292

테러 293

트리갭의 샘물 240, 241

트와일라잇 25, 272

ㅍ

파멜라 25, 272

파우스트 160, 291

파운데이션 6, 47, 48, 269, 270, 276

파친코 226, 227, 298

편의점 인간 49, 52, 276

포이즌우드의 바이블 156, 182, 183, 290

폭풍의 언덕 232, 240, 241, 299

ㅎ

한나의 아이 289, 290

현대시작법 282

현대 중국을 찾아서 292

헤세 276

해저 2만 리 47, 276

허삼관 매혈기 221, 297

헝거게임 120

히데코의 연희동 요리교실 271

호빗 119, 285

홀딩, 턴 60, 79, 279

G

Good to Great 42, 274, 275

L

Lead Us Into Temptation 293

S

Shopping 293

SQ 사회 지능 271

T

The Navigator 43, 275